VOYAGE

PITTORESQUE

DES ISLES

DE SICILE, DE LIPARI

ET

DE MALTE.

VOYAGE

PITTORESQUE

DES ISLES

DE SICILE, DE LIPARI

ET

DE MALTE,

Où l'on traite des Antiquités qui s'y trouvent encore ;
des principaux Phénomènes que la Nature y offre ; du
Coſtume des Habitans, & de quelques Uſages.

*Par Jean Houel, Peintre du Roi, de l'Académie des
Beaux-Arts de Parme, de celle des Sciences & Arts de
Rouen, & du Muſée de Paris.*

TOME QUATRIÈME.

A PARIS,

DE L'IMPRIMERIE DE MONSIEUR.

M. DCC. LXXXVII.

Vue Exterieure de la Roche appellée Chateau d'Ispica
dans la vallée de ce nom près de Spaccaforno.

VOYAGE

PITTORESQUE

DES ISLES

DE SICILE, DE LIPARI,

ET

DE MALTE.

CHAPITRE TRENTE-CINQUIEME.

Vue du Château d'Ispica. Vue générale de la Cavée d'Ispica. Antiquités de Spaccaforno. Voyage à Modica : ses antiquités & celles des environs. Voyage à Raguse : antiquités & histoire naturelle de ses environs : découvertes de ses ruches. Passage à Scicli : ses antiquités.

PLANCHE CCV.

Vue de la Façade du Château d'Ispica.

CE château n'est qu'une portion de rocher très-éminente, très-distinguée du banc de roche qui le suit & qui le précède dans la longueur de la cavée d'Ispica. Sa figure, jointe aux habitations qu'on y a pratiquées, lui a fait donner le nom de château. Ces habitations ont été creusées long-temps avant qu'on eût imaginé de bâtir des châteaux, long-temps avant qu'il y eût en Sicile des nations étrangères.

Cette roche a environ cinquante toises de face en sa totalité : on voit au milieu un escalier A qui conduit au premier étage B. De ces habitations, dont presque toute la façade est tombée, il n'en reste que des portions, telle que C, derrière lesquelles on distingue plus ou moins sensiblement les planchers qui marquoient les différens étages D E F. Les trous G font les fenêtres des autres chambres de ces mêmes étages. Les trous H H font des habitations du rez-de-chauffée : elles font représentées à la même place dans la planche précédente CCIV.

Les autres ouvertures que l'on voit à la roche latérale, font encore les entrées d'autres appartemens du même genre : voyez I I. Mais ce qui prouve, ou une haute antiquité, ou une intention particulière, c'eft qu'on ne voit à la plupart aucun chemin, fentier ou efcalier, par lefquels on pût parvenir à ces demeures : il falloit qu'on y grimpât par des échelles de bois ou de cordes, ou par quelques afpérités laiffées à la roche, que le temps a tellement détruites, qu'il n'en refte pas le moindre veftige. Mais de quelque manière que leurs habitans y arrivaffent, on voit qu'ils vivoient dans des craintes continuelles, & que, pour goûter un peu de tranquillité, il falloit qu'ils fuffent logés d'une manière inacceffible.

J'ai vu dans bien des endroits des hommes habiter des logemens creufés dans les rochers : il y en a qui habitent ainfi dans des collines au bord de la Seine, et dans d'autres au bord de la Loire ; mais l'accès en eft facile. Ils ont trouvé plus prompt, plus commode et moins difpendieux de creufer une roche tendre, que d'en détacher des parties, de les tailler, de les tranfporter, de les affembler, & d'en édifier un bâtiment. Ce font des cultivateurs qui vivent tranquilles à l'abri des lois & des précautions d'une police vigilante. Ce qui fait croire que les habitans de la Sicile vivoient dans une crainte perpétuelle, ce font les précautions qu'ils ont prifes pour qu'on ne pût parvenir jufqu'à leur demeure, foit par le local où ils les choififfoient, foit par la précaution de n'avoir que des efcaliers fufpendus, qui ne defcendoient pas jufqu'à terre, foit par le foin de n'avoir à leur domicile qu'une entrée étroite, faite en forme de puits, & qui ne permettoit pas qu'on y parvînt fans peine. Ces précautions même fuppofent que ces hommes avoient une connoiffance au moins groffière des premiers arts. Il leur falloit des inftrumens de fer, & vraifemblablement ils avoient des vêtemens & quelques meubles. Les fabriquoient-ils, ou les avoiert-ils eus en échange ? Mais qu'avoient-ils à échanger ? Et qu'ont les fauvages de l'Amérique pour obtenir des fufils, des balles, de la poudre, des couteaux, de l'eau-de-vie ? Quelques peaux de bêtes. La Sicile, du temps d'Homère, étoit renommée par fes troupeaux. Les Phéniciens certainement y prenoient dans leur navigation des beftiaux & des fruits, fur-tout à leur retour d'Efpagne ou des Hebrides. Delà, les premiers échanges qui fournirent des inftrumens aux Sicules, & les premières terreurs qui les engagèrent à fe cacher dans les rochers pour fuir les pirates qui abondèrent de tous temps fur cette mer. L'ufage de fe cacher dans des rochers a pu précéder les fiècles policés, & s'eft perpétué & renouvelé certainement pendant les guerres civiles, & les guerres de Carthage & de Rome, & tant d'autres qui ont défolé cette ifle féconde & malheureufe. Les cultivateurs des riches campagnes qui couronnent ces rochers, ont été fort fouvent obligés d'avoir recours à ces demeures fcuterraines, élevées & inacceffibles. On voit même par la différence de ces grottes, que les unes ont été faites dans des fiècles antérieurs par des hommes groffiers, & pour des hommes groffiers ; tandis que d'autres ont des commodités qui indiquent des hommes habiles & des habitans délicats.

Un ruiffeau d'une très-belle eau paffe au devant de cette habitation, & c'eft la proximité de cette eau qui, fans doute, avoit déterminé les peuples à fe fixer dans un lieu fi fauvage. Dans l'un des appartemens du rez-de-chauffée, il y a un filet d'eau qui fort du rocher par un petit trou que la nature a creufé : afin de recevoir cette eau, on a pratiqué au deffous, dans la roche même, une cuvette affez femblable à un petit farcophage. C'eft une fingularité bien curieufe que le jet de cette eau au milieu d'un maffif de rocher : on n'en trouveroit peut-être pas un autre exemple.

Mes obfervations prifes fur ce prétendu château, je pourfuivis ma route vers le nord, dans le deffein de vifiter la cavée d'Ifpica.

Vue générale de la Cavée d'Ispica

prise à quelques pas du Nord du Château d'Ispica

PLANCHE CCVI.

Vue générale de la Cavée d'Ispica.

Le premier plan de cette estampe offre un lieu situé à quelque pas au nord du château d'Ispica : l'aspect que présente cette gravure suffit pour avoir une idée de la forme de cette cavée, & de la manière dont y est distribuée la prodigieuse quantité d'habitations que l'on a creusées dans la roche des deux côtés, à toutes sortes de hauteurs.

Elles sont toutes dégradées comme celles du château d'Ispica. Toutes ces cavités quarrées A A, dont la plus grande partie sont horisontales, offrent l'image de chambres dont la façade est tombée ; il y en a plusieurs étages. On ne peut pas faire un demi-mille dans cette vallée, sans en rencontrer ainsi des multitudes à droite & à gauche : il y a des rochers dont la façade en est toute remplie, c'est-à-dire, percée du haut en bas dans toute sa longueur, comme celui que je présente ici A A. Cette cavée a huit milles de long : qu'on se figure quelle prodigieuse quantité d'habitans elle a eue, si toutes ces grottes, ou chambres creusées dans la roche, ont été habitées en même temps ; mais il est vraisemblable qu'elles n'ont été creusées que successivement. Ce qui peut le faire croire encore, c'est qu'on ne voit point où ils enterroient leurs morts, & qu'une si grande population auroit demandé des catacombes immenses. Je crois bien cependant que des hommes dont les mœurs étoient aussi simples, n'avoient pas le goût d'avoir des tombeaux fastueux, propres à transmettre à la postérité les titres des plus éminens d'entre eux : mais encore falloit-il déposer leurs morts quelque part ; & communément plus les peuples sont simples, plus les morts sont honorés.

Je me suis toujours demandé, & je n'ai jamais pu savoir comment des hommes arrivoient à celles de ces demeures qui sont les plus élevées, car il y en a d'une hauteur excessive, & elles ne communiquent pas intérieurement aux inférieures : pour peu qu'elles soient un peu éloignées l'une de l'autre, toute communication est interrompue entre elles.

A l'extrémité septentrionale de cette cavée, on rencontre une vaste enceinte, où il y eut une ville grecque dans des temps bien postérieurs. Les rochers, à toutes sortes de hauteurs, sont percés par des grottes sépulcrales, ornées d'inscriptions grecques. On a creusé aussi au bas des rochers, à peu d'élévation au dessus du sol qui fait le fond de la cavée ; on a creusé, dis-je, avec soin des demeures, telles, qu'il semble que des architectes très-habiles aient présidé à l'ordonnance de ces appartemens. On y remarque tout ce qui peut favoriser la commodité, de petits corridors, de petits escaliers de dégagement, &c. Il est certain qu'on pourroit très-bien y habiter, & que, sans y rien changer, on pourroit les arranger très-agréablement.

Dans l'endroit que les habitans de ces demeures agrestes appellent l'épicerie, parce que de grands carrés creusés dans les murs latéraux de ces chambres lui donnent quelque ressemblance avec une boutique d'épicier, il y a des murailles cintrées en tours creuses, des espèces de bancs, des espèces de bassins hexagones dans le plancher. On ne sait à quoi attribuer ces singularités.

Non loin de ce lieu, mais plus au commencement de la cavée, s'élève une monticule qui renferme la plus grande grotte sépulcrale de la Sicile : elle a vingt-trois toises de profondeur ; elle est disposée en trois nefs parallèles : celle du milieu est la plus profonde ; celles des côtés ont de petites grottes, toutes plus ou moins remplies de sarcophages. J'en ai compté quatre cents cinquante ; ils sont disposés dans tous les sens ; ils sont de toutes grandeurs & pour tous les âges : quelques-uns n'ont que dix-huit pouces de long. Ces trois nefs n'ont qu'une seule entrée.

Quelques-unes des antiques grottes à tombeaux de cette cavée sont habitées aujourd'hui par quelques familles d'hommes simples qui vivent de la culture de quelques vergers : près d'une source pure & abondante où s'abreuve leur bétail, une terre fertile fournit aisément à tous leurs besoins. Ces bonnes gens m'accueillirent avec une bonté & une simplicité tout-à-fait touchante.

En revenant à Spaccaforno, j'ai observé que les eaux qui coulent au pied de ces rochers, & qui suivent les détours de cette cavée, disparoissent pendant de longs intervalles, & se représentent ensuite sous l'apparence de petits lacs charmans. Au sortir de ces lacs, ces eaux se précipitent en mille cascades qui forment des beautés d'un genre bien pittoresque.

Cette cavée se ramifie dans sa longueur, sur-tout à son extrémité méridionale, où le banc de roche, étendu de plusieurs lieues, & à-peu-près plane à sa superficie, est presque toujours escarpé ; dans bien des endroits, sur-tout aux angles rentrans, la pierre se fend perpendiculairement. Les eaux qui s'introduisent dans ces fentes, les agrandissent ; les pierres se dégradent & se détachent ; les pluies abondantes forment des torrens qui les entraînent ; leur absence laisse un vide qui s'accroît comme il a commencé. C'est une nouvelle cavée qui se forme, c'est l'image de la manière dont s'est formée toute la cavée d'Ispica, & la grande cavée, & celle de Spinpinatus, & tant d'autres qui sont dans le val de Noto.

Il y a près de Spaccaforno un rocher isolé qui est tout entouré d'eau : la facilité d'en défendre l'entrée, l'a fait habiter dès la plus haute antiquité. Une colonie grecque y a résidé. On n'y voit plus actuellement que des grottes dont les unes ont servi à loger les vivans, & les autres les morts. Un escalier pratiqué dans l'intérieur de la roche, pour descendre depuis le haut jusques en bas, afin de puiser de l'eau sans être vu & sans courir aucun danger, fait présumer, par sa beauté, que les habitans de ce rocher connoissoient les arts & savoient les employer.

Cet escalier est de la plus belle exécution : je n'ai pas descendu jusqu'au pied, parce qu'il est rempli de gravois. Le haut de cet escalier est à seize toises au dessus du sol : il a vingt-quatre toises de pente, quatre pieds neuf pouces de large, cinq pieds six pouces du rampant des marches au rampant du plafond, mesurés à angle droit : les marches ont un pied de giron & huit pouces de hauteur. On croit que cet escalier dépendoit du château d'Hipsa, dont on a fait avec le temps le nom d'Hispica, puis cavée d'Ispica, ou cavée fendue : comme de Pacca Furno on a fait Spaccaforno, nom de la ville moderne, aussi bien que de l'ancienne.

La ville de Spaccaforno étoit placée sur la cime du rocher où est cet escalier : elle fut renversée par le terrible tremblement de terre de 1693. On avoit employé sans scrupule, pour bâtir cette ville, tous les matériaux grecs qui, dans ces contrées, avoient échappé aux Romains & aux Sarrasins : c'est pourquoi l'on n'y trouve plus rien d'antique que les grottes taillées dans la roche par les premiers habitans de ce lieu.

Au sortir de la cavée d'Ispica, au midi, en tournant ses pas sur la gauche, on rencontre des grottes en si grand nombre & dans une si grande étendue de pays, qu'il est évident qu'il y a eu des villes à différentes époques, & que le charme de la situation les y a fait établir successivement.

Spaccaforno a été rebâtie à l'extrémité de la cavée d'Ispica. On y célèbre le jeudi-saint avec une pompe singulière. Le sujet de la fête, c'est Jésus-Christ, mais Jésus-Christ flagellé. Ce jour étant le dernier du carême, le peuple s'y livre à des excès de joie qui sont peu croyables : il s'y fait des processions nocturnes qui donnent quelquefois lieu à des aventures plus convenables à l'obscurité de la nuit qu'à l'esprit de la fête. On m'a dit que le spectacle des processions & de la flagellation de Jésus-Christ y attiroit autrefois des pélerins de très-loin : mais ces pélerins ayant commis d'étranges excès dans les processions nocturnes, on ne reçoit plus d'étrangers dans cette ville pendant la fête, ni pendant les trois jours qui la précèdent & les trois qui la suivent. De sorte que s'il se commet dans ces jours quelques indécences, elles se passent entre citoyens, comme une histoire de famille que des gens sages ne laissent point connoître aux étrangers.

Pl. CCVII

Intérieur d'une antique Citerne ou Réservoir d'Eau appellé Grotte de St. Philippe.

Fig. 2.

Fig. 3.

Fig. 4.

Coupe longitudinale de la Grotte de St. Philippe Fig. 2.

Coupe transversale de la même Grotte Fig. 3. avec son Plan Fig. 4.

Je paffai de Spaccaforno à Modica, ville confidérable du val de Noto, fituée au centre de plufieurs cavées, dans le point où elles fe réuniffent & où paffe une petite rivière.

Chaque habitant y élève pour fon ufage des cochons noirs: auffi cette ville l'emporte en faleté fur toutes les autres villes de la Sicile, où cependant on ne brille pas pour la propreté.

Je vifitai les endroits remarquables du lieu & de fes environs, la grotte de Saint-Philippe à fix milles de Modica; d'abord on me fit paffer par la grotte des piliers, grotte remplie de tombeaux, & femblable à toutes les autres: elle recèle toute la population de quelque petite ville antique, bâtie dans fes environs, & aujourd'hui détruite & inconnue.

De là, nous paffâmes à la grotte del Pirato, dans une terre qui appartient aux carmes de Modica. Là, on voit de tous côtés des caveaux de toutes grandeurs & de toutes formes, creufés à fept ou huit pieds au deffous de la furface du fol: tous remplis de farcophages, ils n'offrent rien de particulier & ne fervent qu'à prouver que tous ces lieux ont été habités. A trois milles de là, une petite croix de pierre, élevée fur une grande pierre, annonce la grotte de Saint-Philippe.

PLANCHE CCVII.

Vue intérieure, Plan & Coupe de la Grotte de Saint-Philippe.

La grotte de Saint-Philippe eft une cavité longue, creufée dans la roche à vingt pieds au deffous de la furface de la terre: voyez fig. 1. Il femble que ce vide ait été voûté, & qu'on ait ouvert cette voûte. Ce vide, difpofé du nord au midi, a foixante-dix-huit pieds de long, dix-fept de large, & neuf d'élévation. La baie qu'on a pratiquée fur la longueur de cette efpèce de voûte ouverte en totalité, eft encore en partie recouverte par des pierres percées exprès, afin que l'air puiffe pénétrer dans cette cavité, & la rendre falubre. On trouve à fon extrémité un efcalier bien fait. (Voyez le plan, fig. 4, & la coupe, fig. 2 & 3). Ce lieu fingulier a été travaillé avec foin, avec exactitude, goût & précifion. Il y a jufqu'à un refend B au bas de la première affife de pierres C pofées fur la roche D & foigneufement taillées. Ce refend eft un ornement que les Grecs employoient quelquefois au deffous des gradins de leur temple. Ce morceau eft un chef-d'œuvre d'exécution. C'eft un ouvrage grec, du plus beau temps où ce peuple occupoit la Sicile: ouvrage bien propre à nous faire regretter l'édifice auquel ce fouterrain appartenoit.

Je crois que ce fouterrain, placé dans une plaine aride, loin de toutes vallées, ruiffeaux, fontaines ou fources, étoit deftiné à recevoir & à conferver les eaux pluviales; & je ne fuis pas étonné qu'il foit d'une fi belle ordonnance & d'une fi parfaite exécution chez un peuple qui cherchoit la perfection en tout genre.

Le refend horizontal qu'on voit de chaque côté de cette voûte, à quelques pieds au deffus de la terre, eft moderne, & je n'ai pu deviner pour quel ufage on l'a fait.

Ce lieu prit le nom de grotte de Saint-Philippe, quand on en eut fait une chapelle confacrée à ce Saint. L'autel étoit en F. Cette chapelle devoit être & belle & fingulière: voyez le plan, fig. 4. Lorfque je la vifitai, on y voyoit encore des peintures qui repréfentoient des Saints, des Anges, la Vierge & l'Enfant-Jéfus, & Dieu le père, en ftyle gothique. Il y avoit auffi des caractères grecs.

Cette chapelle eft aujourd'hui abandonnée.

Je me rendis de ce lieu à la grotte de Peninello de Jurato, en paffant par la route qui conduit au Pozzino, c'eft-à-dire, au petit puits. C'eft une grotte remplie de tombeaux, comme tant d'autres. Je rencontrai tout auprès un homme mort qu'on avoit affaffiné & caché tout habillé dans ce lieu.

Je revins à Modica, l'antique Motica felon Aidone; antique colonie des peuples de la Lycie, qui vinrent s'établir en Sicile. Ils furent chaffés de cette ville par les Phéniciens: c'eft à peu près tout ce qu'on en fait. Je n'ai vu dans ses environs que de vieilles grottes à tombeaux, dévastées par les hommes ou par le temps. Je fus mené chez des franciscains, espèce de capucins qui ont un cloître magnifique, dans le goût de celui des bénédictins de Mont-real, dont j'ai parlé dans le sixième Chapitre. Ce cloître superbe est un chef-d'œuvre pour ses belles mosaïques en or, en marbre, en porphyre, en jaspe, en pierres de toutes sortes de couleurs. La vaste étendue des bâtimens ajoute encore à leur beauté. On m'assura que ce monastère etoit encore un monument de la piété du comte Roger.

De Modica je me rendis à Raguse.

De Raguse.

Cette ville moderne est fondée sur les ruines de l'antique Hybla mineur ; c'est-à-dire, que cette ville grecque est encore considérée comme un Hybla par le père Massa, qui rapporte nombre d'autorités pour appuyer son sentiment.

Dès que j'y fus arrivé, je me transportai dans un lieu qu'on appelle les cent puits ; c'est une plaine située vers le couchant, où plusieurs routes se croisent, environ à quatre ou cinq milles de Raguse. De ces cent puits, que des vieillards de Raguse m'ont dit avoir comptés, il n'en reste plus que dix ou douze de visibles. Ils sont à vingt ou trente pieds de distance l'un de l'autre : ils sont carrés, de trois pieds de large sur six de long, & douze à quinze de profondeur : ils sont taillés dans la roche. Ces puits n'étoient que des citernes. Non loin de là, on trouve une petite grotte sépulcrale, taillée dans un endroit où la roche s'élève de huit pieds au dessus du sol où l'on a creusé les cent puits. Au dessus de cette roche sont les ruines presque anéanties d'une très-ancienne ville ; ce qui fait présumer que ces cent puits appartenoient aux maisons de cette ville. C'est encore une cité dont le nom ne nous est pas parvenu.

A trois milles plus loin, en suivant la même route, à l'entrée d'un vallon, on trouve encore vingt & un puits, semblables aux précédens : ils étoient enclavés dans des maisons, comme on peut le juger par les ruines. Ce lieu semble avoir été une rue creusée dans la roche : il y avoit des édifices adaptés à des chambres creusées dans cette roche.

Plusieurs de ces puits, éloignés les uns des autres de quinze, trente ou quarante pieds, se communiquent entre eux par un canal souterrain : on en voit des deux côtés de la rue, & sans doute chaque maison avoit le sien. Ils ont douze pieds de profondeur & six sur trois de large : j'y ai vu de l'eau d'une parfaite limpidité. Ce lieu est sur la cime d'une montagne, à cent toises au dessus du niveau de la mer, que l'on voit à plus de dix milles de distance.

Dans l'été, ces puits sont à sec, mais les habitans de Raguse m'ont assuré qu'ils se remplissent lorsque le vent souffle du côté du couchant, & qu'ils se vident lorsqu'il cesse.

A un bon mille plus loin, vers le couchant, nous avons apperçu à la surface du rocher, dans l'étendue de vingt toises, beaucoup de sarcophages en bouches de four : ils sont presque détruits par leur haute antiquité. A côté, il y a une grotte semblable à un labyrinthe : elle est pleine de tombeaux. Plus loin, vers le nord, il y en a une d'environ soixante pieds de profondeur, qui mérite qu'on la décrive.

PLANCHE CCVIII.

Grotte à tombeaux.

La province de Sicile que nous parcourons actuellement, est celle qui a dû être le plus facilement & le plus agréablement habitée. On en voit des preuves à chaque pas : c'est par-tout des ruines

Pl. CCVIII.

Interieur d'une Grotte Sepulchrale. Fig. 1.

Plan géométral de la Grotte Sepulchrale. Fig. 2.

Plan Coupe et Façade laterale des Tombeaux a. b. de ce Plan. Figure 3.

Dessiné et gravé par J. Kniel.

A. Ante-Chambre.
B. Porte d'entrée.

C. Interieur de la Grotte.

dont les différentes conſtructions annoncent des époques différentes & des peuples divers, & où la naiſſance, la ſplendeur, la décadence des arts ſe font appercevoir.

Le banc de roche horizontale qui s'étend dans preſque toute cette province, eſt ſuſceptible d'être taillé, tant dans l'intérieur qu'à l'extérieur. C'eſt ce qui a conſervé ſi long-temps les divers monumens que les différentes nations y ont creuſés, ſelon les circonſtances dans leſquelles elles ſe trouvoient. Il en reſte un très-grand nombre.

La grotte, repréſentée dans cette eſtampe, contient deux ſuperbes tombeaux d'onze pieds de long ſur huit de large : je ne doute pas qu'ils ne ſoient ceux des antiques ſouverains de cette contrée, & qu'on n'ait enſeveli autour d'eux les corps des perſonnes les plus diſtinguées par leur rang ou leur qualité.

La figure première retrace la vue intérieure de cette grotte ſépulcrale, priſe de l'entrée, telle qu'on l'apperçoit en arrivant ; ce qui ſert à faire connoître ces lieux funéraires, & la manière dont les tombeaux étoient placés ſous des arcades, tels que j'en ai annoncé beaucoup ſans les repréſenter.

La figure ſeconde offre le plan en relief de cette grotte : on y voit un des tombeaux, entier & iſolé. La colonne du milieu, à l'extrémité du tombeau, étoit mobile ; on pouvoit la déplacer pour faire entrer le mort dans la tombe.

Cette colonne abſente laiſſe appercevoir ſa place taillée dans la roche. Ces deux tombeaux ſont parfaitement ſemblables : ils ſont repréſentés géométralement, fig. 3, dans le plan, à la coupe, & à la façade extérieure. J'ai ſupprimé la moitié d'un des tombeaux, fig. 2, pour en faire voir l'intérieur.

Cette prodigieuſe quantité de grottes, de ſarcophages, & ſur-tout ces deux-ci décorés de colonnes, prouvent que ce pays a connu la belle architecture ; cependant on ignore & le nom de ſes villes & celui de ſes rois, & les époques où il a fleuri. Je croirois volontiers que la ville d'Hybla, & les cent puits qui n'en ſont qu'à quatre ou cinq milles, & celle-ci qui n'en eſt qu'à cinq ou ſix milles, ne ſont pas trois villes qui ont fleuri en même temps, mais la même, pour ainſi dire, qui a changé de place, l'une s'élevant quand l'autre étoit détruite par la guerre.

Retournons à Raguſe, & chemin faiſant, occupons-nous d'hiſtoire naturelle & d'économie ruſtique.

On me conduiſit à une carrière dont on m'avoit ſouvent parlé. On en tire une pierre bitumineuſe qui répand une odeur aſſez forte en temps chaud pour ſe faire ſentir de très-loin lorſqu'on paſſe ſous le vent de cette carrière. En y arrivant, j'ai vu une grande montagne d'une roche brune, moins luiſante que l'ardoiſe, & plus griſe que la châtaigne. Cette roche eſt ſurmontée d'un banc de pierre calcaire blanche, telle qu'on en voit par-tout : ce banc, de couleur brune, a quarante pieds d'épaiſſeur.

La roche eſt formée par zones ou par couches, dont les unes ſont plus brunes & les autres plus claires. Il y a des endroits où la matière colorante abonde plus qu'ailleurs, ce qui les fait reſſembler à des taches. C'eſt à la partie verticale de cette roche expoſée au midi, qu'il eſt facile de voir pourquoi elle eſt colorée & odorante ; elle y paroît ſaturée d'un bitume très-abondant, qui fond lorſque le ſoleil le frappe de ſes rayons : alors il coule en rameaux noirs, très-gros vers leur tronc, & très-effilés vers leur extrémité inférieure. Ces rameaux reſſemblent à des racines ou à des herbes incruſtées dans cette pierre, & ne ſont que du bitume noir comme du goudron. Il n'abonde pas vers le haut de cette roche ; on n'y trouve que de ſimples ſtillations : les couches horizontales de cette roche ne ſont pas diſtinctes ; ce ne ſont que des nuances, des variétés dans la couleur.

Cette pierre brûle comme du bois & donne de la flamme juſqu'à ce qu'elle ait perdu tout ſon bitume : alors elle n'offre plus qu'une pierre d'un gris clair, & dans cet état elle eſt auſſi beaucoup moins dure.

Cette pierre s'emploie pour bâtir, & on en conſtruit les édifices les plus conſidérables : on s'en ſert fréquemment pour carreler les égliſes, & on mêle ces pierres noires avec des carreaux de marbre blanc. Elle réſiſte au frottement plus que la pierre blanche & dure, comme on le remarque dans les anciens carrelages, où les carreaux de pierres blanches ſont uſés & creuſés, & où les noirs s'élèvent en relief au deſſus d'eux. On l'emploie avec plus de préciſion que toute autre pierre, parce qu'elle ſe rabotte comme du bois : on en fait les chambranles des portes & des croiſées : on en fait auſſi tous les chapiteaux des colonnes, notamment ceux d'ordre corinthien. On peut même tailler cette pierre auſſi facilement qu'un morceau de fromage, ſur-tout en été. Le ſeul inconvénient qui réſulte de cette facilité, c'eſt que les ſculpteurs détaillent tellement les découpures des feuilles d'Acanthe, qu'ils en font des feuilles de chicorée.

En hiver, cette pierre devient plus dure, & elle ſe taille plus difficilement. J'ai obſervé que, comme elle eſt ſaturée d'un corps gras, elle eſt impénétrable à l'humidité ; qualité qui la rendroit très-précieuſe pour carreler & pour lambriſſer des ſalles au rez-de-chauſſée, où les eaux pénétrent tou-jours plus ou moins. En employant cette pierre par tablettes, qu'on uniroit avec un maſtic réſineux, on interdiroit abſolument le paſſage à toute humidité, & on rendroit très-ſec le lieu où on les placeroit. Je ſuis perſuadé que ſi quelqu'un vouloit en faire uſage en France, le port coûteroit plus que l'achat de cette pierre, & cependant elle ne ſeroit pas fort chère.

Je pourrois, par les connoiſſances que j'ai dans ce pays, en procurer des carreaux de telle grandeur que l'on voudroit, & même des tables de ſix pieds de longueur, ſur quatre à cinq de large.

J'ai vu dans l'égliſe des capucins trois bons tableaux, dont il y en a un de Morealaiſe. Celui du maître-autel repréſente l'aſſomption de la Vierge. Ce tableau eſt de la plus grande vérité ; mais ſon auteur ne raiſonnoit pas aſſez les effets : ſes têtes & ſes draperies ſont d'une vérité frappante.

Dans la cathédrale de la ville baſſe, on voit trois tableaux qu'on dit de Vitodanna : ils ſont trop foibles pour être de lui ; je les crois ſeulement de ſon école.

Il y avoit pluſieurs endroits à l'extrémité méridionale de cette ville d'Hybla, où l'on élevoit des abeilles. Au midi & au couchant on trouve encore une quantité prodigieuſe de ces grottes.

PLANCHE CCIX.

Vallée de la grande Fontaine.

Cette eſtampe offre une image des vallées ou cavées dont le val de Noto eſt traverſé en tous ſens, & dont l'antique Raguſe étoit environnée preſque entièrement, à l'exception de l'iſthme qui com-munique à l'emplacement qu'occupoit cette ville ; ce qui la rendoit très-facile à défendre : qualité alors préférable à toutes les autres pour fonder une ville.

Il reſte encore quelques aſſiſes, de grandes & belles pierres, des murs d'Hybla ; elles ſont de conſtruction grecque. C'eſt tout ce que j'en ai pu voir : le reſte eſt abſolument détruit. Au midi on voit beaucoup de ces grottes qui ſervoient de ruches aux abeilles, comme je les ai repréſentées en A au pied du rocher : je n'ai pu trouver par quel endroit on arrivoit au ſecond étage de ces grottes ou ruches ; je ne doute pas que ce ne fût à l'aide d'une échelle.

PLANCHE CCX.

Vue des Grottes qui ſervoient de ruches. Plan de ces ruches au bas de l'eſtampe. Eſcalier antique à Scicli. Fig. 2.

J'ai pu examiner de près les petites grottes que préſente cette portion de rocher, & j'ai ſatisfait ma curioſité. Elles ſont placées à quelques pas au deſſous de la ſurface ſupérieure du rocher, dans la partie verticale : on en approche à la faveur des inégalités de ce terrain incliné.

Ces

Pl. XIX.

Vue générale des petites Grottes antiques taillées dans la Roche
ayant servi à usage de Ruches pour les Abeilles a a b b.

Pl. CCX.

Grottes taillées dans la Roche pour les Abeilles a. a. Plan de ces différentes Grottes fig. 2.

Vue d'une portion de Rocher sur le quel était partie de l'antique Ville de Casmena

on y voit tracé à l'extérieur le rampant d'un Escalier antique a. b. le quel a été taillé dans l'intérieur du Rocher pour descendre au point c. où était une Source d'Eau.

Ces grottes ont toutes à leur entrée une large & profonde feuillure : voyez A A. L'entrée de la grotte est souvent un carré très-arrondi, ou un ovale. Le plan de l'intérieur est à-peu-près rond ; le plafond formé en coupole applatie. Il y a dans presque toutes ces grottes une petite banquette à gauche en entrant. Cette banquette a quatre ou cinq pouces de haut & autant de large : je n'ai pu en deviner l'usage. Rarement il y en a deux.

L'entrée de ces grottes se fermoit avec une porte de pierre ou de bois. J'ai observé que presque toutes avoient de chaque côté un trou dans lequel on plaçoit horizontalement un bâton qui les tenoit solidement fermées. Je ne doute pas que cette porte n'eût une ouverture pour le passage des abeilles : elles logeoient dans ces grottes comme dans nos ruches ; elles y déposoient leur miel. L'exposition du midi leur étoit très-favorable. Ces pays de rochers produisent beaucoup d'aromates, dont les fleurs offroient un nectar délicieux pour la nourriture de ces insectes ailés.

J'ai placé des hommes entrant & sortant de ces grottes, pour en faire voir les proportions. Cette estampe n'offre de ruches que celles qu'on voyoit du point de vue où je m'étois placé pour faire ce dessin ; mais il y en a bien d'autres à l'orient & de l'autre côté de ce vallon. On y voit un mélange de ces grottes destinées aux abeilles, avec d'autres où logeoient des hommes, vraisemblablement à des époques différentes.

Les habitans de cette ville d'Hybla, aujourd'hui Raguse, ont tous un air d'opulence qui n'est pas commun aux villes situées au sommet des montagnes. Je logeois chez D. Ferdinand Nicastre, homme aisé, qui, une fois par semaine, faisoit l'aumône à tous les pauvres de la ville : je n'en ai pas compté plus d'une vingtaine, encore étoient-ils tous ou vieillards infirmes, ou jeunes gens estropiés.

J'ai quitté Raguse, & je suis passé à Scicli, en suivant le cours de la rivière qui coule au bas de la montagne représentée dans cette estampe.

Par-tout dans cette vallée j'ai trouvé de côté & d'autre, & à toutes sortes d'élévations, dans les roches & dans les montagnes qui sont de chaque côté de la vallée qu'elles forment, des quantités plus & moins considérables de ces mêmes petites grottes à l'usage des abeilles : j'en ai trouvé sur-tout en grande quantité aux endroits où il est vraisemblable qu'il y a eu autrefois quelques hameaux ou villages.

Cette riante vallée est charmante par l'abondante végétation qu'y entretient la petite rivière qui serpente en tous sens dans sa vaste étendue.

Elle est comme un jardin un peu négligé, que la nature seule a pris soin d'enrichir. C'est le potager & le verger de Raguse & de Scicli.

Je ne m'attendois pas à trouver isolé, dans ce paradis terrestre, un petit moulin à foulon, où l'on donnoit la derniere main à des étoffes qui se font dans les villes voisines. Si les arts & le commerce étoient encouragés dans cette partie de la Sicile, ils y feroient facilement de grands progrès.

Arrivé à Scicli, je fus logé dans une des plus importantes maisons que les jésuites aient eues en Sicile : la bibliothéque en étoit considérable ; elle a été transportée à Catane, où j'ai vu arriver les caisses remplies de livres, qui ont été placés dans la bibliothéque du palais royal des études.

Note. En 1770, au mois de Mai, à Fucifazzo, dans le territoire de Raguse, une mule qui avoit été couverte par un cheval, mit bas un poulain après onze mois. Il avoit, dit-on, toute la partie antérieure du cheval, hors les oreilles : sa queue étoit celle d'un cheval ; tout le reste du corps étoit celui d'une mule. Il hennissoit & marchoit comme le cheval : sa mère avoit pour lui un attachement très-vif ; elle lui donnoit soigneusement à tetter, & elle n'en laissoit approcher personne. On promena la mule & son poulain dans toute la ville, comme un objet curieux. Malgré tous les soins qu'on en prit, il ne vécut que deux ans. On a cru long-temps que les mules étoient stériles : elles le sont dans nos climats ; mais en Italie, en Espagne, dans nos colonies, elles portent quelquefois. M. de Buffon en cite quelques exemples dans un de ses derniers volumes.

Vue d'un rocher fur lequel étoit une partie de l'antique ville de Cafmena.
Fig. 2.

Cafmena a dû être en partie fituée fur les différentes portions planes du rocher que je préfente dans cette feconde eftampe : on voit encore quelques reftes des maifons modernes qui furent bâties au pied de ce rocher, & qui font maintenant détruites.

J'ai pour objet, dans cette feconde figure de l'eftampe, de parler d'un grand efcalier, feul beau refte de Cafmena. Il fuffit pour nous donner une idée avantageufe de cette ville, dont nous n'avons rien qui porte le caractère de perfection où l'architecture étoit parvenue dans ces temps-là. Quoique un efcalier foit peu de chofe, cependant, lorfqu'il eft taillé dans la roche, lorfqu'il eft d'une belle exécution, & motivé comme celui-ci, il ne laiffe pas de produire une impreffion très-fatisfaifante; il prouve que la nation qui l'a pratiqué ainfi pour fon ufage, y avoit apporté les plus grands foins : il fait voir qu'elle étoit fenfible aux avantages & fur-tout à la gloire qui réfultent de tout monument bien exécuté.

Si on ne confidère cet ouvrage que comme une habitude de bien faire, on en concluera toujours qu'un peuple qui a pratiqué cet ufage jufque dans la moindre chofe, mérite l'éloge de tous ceux qui connoiffent & qui aiment le beau. Cela donne une haute idée de ce qu'ont dû être les objets deftinés de ces temps à faire honneur à cette ville, en comparant fes chefs-d'œuvre avec ceux des plus belles villes de la Grèce.

Voyez la ligne qui traverfe de droite à gauche & de haut en bas : elle marque le rampant de cet efcalier, qui fut fait pour defcendre dans le rocher, afin de n'être pas apperçu en allant chercher de l'eau à une fource qui eft en E, à l'endroit où finit la trace de cet efcalier; il a environ 120 pieds de rampant : les parois & les marches en font très-bien faites, exactement taillées; il a 3 pieds & demi de large. Les marches ont environ 7 pouces de haut fur 13 de large. Cet efcalier a été plus long, mais on l'a raccourci en abaiffant le rocher où il commence; ce qui l'a diminué confidérablement. Vers le haut, il eft environ à 6 pieds loin de la face verticale du rocher, et au bas il en eft à 12 pieds. Il fut conftruit comme celui dont j'ai parlé, qui fe voit près de Spaccaforno, dans des fiècles où l'on vivoit dans la plus grande méfiance de fes voifins, ou dans la crainte des incurfions des pirates. Ce lieu près de la mer étoit très-expofé aux attaques des brigands qui infeftoient ces rivages & les villes qui en étoient voifines.

Pl. 40.

Intérieur d'un Magazin de l'antique Ville de Canopus.
Creusé dans la Roche à Benda

CHAPITRE TRENTE-SIXIEME.

Suite des antiquités de Scicli. Grotte, ou magasin antique de Casmena. Restes de Caucana à Sante-Croce. Restes de Camarina, près des Scoglietti : de Callipoli à Terra-Nova. Licata, ou l'antique Gela. Palma. Agrigente. Carte d'Agrigente. Vue générale du lieu de cette ville au midi. Temple d'Esculape ; vue générale de la même ville à l'orient.

LA ville de Scicli est dans le genre de Modica ; elle est située dans un bas fond, où se réunissent cinq cavées creusées, comme celle de Modica. Une vallée est un intervalle entre des montagnes, une cavée est une excavation immense faite dans une roche par un ruisseau qui l'a creusée insensiblement dans un laps de temps considérable.

Un ruisseau d'une belle eau passe au travers de la ville de Scicli, & sert à tous les usages de la vie pour ses habitans, dont les logemens diffèrent beaucoup entre eux : il y a un cinquième des citoyens qui logent dans des grottes sur le penchant de ces rochers ; ces grottes sont de la plus haute antiquité. Tout le peuple de Scicli travaille ; quoiqu'il n'ait pas l'air opulent, il y a peu de pauvres qui mendient. Cette ville compte huit à neuf mille ames. Beaucoup de maisons sont adaptées à la roche ; cette roche contient d'antiques magasins. Au palais du Baron Safonia il y a de très-grandes grottes bien faites, contiguës, & qui se communiquent par des baies rondes & pratiquées au sommet de la voûte, au travers desquelles on faisoit autrefois passer les grains que l'on conservoit dans ces magasins. J'en ai dessiné un pour les faire connoître.

PLANCHE CCXI.

Intérieur d'un magasin de l'antique Casmena.

Cette salle ronde présente à son entrée une anti-grotte, ou un anti-magasin, une anti-chambre qui conduit aussi à d'autres salles telles que celle-ci H, qui est la plus belle, à cause de sa voûte en coupole ; au plus haut il y a une ouverture circulaire qui communique à une salle supérieure de même genre.

Derrière les deux femmes qui se parlent dans cette estampe, on voit l'entrée d'une autre salle semblable à celle-ci ; dans le coin de l'estampe, où la roche est percée, on voit une entrée pareille qui conduit encore dans une salle semblable.

Ces vastes appartemens sont considérés comme des magasins de l'antique ville de Casmena.

Je n'ai pu deviner à quoi fervoit l'efpèce d'alcove A qui fe voit à gauche. J'ai repréfenté des hommes qui creufoient la terre pour chercher des tréfors, tandis que je faifois ce deffin ; car ces hommes croyoient que j'étois venu pour en chercher. Cette folle idée avoit attiré autour de moi quantité de gens des deux fexes qui comptoient partager avec moi l'or que je trouverois dans ce fouterrain. Mes recherches infpirèrent cette penfée dans plufieurs endroits de la Sicile.

On m'a conduit à peu près au milieu de la montagne, un peu au deffus de la cathédrale, où on voit quelques reftes d'antiques conftructions, dans lefquelles on diftingue plufieurs chambres de plein-pied, dont les planchers font en mofaïque de très-bon goût & bien confervés, mais qui feront bientôt détruits ; on y a pratiqué un chemin où les chevaux & les mulets paffent tous les jours.

On me mena enfuite à deux milles vers le couchant, fur le fommet d'une montagne, où j'ai vu beaucoup de farcophages creufés dans la furface du rocher, ce qui indique quelque antique habitation, bourg ou village ; mais quel nom avoit-il ? C'eft ce qu'on ignore.

La merveille de Scicli la plus vantée, eft le corps de Saint Guillaume qui eft dépofé tout entier dans la cathédrale ; ce qui eft rare, car ordinairement on n'a des Saints que quelques membres. Les Chanoines me contèrent que ce Saint vécut en hermite dans une grotte voifine ; qu'à fa mort plufieurs villes fe difputèrent fon corps. Les Maires de ces différentes villes le firent mettre avec cérémonie fur un petit char attelé de deux bœufs fauvages, pour qu'ils n'euffent pas l'habitude d'aller dans une ville plutôt que dans une autre. Les Prêtres chantèrent des litanies : les bœufs reftèrent tranquilles tant qu'on parla de différens Saints ; mais au nom de Saint Guillaume, ils partirent comme la foudre, & apportèrent le corps tout d'un trait dans cette Cathédrale : ce qui fit connoître à tous, que c'étoit en ce lieu que Saint Guillaume vouloit être adoré, & ce qui concilia toutes les difficultés.

Scicli eft bâti, comme je l'ai dit, fur les ruines de l'antique Cafmena, ville fondée par les Siracufains vingt ans après celle d'Acra. On ne fait ni par qui, ni à quelle époque elle a été détruite ; mais je ne doute pas que les Sarrafins, qui ont ravagé toute cette côte, n'y aient beaucoup contribué. En fortant de Scicli & en dirigeant fa route vers la mer, on arrive à Saint-Pierre, petit port où il y a quelques maifons de gardes-côtes & de pêcheurs : l'une d'elles eft bâtie fur les débris d'un temple antique de conftruction grecque. Ce temple, ifolé au bord de la mer, ne feroit-il pas celui dont parle Fazello & dont nous avons fait mention dans le chapitre précédent, fous le nom d'Apollon Libytien.

De Scicli je me rendis à *Santa-Croce*, Sainte-Croix. C'eft en ce lieu qu'étoit autrefois l'antique Caucana. Je n'y ai rien trouvé qui foit digne de remarque, fi ce n'eft le refte d'un antique édifice élevé à quatre milles de la mer, près de Santa-Croce, fur la rive d'un petit fleuve.

PLANCHE CCXII.

Bain antique.

Cet édifice, de conftruction romaine, eft affez bien confervé pour qu'on en reconnoiffe le caractère. Dans la falle du milieu, on voit aux angles, à la naiffance de la voûte, des trous qui percent verticalement cette voûte : ils fervoient à faire évaporer la chaleur ; par ce moyen on fe la procuroit plus ou moins forte, au degré qu'on vouloit.

Il y avoit quatre petites chambres aux quatre côtés de celles-ci, dont la voûte AA étoit en coupole. Ces petites chambres formoient une croix BCDE, comme on le voit au plan. Celle du milieu A

Reste d'un Bain de l'antique Ville de Camarina.

Pl. XXXIII

Reste d'un Temple de l'antique Ville de Camerine
près le petit port appellé la Scoglietti

Coupe de l'Escalier de l'antique Gela

Plan de 2.e étage de l'Escalier de l'antique Gela

Fig. 2.

Plan du 1.er étage de l'Escalier de l'antique Gela

Fig. 4.

Plan antique d'un Temple de l'antique Ville de Callipolis et son Chapiteau n'étoit éclairée que par la petite fenêtre G. La partie éloignée de cet édifice contient deux petites chambres H. Tout est bien bâti & en pierre de taille. La terre est labourée autour de cet édifice & n'offre aucun reste des bâtimens qui ont dû l'accompagner.

En fuivant le cours du petit fleuve qui paffe près de ce bain, j'ai vu un autre bain femblable à celui-ci par la grandeur & par la forme. Il fert aujourd'hui de demeure à des payfans ; il eft fitué à deux milles de la mer. Les réparations qu'on y a faites donnent à fon extérieur des maffes différentes & très-pittorefques. N'y remarquant rien de particulier, je ne l'ai pas gravé.

Près de l'embouchure de ce petit fleuve, on trouve une tour & quelques maifons qui font habitées : c'eft le port de Santa-Croce.

Près de là, fur une petite éminence, font les reftes détruits de l'ancienne Caucana. On a pris les pierres de ces vieux édifices pour bâtir la tour qui défend cette côte & les maifons de Santa-Croce. Je n'ai rien trouvé dans ces débris qui mérite d'être cité.

Je fuis paffé de là au lieu où fut jadis l'antique Camarina : on voit çà & là des traces de murs détruits, raccommodés & détruits encore, des monceaux de pierres recouverts par des herbages & à moitié enfevelis dans le fable & la pouffière que les vents apportent & que la fucceffion des fiècles y accumule. Plus loin font des collines toutes percées par des grottes fépulcrales ; d'autres tombeaux font creufés dans le fol ; d'autres le font dans de petites portions de roches verticales. De tous les anciens édifices, il ne refte rien qui foit reconnoiffable que quelques portions des murs d'un temple, où j'ai compté quatre affifes qui s'élèvent encore au deffus des gradins. La piété des gens qui habitent les campagnes voifines a confervé les reftes de cet édifice : ils en ont fait une chétive chapelle qu'ils ont dédiée à la Vierge, & qu'on appelle la Madonne de Camarina. Voyez fig. 1 de la planche fuivante.

PLANCHE CCXIII.

Vue des restes d'un temple antique de Camarina, fig. 1, & de la seule colonne qui subsiste d'un temple de l'antique Callipoli à Terra-Nova, fig. 2. Plan & Coupe d'un très-bel escalier de l'antique Gela à Licata.

En avant de la chapelle on voit les portions dégradées du foubaffement & des gradins de ce temple A.

B. Ce font les murs confervés ; il en refte à peu près autant de tous côtés : voilà tout ce qui fubfifte de cette ville, fi floriffante cinq cents vingt-huit ans avant notre ère vulgaire. Cluverio place fa fondation dans la quarante-cinquième olympiade.

Le Père Maffa dit que la ville de Camarina s'accrut promptement en force & en population, & qu'elle fe révolta contre les Syracufains qui l'avoient fondée : fes troupes furent défaites. Hippocrate, Tyran de Gela, s'en rendit maître dans une guerre qu'il eut avec les Syracufains ; lorfque Gelon, fucceffeur d'Hippocrate, devint Roi de Syracufe, les habitans de Camarina fe révoltèrent encore, & ils furent réunis aux Syracufains comme citoyens de leur ville.

Mais enfin Camarina fut détruite une troifième fois par les Syracufains à la mort de Gelon ; elle fut depuis rebâtie & occupée par les habitans de Gela dans la première guerre Punique, elle prit le parti des Carthaginois, & fut affiégée par les Romains

Camarina s'allia avec Phalaris, Tyran d'Agrigente; elle lui fournit de l'argent. Camarina a produit beaucoup de gens célèbres.

Il n'en reste plus que les débris du temple, & les pierres dont on a fait la tour des gardes-côtes près de ce petit port appelé les Scoglietti.

J'ai passé de là à Terra-Nova, lieu célèbre autrefois par la beauté de ses monumens, dont il ne subsiste plus rien, si ce n'est une colonne, encore est-elle tombée & partagée en cinq tronçons. Cette colonne faisoit partie d'un temple dont les gradins sont enfouis aujourd'hui dans les sables que le vent amène des bords de la mer & accumule sans cesse. L'origine & le nom même de cette ville antique sont très-incertains. Les auteurs anciens qui en ont parlé ne l'avoient point vue : les uns l'appellent Callipoli, les autres Heraclée ou Gela; mais Heraclée a ses ruines près de Catolica, au nord de Girgenti.

Voyez dans la fig. 1 la seule colonne qui nous reste de cette ville antique.

Je me suis rendu de là à Licata, ville moderne, lieu de l'antique ville de Gela, l'une des plus anciennes de la Sicile. Elle étoit bâtie sur une montagne isolée appelée le mont Ecnomo. Il ne reste plus aucune trace de cette ville, si ce n'est des grottes à tombeaux, & des grottes qui furent habitées : elles sont taillées dans la roche, & sont de toutes sortes de formes & de grandeurs; plusieurs sont encore habitées par des gens du peuple.

Autour de ces grottes, j'ai rencontré dans beaucoup d'endroits de ces carrés, un peu creusés, de toutes sortes de formes & de grandeurs, dont j'ai déja beaucoup parlé, & dont j'ai donné la description en décrivant le théâtre de Syracuse. Ici ces carrés ont été creusés sur la surface de la paroi extérieure de ces grottes, paroi formée par le rocher. Il y a de ces carrés à toutes sortes de hauteurs.

J'en ai vu à Macara, près de Vindicari, & en beaucoup d'autres endroits, sans que rien ait jamais pu m'en faire deviner l'origine ou l'usage.

J'ai remarqué sur la sommité de cette montagne que la roche y est taillée d'une manière régulière : ce sont des carrés longs taillés dans le sol ou plutôt dans la roche; mais leur usage est fort équivoque. Tout est si délabré, qu'on ne peut rien trouver sur quoi l'on puisse hasarder une conjecture. On appelle cet endroit le château de la grande Gela.

De l'autre côté, tout vis-à-vis, je remarquai dans une masse de roche élevée en dos d'âne, une échancrure qui alloit du levant au couchant. Au nord de cette échancrure il y avoit sept ou huit gradins. Je n'ai pu connoître à quoi ils avoient servi.

Ce qui m'a donné une haute idée des arts de cette ville, c'est un très-bel escalier taillé dans la roche, mais bien supérieur à ceux que j'avois vus à Spaccaforno & à Scicli, & dont j'ai déja parlé. Celui-ci est au pied de la montagne de la grande Gela, du côté qui regarde les murs de Licata; il est carré; il a quatre parties de marches; il est d'une belle exécution. Voyez fig. 3. J'en ai examiné les deux étages que je présente, & je n'ai pu aller jusqu'au fond, la grande quantité de pierres dont il étoit rempli m'en ayant bouché le passage.

Je ne doute pas que cet escalier n'ait été taillé pour aller puiser de l'eau à quelque source bien profonde. Je n'ai pu deviner à quel usage servoit l'espèce de galerie qui est à côté.

On me conduisit à l'endroit appelé *le piano dela citta*, c'est-à-dire, *à la place de la ville*, place éloignée de cinq milles de Licata, place où fut jadis une ville dont il ne reste plus que quelques assises de pierres, formant par intervalles une enceinte de murs qui s'élèvent à peine d'un pied hors de terre. On y voit des vestiges de portes; mais tout cela est presque anéanti.

Le Père Pezzolante, Historiographe de Gela & de Licata, dont parle d'Orville, dit que ces débris sont les restes d'une antique ville qu'Hérodote appelle Mattorio.

En revenant de les voir, nous passâmes le long des grandes roches appelées le Zotte de l'Aquila,

Pl. CCXIV.

Lieu de l'antique Forteresse de Cron
et de Camicus

Agrigentine *in* Camic

ANTIQUE AGRIGENTE

Plan du lieu qu'occupait l'antique Ville d'Agrigente

et de ses Environs.

le Saut de l'Aigle. J'y remarquai encore des grottes deſtinées aux abeilles. Le naturaliſte y verroit des roches calcaires très-curieuſes qui ne peuvent guère ſe décrire.

De Licata je me rendis à Palma. Je trouvai encore ſur la route de ces petites grottes faites pour les abeilles ; elles ſont très-communes dans cette province, qui dut produire beaucoup de miel. On y voit auſſi beaucoup de veines du plus beau gypſe dans les montagnes de ces cantons.

Je n'ai rien trouvé d'antique à Palma. La tradition ne dit pas même qu'il y ait eu autrefois des habitations antiques dans ce lieu.

En ſortant de Palma, je vis une grande ferme où eſt un beau jardin rempli d'orangers, de citronniers, de cédrats ; on me fit voir & manger d'une eſpèce d'orange particulière que je n'ai retrouvée nulle part : on l'appelle orange-ſur-orange ; quand on l'ouvre, on trouve dans ſon intérieur, au centre de la chair, une ſeconde orange revêtue d'une peau blanche & fine telle que celle d'une orange dont on a ôté la première écorce ; elle eſt d'un goût exquis ; la chair de ces deux fruits extérieur & intérieur ſe partage par côtes ; les pepins ne ſe trouvent qu'au centre de la ſeconde.

Je continuai ma route & me rendis à Girgenti, qui fut jadis la célèbre ville d'Agrigente, une des plus importantes de toute la Sicile.

Je ne dois pas oublier de dire que j'ai vu entre Palma & Girgenti, à quatre milles de cette dernière cité, des mines de ſoufre ; on l'arrachoit des filons où il ſe trouvoit en groſſes maſſes.

Ces contrées ſont très-bien cultivées ; elles préſentent des aſpects très-rians : on y voit beaucoup d'aloès & quelques palmiers ; j'y ai vu, le 15 décembre, des amandiers & des abricotiers en fleurs, la violette couvroit les champs, les roſiers étoient près de fleurir, toute la nature étoit active.

PLANCHE CCXIV.

Plan de la place qu'occupoit l'antique ville d'Agrigente & des environs de ce lieu.

La ville d'Agrigente proprement dite, ſans y comprendre ſes fauxbourgs, étoit contenue dans l'enceinte AA. Ses fauxbourgs, dans le temps de ſa ſplendeur, s'étendoient de tous côtés à des diſtances qui ne ſont pas connues, parce qu'il ne reſte aucun veſtige de leurs limites.

Cette enceinte de la ville proprement dite ſe diviſe en trois parties : la première, celle qui fut le plus anciennement habitée, s'appeloit la forterefſe ou la citadelle ; elle étoit ſur une hauteur à l'endroit marqué B ; des rochers escarpés l'environnoient, & des murs CC la défendoient vers le midi, où le terrein s'abaiſſoit ; il n'y avoit qu'une ſeule entrée D, afin qu'on pût la défendre plus aiſément.

Immédiatement au deſſous de cette enceinte étoit Agrigentino in Camico EE, ou la ſeconde partie d'Agrigente. On lui donnoit ce nom, parce que Camicus, roi des Sicules, habitoit cette partie de la montagne avant Cocale. Phalaris, qui leur ſuccéda, agrandit cette ville. La troiſième partie FF terminoit la ville ſéparément de ſes fauxbourgs.

L'Hiſtoire, qui nous parle d'Agrigente comme de l'une des plus grandes villes qu'il y ait eu, ne nous dit preſque rien ſur ſon origine, ſur ſon accroiſſement, ſur ſa ſplendeur, ni ſur les révolutions qu'elle a éprouvées : elle fut aſſiégée pluſieurs fois ; elle ſe rétablit auſſi pluſieurs fois ; enfin elle a ſubi le ſort de preſque toutes les villes antiques ce ſont les Carthaginois qui en furent les deſtructeurs. Il eſt à préſumer que les hiſtoriens anciens & particulièrement Diodore n'avoient pas négligé de parler d'une ſi grande ville avec quelque détail. Ce qu'ils en ont dit eſt vraiſemblablement compris dans les ouvrages que nous avons perdus & qui ſont en ſi grand nombre.

Malgré ces pertes, le P. Pancrace, qui n'eſt pas un ancien, a fait ſur cette ville deux volumes in-folio avec eſtampes : il nous dit, d'après Thucydide, qu'Antiphemo de Rhodes & Antimo de Crète conduiſirent une colonie au midi de la Sicile; qu'ils fondèrent enſemble la ville de Gela, quarante ans après la fondation de Syracuſe; & que cent huit ans après celle de Gela, ſes habitans envoyèrent une colonie qui éleva une ville ſur les bords du fleuve Agragas, d'où cette ville prit le nom d'Agrigente. *Ariſtinao* & *Fiſtolo* furent les conducteurs de cette colonie, les fondateurs de cette ville & ſes légiſlateurs, dans la quarante-neuvième olympiade.

Il paroît que le lieu où ils trouvèrent la citadelle appartenoit au Roi *Cocale*, & qu'ils s'en em-parèrent par quelque ruſe militaire. Ce lieu étant naturellement très-fort, il leur fut aiſé de s'y maintenir, comme nous le ferons connoître en ſon lieu.

Le P. Pancrace raconte les fables de Dédale & de Minos que tout le monde connoît; mais il eſt infiniment inférieur aux poètes qui en ont tiré un ſi grand parti, & auxquels il faut abandonner de pareilles hiſtoires.

Il dit que Phalaris bâtit le temple de Jupiter Polieo. Il eſt en effet dans l'enceinte de la forivinteſſe On en voit encore les foibles reſtes dans le lieu marqué G, ſur leſquels on a bâti l'égliſe de Sainte-Marie des Grecs : il ne reſte de cet ancien temple que trois gradins qui en faiſoient le ſoubaſſement, tel qu'on en verra aux temples que je donnerai ci-après; au deſſus de ces gradins, il ne reſte que quelques aſſiſes de pierres.

Ce temple n'étoit pas orné de colonnes comme celui de la Concorde & celui de Junon. On a employé les reſtes des murs de ce temple pour faire une partie de l'égliſe qu'on y voit aujourd'hui. Ces débris ne m'ont rien offert qui ſoit intéreſſant; ainſi je ne les ai point gravés.

Dans le plan que je donne ici de l'ancienne ville d'Agrigente, H eſt une eſpèce de labyrinthe, ſouterrain creuſé dans la roche au deſſous du ſol. Ce lieu n'offre aucun caractère qui indique l'idée qu'on a eue en le faiſant.

I. Temple conſacré à Jupiter *à Tabirio*, ou à Jupiter protecteur & à Minerve. Ce temple a été bâti ſur la ſommité la plus élevée de la montagne, ſur une protubérance de la roche qui domine tout ce qui l'environne. Il ne ſubſiſte plus de ce temple que quelques aſſiſes de pierres. Il a fait donner à cette montagne le nom de mont de Minerve.

K. Temple de Cérès, qui ſera décrit ci-après.

L. Porte de la ville d'Agrigente. On voit encore de côtés & d'autres des portions des fondemens & des murs adjacens à cette porte : ils ſont en pierres de taille & d'une très-belle exécution.

M. C'eſt encore une autre porte dont il ne ſubſiſte plus que de foibles reſtes.

N. C'eſt le temple de Junon-Lucine, dont il ſera parlé plus en détail dans le chapitre ſuivant. On voit encore quelques reſtes des murs du parapet qui régnoit depuis ce temple, le long du précipice, juſqu'à la porte prochaine.

O. Caveau ſépulcral. P. Vue des murs de l'antique Agrigente. Q. Temple de la Concorde, dont nous parlerons plus bas. R. Grotte ſépulcrale. S. Temple d'Hercule. Auprès de ce temple, il y a un chemin creuſé dans la roche. Là, il y avoit une porte de ville, appelée porta Orea, qui con-duiſoit au tombeau de Theron. T. C'eſt le tombeau de Theron. V. C'eſt le temple d'Eſculape. U. C'eſt le temple de Jupiter Olympien. X. Temple de Vulcain. Y. Temple de Caſtor & de Pollux. Z. Mur unique & porte d'Agrigente. &. Bain antique. + Foſſe.) Cloaque. * Petit temple, aujourd'hui circonſcrit dans le couvent de Saint-Nicolas.

1. Près de là, ſur la route d'Agrigente, à main gauche, dans le fond d'une ravine où l'on apperçoit des ruines, on a trouvé des uſtenſiles de fondeur. Le chemin à cet endroit paſſe ſur des chambres qui ont à leur plancher des moſaïques.

2. C'eſt le ſommet de la montagne appelée la Meta, où l'on croit qu'il y a eu un temple.

Vue a l'orient, et au Midi,
de l'emplacement qu'occupait l'antique Ville d'Agrigente.

Pl. XV.

Vue des restes du Temple d'Esculape, et du lieu qu'occupait l'antique ville d'Agrigente, du côté du midi.

3. C'est le pont qui communiquoit d'Agrigente à Agrigentino in Camico.

4. Restes ou ruines qui contiennent des bases de colonnes; le pont qui est au fond du vallon semble indiquer qu'il y avoit vis-à-vis une des portes d'Agrigente.

5. Tombeaux creusés dans la roche. Ces tombeaux sont rangés dans le meilleur ordre; ils ont une feuillure qui indique qu'on les couvroit & qu'on les fermoit avec une pierre.

6. Fontaine. 7. Pied de la montagne qu'on appelle Monte Tauro, où les Carthaginois firent camper leurs troupes, & où les Romains campèrent aussi dans la suite. 8. C'est l'endroit où étoit la Neapolis Agrigentine dont *Plutarque* parle à l'occasion de Dion.

9. C'est le lieu d'un lac soi-disant huileux, & de la piscine dont parle Diodore; elle fut construite par les Agrigentins. 10. Fleuve de Saint-Blaise. 11. Fleuve Agragas. 12. Route d'Agrigente au port actuel. 13. Port où séjournent les vaisseaux. 14. Tour garnie de canons, où il y a une garnison pour la défense de ce port. 15. Tour située sur une montagne où tous les soirs on allume un fanal qui indique aux vaisseaux, pendant la nuit, la situation du port de Girgenti. 16. Pleine mer, appelée Libico, mer de Libye. 17. C'est le lieu où fut le port antique d'Agrigente. On croit y voir encore quelques restes des constructions de l'ancien port. 18. Lieu où les Romains ont campé. 19. Confluent du fleuve Saint-Blaise & du fleuve Agragas. 20. Boussole. 21. Mont Serrato.

PLANCHE CCXV.

Vue du Temple d'Esculape, & du lieu où fut l'antique Agrigente.

Le temple d'Esculape A étoit de moyenne grandeur; il avoit de long 61 pieds sur 27 pieds 9 pouces de large.

Aucune colonne isolée ne le décoroit à l'extérieur, si ce n'est à son entrée, qui étoit du côté de l'orient; les côtés étoient formés de murs lisses; le peu d'élévation de ce qui reste ne permet pas de voir s'il y avoit des fenêtres; la façade occidentale étoit fermée & décorée, comme l'entrée, par deux colonnes. Elles étoient à moitié engagées dans le mur; les autres ne l'étoient pas. Voyez le plan: on y voit dans l'intérieur des petits escaliers semblables à ceux que nous verrons dans le temple de la Concorde. Une maison de métayer, que l'on a construite sur les débris de ce temple, n'en laisse pas appercevoir davantage. J'ai supprimé un mur qui forme du côté du midi une cour à cette maison moderne, afin de laisser voir ce reste d'édifice de ce point de vue.

Au-delà de ce temple, on découvre des murs & des restes de plusieurs édifices qui appartinrent à l'antique Agrigente. Le temple de Junon-Lucine B s'élève sur la cime la plus avancée de la roche à droite. Vers le milieu du tableau, est le temple de la Concorde C. Une portion de la roche D, étoit horizontale; elle est tombée, & elle fait voir une grande quantité de tombeaux. E. Est le tombeau de Theron; derrière est la porte Orea, le temple de Jupiter-Olympien qui est ici caché derrière la roche; ensuite le temple de Pluton & celui de Castor & de Pollux plus à gauche, mais cachés par l'élévation du terrain & des arbres. Voyez le plan général. L'élévation particulière F de la montagne du lointain, est le lieu du temple de Jupiter-Atabyrio & de Minerve.

PLANCHE CCXVI.

Vue à l'orient A & au midi B de la place qu'occupoit l'antique Agrigente.

Cet aspect présente pour premier objet les ruines du temple de Junon-Lucine D, situées à l'angle du rocher élevé sur lequel étoit cette ville. On voit ensuite le temple de la Concorde C.

Les autres temples que j'ai repréſentés dans la planche précédente , ſur une même ligne d'orient en occident , & qui ſe ſuivent aſſez régulièrement , ne peuvent s'appercevoir de ce point de vue ; l'extrême raccourci de la perſpective s'y oppoſe, auſſi-bien que l'abaiſſement du terrain & leur peu d'élévation , qui eſt ici maſquée par des arbres.

On voit encore ici le tombeau de Theron E. A gauche eſt le temple d'Eſculape ; mais la hauteur du terrain empêche qu'on ne le voie. A droite eſt la place I d'une des portes orientales d'Agrigente. K. Autre porte dont j'ai parlé dans le plan : elles menoient toutes deux à un même chemin L, repréſenté à la gauche de cette eſtampe. Le chemin traverſe en M le fleuve qu'on appelle aujourd'hui de Saint - Blaiſe. Ce fleuve s'appelle ainſi , à cauſe d'une chapelle dédiée à ce Saint , & élevée ſur les ruines du temple de Cèrès F. Cette chapelle étant l'objet le plus digne de remarque qu'il y ait ſur les rives de ce fleuve O, elle lui a donné ſon nom.

Sur l'éminence H , étoit le temple de Jupiter-Atabyrio & de Minerve , temple élevé qu'on voyoit de très-loin & qui commandoit toute la ville.

Au-delà de la ligne qui marque le ſommet de la montagne, on apperçoit la ville de Girgenti N , où étoit la fortereſſe de Cocale ; au deſſous étoit le temple de Jupiter-Polieo. En voyant cette mon-tagne , on conçoit que la ville qui l'occupoit étoit iſolée, que l'abord en étoit preſque inacceſſible.

De ce point de vue , on apperçoit en raccourci tout le lieu où fut la ville d'Agrigente , & le faubourg Neapolis G , où l'on ne trouve plus ſur la montagne que des tombeaux de différentes eſpèces tous creuſés dans la roche, & quelques pierres, reſtes des édifices qu'il y eut autrefois.

O. Eſt le fameux monte Tauro. P. Ce ſont des faubourgs au couchant d'Agrigente. Q. Sont d'autres faubourgs au levant de cette ville.

Quelques auteurs ont dit que les Agrigentins, en plaçant le temple de Jupiter & de Minerve dans le lieu le plus éminent de leur ville, avoient eu deſſein de la mettre toute entière ſous les yeux de ces divinités, afin d'en confier à elles ſeules le gouvernement & la défenſe ; mais les Agrigentins n'étoient pas ſi ſimples, ils avoient des troupes & des magiſtrats.

Si les magiſtrats honoroient ces divinités par des ſacrifices dans ce temple, chaque citoyen riche leur en faiſoit en particulier dans ſa propre maiſon.

Lorſque Jupiter étoit déſigné par le nom de Polieo , qui ſignifie protecteur , on le regardoit comme le gardien de la maiſon & de la famille ; de là vient que chez les Grecs , les Siciliens & les Romains même, où la mythologie n'avoit point de dogmes fixes, d'idées bien préciſes , on le confondoit ſous cette dénomination avec les dieux lares ou les dieux pénates.

On plaçoit également ce Jupiter ou ces dieux dans une niche : devant cette niche, on poſoit une table ou un autel ; dans les jours de fête on mettoit ſur cette table ou ſur cet autel des charbons allumés, & l'on y jetoit quelques grains d'encens ; ſouvent cet autel étoit au dehors de la maiſon, en plein air, entouré d'une baluſtrade. On couronnoit ces dieux de feuilles fraîches ; on leur attachoit des tablettes de cire, ſur leſquelles on inſcrivoit les vœux qu'on leur adreſſoit ; quel-quefois on ſe contentoit d'enduire quelque endroit de leur corps de cire, pour y écrire ce qu'on leur demandoit ; ſouvent on ſuſpendoit devant eux une lampe allumée ; dans les fêtes de famille , on leur faiſoit des ſacrifices, alors on décoroit la maiſon même à l'extérieur avec des branches d'arbres.

Dans les fêtes publiques, on dreſſoit des tables en leur honneur dans les rues & dans les carre-fours, ce qui les avoit fait appeler *compitalia ,* fêtes de carrefours.

Ces dieux avoient des jours qui leur étoient conſacrés : le 27 juin l'étoit aux dieux lares ; le 31 janvier, aux dieux pénates ; le premier de mai, on leur dreſſoit des autels dans Rome.

Murs restant ... du Temple de Cérès
et de ses Environs.

CHAPITRE TRENTE-SEPTIEME.

Suite des antiquités d'Agrigente. Temple de Cérès & ses environs. Temple de Junon. Cave sépulcrale. Vue d'une portion des murs antiques d'Agrigente, depuis le temple de Junon jusqu'à celui de la Concorde. Vue & coupe du temple de la Concorde.

PLANCHE CCXVII.

Restes des murs du temple de Cérès. Vue de ses environs.

LE plan & les vues que j'ai donnés dans le chapitre précédent, font connoître que la ville d'Agrigente étoit située sur une montagne dont le côté du sud étoit incliné, & dont celui du nord étoit escarpé. Le temple de Cérès s'élevoit à l'orient. J'ai représenté ses environs dans cette estampe : la mer qu'on voit à gauche est ici marquée 16, ainsi qu'au plan. Ce qu'on en voit s'étend encore plus au couchant que ce que j'en ai représenté dans le plan.

Je désignerai ici, autant qu'il sera possible, les objets par les mêmes chiffres & les mêmes lettres que je les ai désignés dans le plan, & je les ferai connoître autant qu'on peut les discerner de cet aspect.

Le numéro 21 est le mont Tauro. 7 est une partie d'Agrigente *in Camicus*. N est la ville de Girgenti, ville moderne, construite des débris d'Agrigente & des ruines de la forteresse de Cocale & de Camicus son successeur. Z, c'est le couvent de Saint-Nicolas, dans les environs duquel sont divers objets curieux dont je rendrai compte. 2, c'est un lieu élevé qu'on appelle la Meta. 4, chapelle de Saint-Léonard. M, chemin qui conduit à la porte orientale d'Agrigente. Ce chemin se partage en deux branches, dont l'une conduit à une autre porte de cette ville au dessous du temple de Cérès.

Tout ce qu'on apperçoit de ce point de vue est cultivé de toutes parts. Dans les beaux jours de la splendeur d'Agrigente on y auroit apperçu avec peine quelques arbres : aujourd'hui l'œil y cherche en vain une maison.

Le temple de Cérès passe pour avoir été un des plus anciens d'Agrigente. Ce fut au milieu des fêtes célébrées en l'honneur de cette déesse, que Phalaris usurpa la souveraineté de cette ville.

Ce temple n'offre plus aujourd'hui aux yeux des voyageurs que ses murs extérieurs. Il ne paroît pas qu'il ait eu de colonnes : il semble que quatre murs aient formé son enceinte, et que l'on y entroit par l'occident. Cet édifice a été réparé par les modernes, qui des restes de ses murs ont fait une chapelle à Saint-Blaise. Elle ne fournit rien d'intéressant : on ne voit de chaque côté que quelques assises de pierres antiques dont la longueur est indéterminée. Le sol offre encore une portion du pavé du temple, mais on n'en peut connoître l'étendue, BB.

C, restes des murs qui soutenoient les terres & qui portoient le mur du parapet; car de ce côté très-efcarpé de la montagne, on avoit fait un chemin qui tournoit autour de ce temple. On parvenoit à ce temple par l'endroit oppofé à celui qu'on voit dans cette eftampe ; un large chemin pratiqué dans la roche & modérément incliné , conduifoit à fon portique ; il étoit affez large pour que plufieurs chars puffent y paffer de front. Les ornières creufées dans la roche par ces voitures fe font encore remarquer très-diftinctement.

Le temple de Cérès, déeffe des moiffons , devoit toujours être bâti hors des villes, et fitué dans un lieu tellement écarté, qu'on n'y fût jamais attiré par aucune autre affaire que par le defir d'y facrifier. Celui-ci étoit bâti dans l'angle le plus écarté & le plus élevé du rocher fur lequel étoit Agrigente, de forte qu'on ne devoit y aller que quand le culte de la déeffe y appeloit ; car on auroit regardé comme une profanation de paffer près de ce temple pour toute autre raifon. Ce même temple fut auffi dédié à Proferpine, à laquelle les Agrigentins avoient une grande dévotion. On y célébroit en fon honneur des fêtes qui duroient trois jours, qu'on fuppofoit commencer après l'époque de fon enlèvement, ce qui faifoit allufion aux trois mois qui s'écoulent entre la moiffon enlevée & le temps où le blé commence à germer & à fortir entre les fillons.

On célébroit tous les ans deux fêtes, dont l'une s'appeloit *Anacalypteria*, Apparition, en mémoire du jour où Cérès avoit revu fa fille ; l'autre s'appeloit *Théogonie*, en mémoire du jour où Proferpine, retrouvée par fa mère, avoit reparu fur l'olympe, ou en mémoire de fes noces avec Pluton.

Fêtes de Cérès.

Les habitans de la Sicile , perfuadés que Cérès & fa fille avoient habité leur île , inftituèrent des fêtes en leur honneur, & les célébrèrent en diférens temps de l'année, tels que les labours, les femailles, les moiffons.

L'enlèvement de Proferpine fe célébroit dans le temps des récoltes ; les recherches de Cérès , dans celui des femailles. Cette fête duroit dix jours entiers ; l'appareil en étoit éclatant & magnifique. Dans les autres fêtes, le peuple affemblé fe contentoit de faire des facrifices affez fimples.

Il eft très-naturel que , dans le tumulte de la fête, dans un climat fi chaud , l'ufage fe foit introduit de chanter des chanfons peu décentes, et de fe permettre des geftes moins décens encore ; mais il eft étrange qu'on ait voulu juftifier ces fottifes, en difant qu'on ne les fouffroit qu'afin d'égayer la déeffe, et de la diftraire du chagrin que lui caufoit la perte de fa fille.

Les Siciliens, qui prétendoient que Cérès leur avoit fait préfent du blé & leur en avoit enfeigné la culture, affuroient avec le même difcernement qu'elle leur avoit donné les lois qu'ils fuivoient.

Si de ce temple nous defcendons au pied de la montagne, dans l'endroit repréfenté à la gauche de cette eftampe, où étoient les portes orientales d'Agrigente, nous n'y remarquerons plus que quelque reftes de murs dont on voit quelques affifes de pierres à des hauteurs inégales, dont les directions ne caractérifent rien. Depuis la deftruction de ces édifices, les eaux ont dégradé les terres & fait écrouler les murs. On ne voit plus même les fondemens de la muraille & du parapet qui devoient régner le long du précipice entre ces portes , & depuis ces portes jufqu'au temple de Junon. Voyez le plan. Près de ce temple, on en voit encore quelques reftes à différentes places.

Temple de Junon.

Ce temple élevé fur l'angle du rocher, jouiffoit de la plus belle fituation & de la plus belle vue au levant & au midi. On tournoit tout autour par des rues & des chemins qu'on avoit ménagés à différentes hauteurs. Depuis plufieurs fiecles, le temps a dévoré la roche qui portoit les murs du parapet ; le vent du midi, qui vient du côté de la mer, apporte avec lui un acide qui ronge &

Vue du Temple de Junon Lucine
tel qu'il était en 1776.

qui confume plus promptement la roche & les édifices de ce côté-là que de tout autre. Cette roche s'eft fendue verticalement. De grandes portions font tombées. On ne peut plus actuellement faire le tour de ce temple en dehors.

Je crois que la deftruction de la roche eft plus rapide que celle du temple, & que quelque jour il s'écroulera avec elle, fi on n'accélère pas fa deftruction en enlevant fes débris.

PLANCHE CCXVIII.

Vue du temple de Junon tel qu'il étoit en 1778.

Cette vue a été prife du côté du nord de ce temple, en regardant un peu vers le couchant.

Le caractère de fon architecture eft celui de l'ordre dorique grec des premiers temps; les colonnes ont quatre pieds deux pouces de diamètre, vingt pieds deux pouces de hauteur, y compris le chapiteau, & vingt cannelures. Ce temple étoit du genre de ceux qu'on appeloit périptères, parce qu'il y avoit des colonnes qui régnoient tout autour. J'en ai compté treize de chaque côté, & fix à chaque face, y compris celles des angles.

On a fondé ce temple dans un lieu très-éminent, & on l'a élevé en outre fur huit affifes de pierres, ce qui l'a exhauffé de douze pieds huit pouces au deffus du fol; les gradins par lefquels on y monte ont chacun dix-neuf pouces de haut. Il y avoit à l'entrée A de ce temple un palier fur lequel fe faifoient vraifemblablement les facrifices, quand ils devoient être vus du peuple.

On connoîtra les détails de l'intérieur de ce temple, ceux de fon fanctuaire & des efcaliers qui conduifoient au deffus de ce fanctuaire, en lifant ce que je dirai du temple de la Concorde, les détails de l'un reffemblant à ceux de l'autre. Il n'y avoit de différence entre ces deux temples, que celle des fouterrains de celui-ci, fouterrains que j'ai obfervés fous le périftyle de la façade latérale & occidentale repréfentée dans cette eftampe. Je n'ai pu connoître leur étendue, parce qu'ils font entièrement remplis de pierres; mais je crois bien qu'ils tournoient autour du temple, & qu'ils communiquoient à un autre, fitué fous le fanctuaire ou fous la Cella de ce temple, & dont j'ignore l'ufage.

Il y avoit un petit ornement aux gradins. Voyez BB. C'étoit pour le premier un refend en deux temps; il ceffoit à deux pouces du joint de la pierre, fous chaque colonne et au milieu de chaque entrecolonnement. Voyez la figure L fur le devant de cette eftampe. Il y avoit une cymaife au devant des autres gradins, mais elle n'étoit pas interrompue.

La pierre C de l'architrave paroît près de tomber. C'eft un phénomène curieux: elle eft dans cette pofition depuis plus de cinquante ans; les vents & les tremblemens de terre qui ont renverfé les quatre colonnes EFGH n'ont pu abattre cette pierre, & cependant la colonne D eft toute rongée au pied. J'ai vu un deffin de ce temple fait, il y a quarante ans, par un peintre de Girgenti: on y voyoit cette pierre déja déplacée, & les colonnes EFGH étoient encore debout.

Les différens tambours des colonnes de ce temple font liés enfemble avec trois morceaux de bois de cèdre ou d'un bois à-peu-près femblable. On avoit fait pour cet ufage dans le milieu de chaque tambour un trou carré de trois à quatre pouces en tous fens, dans lequel on avoit ajufté avec précifion un morceau de bois cubique; au milieu de ces cubes on avoit percé un trou cylindrique d'environ un pouce & demi de diamètre; un morceau de bois auffi cylindrique s'adaptoit par fes extrémités dans les cubes des deux tambours, & les attachoit l'un à l'autre très-fortement, ce qui rendoit leur union plus folide. Il, eft une cavité auffi profonde que large, faite de chaque côté de la pierre pour mettre une corde qui fervoit à monter ces pierres à leur place.

Statue de Junon.

Junon étoit ordinairement représentée assise, tenant d'une main un sceptre, et de l'autre un fuseau. Une couronne radiale ornoit sa tête. Iris lui servoit de messagère. On regardoit Junon comme la reine de l'air, dont Iris annonçoit la sérénité.

Cette déesse, ainsi que toutes les autres, étoit différemment représentée, & on lui donnoit différens attributs, selon les lieux & selon les circonstances dans lesquels on l'invoquoit.

Sa statue colossale étoit dans le temple d'Argos assise sur un trône : cette statue étoit d'or & d'ivoire ; elle avoit sur sa tête une couronne, & sur cette couronne on avoit placé les Graces et les Heures ; elle tenoit une grenade dans une main & un sceptre dans l'autre. Un coucou étoit perché sur le bout de ce sceptre. On la regardoit comme la déesse des richesses en tout genre : elle présidoit à la parure des femmes ; c'est pourquoi on la représentoit toujours bien coiffée, sa chevelure élégamment ajustée, & son vêtement magnifique.

Dans le temple qu'elle avoit à Agrigente, on voyoit un tableau de Junon peint par Zeuxis : on dit qu'il avoit choisi pour le faire les vingt plus belles personnes de cette ville ; qu'après les avoir examinées, il en avoit pris cinq, d'après lesquelles il avoit fait le portrait de sa déesse, en imitant les plus beaux traits de chacune. Lorsqu'Agrigente fut près de tomber sous le joug des Carthaginois, Gellias, transporté d'un désespoir de patriote & d'amateur, mit le feu au temple, & saisissant ce tableau, il se précipita avec lui au milieu des flammes.

Junon, regardée comme la déesse de l'atmosphère, étoit invoquée dans toutes les maladies contagieuses. On croyoit aussi qu'elle présidoit aux accouchemens sous le nom de Lucine : on la représentoit alors sous la figure d'une femme tenant une coupe dans la main droite, une lance dans la gauche ; quelquefois on la représentoit assise, un enfant emmailloté, ou plutôt enveloppé, sur ses genoux, une fleur dans sa main, & cette fleur ressembloit à un lis ; quelquefois, au lieu de cette fleur, on lui donnoit un sceptre & un fouet ; car les femmes enceintes & celles qui désiroient de le devenir, s'exposoient pieusement à recevoir, dans les fêtes Lupercales, des coups de fouet que distribuoient libéralement à toutes les dévotes des hommes nus qui couroient les rues comme des insensés. Ces dévotes croyoient que ces coups les feroient accoucher avec moins de douleurs, ou qu'ils les aideroient à devenir fécondes incessamment.

Lorsqu'elle présidoit aux mariages, on lui donnoit le nom de *Pronuba* ; les jeunes époux lui offroient une victime dont ils arrachoient le fiel, qu'ils jetoient derrière l'autel.

Les Grecs, doués d'une imagination très-abondante, lui avoient donné une multitude de noms, aussi variés que la fantaisie des prêtres & des artistes, qui avoient décoré ses statues ou ses tableaux d'attributs divers ; mais le plus beau, le plus heureux, le plus désirable, étoit celui de *Parthenos*, de Vierge ; car, quoique mariée à Jupiter, & mère de plusieurs dieux, elle reprenoit sa virginité tous les mois, en se baignant dans la fontaine de Canathos près de Nauplie, ce qui prouve qu'elle la perdoit aussi tous les mois. La belle idée que les païens avoient de la divinité !

Quoiqu'elle eût des temples en Grèce, en Italie, en Egypte, en Asie, par-tout où les Grecs avoient pénétré, trois villes, Argos, Samos & Carthage, l'honoroient particulièrement. Le paon est l'oiseau qui lui étoit particulièrement consacré.

Le premier jour de chaque mois, on lui immoloit une truie ; c'étoit ordinairement la femme du souverain pontife de cette déesse qui lui offroit cet animal en sacrifice.

Tout le monde connoît l'histoire de Cléobis & de Biton, fils d'une prêtresse de cette déesse, qui, un jour qu'elle devoit se rendre au temple en cérémonie, sur un char traîné par des bœufs, s'attelèrent eux-mêmes à ce char, parce que les bœufs n'arrivoient point, & la traînèrent ainsi l'espace de quarante-cinq stades, ce qui fait près de six lieues. Tous les spectateurs la félicitèrent d'avoir des enfans si pieux. Touchée de

leur

Pl. 17

Vue d'une portion des Murs d'Agrigente
et du Temple de Junon Lucine.

Plan *fig. 1* Coupe *fig. 2* de la Cave Sepulchrale
et dessus fig. 1

leur zèle, elle pria la déesse de leur accorder ce que les hommes desirent le plus. Ces jeunes gens fatigués s'endormirent après leur repas, et ne se réveillèrent plus. Cet effet d'un épuisement total, s'il est vrai, & peut-être d'un excès de nourriture funeste dans un tel moment, parut un miracle, & fut regardé comme une grande faveur de la déesse. Ce fait arriva dans le temple d'Argos. On éleva à ces jeunes gens une statue, qu'on envoya à Delphes. Pausanias dit avoir vu ce trait représenté en marbre.

Je passai du temple de Junon à celui de la Concorde; je m'arrêtai en route pour examiner une cave sépulcrale pratiquée dans la roche, & marquée O dans le plan général d'Agrigente. On enterroit les morts, ou quelques morts dans cette ville, mais on prenoit soin qu'ils ne répandissent pas des vapeurs mortifères, comme on le verra en observant avec moi les différentes espèces de tombeaux renfermés dans cette cave, & même dans toute cette ville.

PLANCHE CCXIX.

Intérieur d'une cave sépulcrale fig. 1, *avec son plan en relief* fig. 2, *et la coupe géométrale* fig. 3.

On n'enterroit ainsi dans des sépultures particulières que les personnes distinguées par leur rang & leur fortune. On ignore à quelle famille celle-ci étoit destinée. On descendoit par deux endroits A & B dans ce souterrain. Voyez le plan & la coupe. Il paroît que les prêtres & les personnes nécessaires aux obsèques y descendoient par l'entrée, dont la forme étoit de figure conique, & qu'on y descendoit les corps par la baie B, fig. 3. Il falloit passer par dessus les tombeaux pour arriver en C, où étoit le milieu de la salle. De là on communiquoit à tous les tombeaux DEFG, & à la petite chambre H.

Il paroît, par les feuillures que j'ai remarquées aux tombeaux, qu'on y enfermoit les corps tout entiers, & non pas leurs cendres seulement; car je n'ai vu nulle part aucune niche cinéraire: d'où j'ai conclu, sur ces sortes d'apparences, qu'on y déposoit les corps. Rien ne m'apprit si on les embaumoit, ou si on les brûloit dans ce pays à cette époque, ou si on les consumoit par quelque dissolvant qui précipitât leur destruction.

J'ai plusieurs autres preuves que l'on inhumoit les morts dans l'enceinte d'Agrigente.

PLANCHE CCXX.

Vue d'une portion des murs d'Agrigente et du temple de Junon-Lucine au couchant et au nord.

La partie du mur d'Agrigente, que j'ai représentée à la droite de cette estampe, n'est qu'une portion de roche qu'on a conservée. On a creusé à côté une vaste profondeur, & vraisemblablement ce fut d'abord pour en tirer la pierre à bâtir. On a pratiqué ensuite dans cette roche verticale A des tombeaux BB du genre de ceux que j'ai dit être en bouche de four, à cause de leur forme cintrée en demi-cercle. On creusoit dans cette profondeur un sarcophage au dessous de la ligne horizontale C; & comme on peut le voir dans les différentes portions de cette roche, on y a creusé bien des tombeaux. On en trouve de toutes sortes de grandeurs & à toutes sortes d'élévations.

J'ai déja observé que le temps détruit cette roche dans toute sa longueur; elle n'avoit dans l'espace qui contient ces tombeaux, que trente à quarante pieds d'épaisseur D; aujourd'hui elle est percée ou détruite dans bien des endroits.

Il est évident qu'elle avoit assez d'épaisseur pour qu'on ait pu pratiquer une rue dans sa partie supérieure E. Cette rue conduisoit du temple de Junon à celui de la Concorde, jusqu'au temple de Vulcain, & peut-être dans le principe jusqu'à celui de Castor & Pollux. On voit encore des restes d'un mur de parapet, & des restes d'ornières bien caractérisées dans plusieurs endroits de cette rue, où passoient toutes sortes de voitures. Cette rue devoit être très-fréquentée; de là on peut voir l'aspect de la mer, qui est à un mille de distance, & on avoit sous les yeux tout le fauxbourg d'Esculape & ses environs, qui devoient faire un très-beau coup-d'œil.

Le fond de ce tableau présente le temple de Junon vu du côté de l'occident. On peut juger de son élévation & du bel effet qu'il devoit faire dans son état entier, lorsqu'on le voyoit ainsi paroître de loin.

La cave sépulcrale que j'ai décrite ci-dessus, est placée à-peu-près au point marqué F. Du reste, le tableau est fidèlement copié d'après nature; c'est le vrai portrait du lieu que j'y représente. Ce n'est plus aujourd'hui qu'un pâturage de 90 toises de long sur 8 de large; on en pourroit faire un très-beau jardin, ce temple ruiné lui serviroit de point de vue à l'orient.

Passons plus loin: toujours en allant vers le couchant, à 390 toises du temple de Junon, nous trouverons le temple de la Concorde, le temple le mieux conservé de tous ceux que l'on avoit élevés en Sicile.

PLANCHE CCXXI.

Vue générale du temple de la Concorde.

De quelque côté que l'on regarde ce temple, il offre à-peu-près le même aspect: sa forme est un carré-long, comme on peut le voir dans l'estampe suivante; ainsi il ne diffère que du grand au petit côté.

Ce temple est assez bien conservé sur-tout à l'extérieur: il ne manque de chaque côté, à son entablement, que les pierres de la frise & de la corniche, qui ont été enlevées.

Son ordre d'architecture est le dorique grec des premiers temps. La proportion des colonnes est d'environ quatre diamètres & demi pour la hauteur, jusqu'au dessous du chapiteau: le diamètre est de quatre pieds deux pouces au bas de la colonne; & elle a dix-huit pieds huit pouces de hauteur, sans y comprendre le chapiteau, qui avoit vingt pouces sur cinq pieds quatre pouces de largeur.

Les triglyphes ne sont pas sur le milieu des colonnes qui sont aux angles: ils se joignent ensemble à l'angle de la frise, & sont distribués également sur chaque face de l'édifice, ne rencontrant le milieu des colonnes que vers les milieux de ces faces.

Je crois que la principale entrée de cet édifice regardoit l'orient. J'en juge par la disposition du temple de Junon, quoique celui-ci diffère de l'autre, en ce que les deux entrées de l'une & de l'autre extrémité sont telles, qu'elles pourroient avoir servi pour arriver à l'intérieur de ce temple. Voyez le plan.

Les colonnes du temple de la Concorde avoient, depuis le dessus du gradin supérieur jusqu'au dessus du chapiteau, vingt pieds quatre pouces; la totalité de l'entablement avoit environ sept pieds de hauteur; il y avoit quatre gradins de dix-huit pouces, ce qui donnoit en tout à cet édifice une hauteur de trente-trois pieds quatre pouces.

L'exécution de cet édifice est d'une étonnante perfection pour l'appareil des pierres. Je n'ai jamais rien vu de plus parfait que la taille de ces pierres; elle est d'une précision qui est incroyable; c'est le dernier degré de l'exactitude; il est impossible d'aller plus loin. Il y a des endroits à certaines colonnes dont les pierres sont si parfaitement jointes, qu'en y regardant avec toute l'attention dont je suis capable, & avec les connoissances qu'on ne peut manquer d'avoir quand on a été aussi exercé que je le suis, je n'ai pu cependant y discerner aucune jonction. Je ne sais par quel art les ouvriers parvenoient à cette

Pl. XCIII.

Vue générale du Temple de la Concorde.

Coupe longitudinale du Temple de la Concorde
avec une figure supposée de la décoration intérieure et des cérémonies qui s'y passent.

précision. Il n'y avoit entre ces pierres ni mortier ni plomb ; il n'y a que des morceaux de bois placés au centre des tambours de colonnes pour les contenir, comme je l'ai dit en parlant du temple de Junon.

Je préfume qu'on ufoit ces pierres en les humectant & en les frottant l'une contre l'autre, lorfqu'on les pofoit, & que, dans cet état, on leur faifoit faire un mouvement de rotation l'une fur l'autre, par le moyen de l'axe de bois qu'on avoit placé au centre de chaque tambour de colonne. Cette opération peut feule expliquer la parfaite adhérence que j'ai remarquée entre ces pierres.

Tout l'édifice eft fait avec cette perfection jufque dans les parties les plus cachées , qui ne femblent pas comporter de très-grands foins pour la taille des pierres; par-tout, en un mot, cette taille eft à-peu-près également foignée.

Tel étoit le fyftême de conftruction chez ce peuple : il n'épargnoit rien pour atteindre à la plus grande perfection. Il en réfultoit la plus grande folidité. Je ne fais fi c'eft-là ce qui fit dire à Empédocle, philofophe né dans cette ville, que les Agrigentins bâtiffoient comme s'ils ne devoient jamais mourir, & fe hâtoient de jouir comme s'ils devoient mourir le lendemain.

Ce temple de la Concorde fut bâti par les habitans de Lilybée, ou plutôt aux frais de ces habitans, en vertu d'un traité de paix qui termina leur guerre avec les Agrigentins; ce qui lui fit donner le nom de temple de la Concorde. Voici une infcription concernant ce temple , laquelle eft à Girgenti.

CONCORDIAE. AGRIGENTINORVM.
SACRVM.
RESPVBLICA. LILYBITANORVM.
DEDICANTIBVS.
M. ATTERIO. CANDIDO. PROCOS. ET
L. CORNELIO MARCELLO.
Q. PR. PR.

Confacré à la Concorde des Agrigentins par la République des Lilybétans, & dédié par M. Atterius Candidus, Proconful ; & par Lucius Cornelius Marcellus, &c.

La pierre dont on a conftruit les temples d'Agrigente a été prife dans le fein même de la ville ; elle n'eft pas très-compacte : elle eft compofée d'un fable groffièrement agrégé, mais qui ne laiffe pas d'avoir de la dureté. Les acides de l'atmofphère attaquent cette pierre & la décompofent ; c'eft pourquoi il étoit d'ufage de la couvrir, quand les édifices étoient achevés, d'un enduit ou plutôt d'un ftuc parfaitement blanc, qui fervoit à la conferver en la préfervant de l'action de l'air, & qui donnoit à ces édifices un fini précieux d'exécution & un éclat qui devoit les rendre admirables.

Une efplanade en pierre s'étendoit devant ce temple. Il n'en refte que les fondations AA. Ce qui y manque a été enlevé, ce qui peut faire penfer qu'il n'avoit que deux gradins à découvert. Le mur B eft moderne.

J'ai fait une coupe longitudinale pour faire connoître l'intérieur de ce beau monument, le plus entier qui nous foit refté de tous les temples que les Grecs ont conftruits dans la Sicile. J'ai pris cette coupe de manière qu'elle fait voir jufqu'aux moindres détails de fa conftruction , tant en maçonnerie qu'en charpente , & même la difpofition de fa couverture , ce qui donnera une idée à-peuprès complète de ces fortes d'édifices.

PLANCHE CCXXII.

Coupe longitudinale du temple de la Concorde, avec une esquisse supposée de sa décoration intérieure, et des cérémonies religieuses qui s'y faisoient.

Ces fortes de temples antiques, vus en perfpective, fe reffemblent tous à-peu-près à l'extérieur :

j'ai donc voulu préfenter à mes lecteurs, pour leur offrir quelque chofe de nouveau, la coupe de celui-ci, que les temps ont plus refpecté qu'aucun autre. La couverture n'exifte plus ; elle m'a été indiquée feulement par des trous, ou des cavitées carrées qui fe voient encore dans les murs latéraux de la Cella ou fanctuaire , & par les murs de pignon des différentes entrées où étoient pofées les filières & les faîtes qui portoient les chevrons de la couverture. Ces filières étoient fort multipliées.

Rien ne m'a dit pofitivement fi les poutres du fanctuaire paroiffoient à l'œil , ou fi elles étoient recouvertes. J'ai cependant pris le parti de les cacher avec un plafond que j'ai fait au fanc-tuaire de ce temple ; car de voir des poutres & des folives, cela ne m'a pas paru affez noble pour un édifice d'ailleurs fi parfait dans fa conception & dans fon exécution.

Ainfi, dans cette eftampe, le temple eft rétabli quant à fa conftruction autant que ce qui en refte m'a paru indiquer ce qu'il étoit dans fon état entier. L'Hiftoire confirme qu'il a été conftruit ainfi , quand elle dit que ces temples ont été brûlés. Si celui-ci avoit été conftruit tout en pierre, on n'y verroit pas encore les places de la charpente. Il eft vraifemblable que les temples de même gran-deur, de même forme & de même ordre, étoient de même conftruction.

J'ai compofé la charpente de ce temple de la manière qui m'a paru la plus folide. Je n'ai indi-qué ni lucarne, ni aucune forte de fenêtres qui éclairaffent fes greniers, dans la crainte de trouver des contradicteurs qui me critiquaffent fur les formes. J'ai imaginé la charpente fur des indications pofitives.

Je dois faire obferver qu'il régnoit dans ce temple une obfcurité bien myftérieufe, puifqu'il ne recevoit de jour que celui qui entroit par les portes latérales. Le fervice s'y faifoit néceffairement aux lumières. C'étoient des lampes pofées fur des candélabres. On les plaçoit où l'on vouloit ; c'eft pourquoi je n'en ai mis aucune dans ce deffin. Cela favorifoit bien la fourberie des Prêtres pour en impofer au peuple , qui ne pouvoit pas voir la célébration des myftères.

Pour repréfenter l'intérieur du temple, j'ai fupprimé tout ce qui manque ici du complément de cet édifice.

Pour achever ce portrait fidèle d'un temple antique, j'ai mis dans fon intérieur, aux places que j'ai cru les plus convenables, les *ex voto*, les ftatues, les trophées, les proues de vaiffeaux, les cafques, boucliers, vafes, &c. ; j'y ai repréfenté la divinité du lieu , & un facrifice qu'on lui offre, avec toutes les cérémonies religieufes, & avec le peuple qui y affifte en foule : les foldats qui préfentent leurs armes à la déeffe, font fuppofés lui adreffer leurs vœux & lui rendre des actions de graces après quelque victoire.

Obligé de mettre dans cette eftampe la ftatue de la déeffe en proportion avec les reftes de l'édifice, je n'en ai pas pu rendre les détails fenfibles aux yeux : je vais les décrire ; ils m'ont paru intéreffans.

La Concorde, qu'on appeloit auffi la Paix, étoit une divinité allégorique que les Romains ado-roient, tout conquérans qu'ils étoient. Ils lui avoient élevé un temple magnifique. Ils la difoient fille de Jupiter & de Thémis, c'eft-à-dire, de Dieu & de la Juftice. Ils lui donnoient dans fe ftatues un grand caractère de douceur; ils lui faifoient porter d'une main des épis, des rofes & des branches d'olivier ; de l'autre, une petite ftatue de Plutus ; ce qui défignoit clairement l'abondance, les richeffes & les plaifirs que l'on doit attendre de la paix. Elle avoit fur fa tête une demi-couronne de feuilles d'olivier, autre fymbole de la fécondité qu'elle procure.

On célébroit fa fête à Rome le 16 de janvier; & Furius Camille, après qu'il eut remporté la victoire fur les Etrufques, lui dédia un temple de marbre blanc.

Le 30 du même mois & le 30 de mars, on célébroit encore à Rome des fêtes en l'honneur de cette déeffe. Cependant on ne connoît pas le culte qu'on lui rendoit. On ne peut guère que former des conjectures: on fait feulement qu'on lui offroit de l'encens, & qu'on lui immoloit des victimes blanches, ainfi que le dit Ovide, lorfqu'en terminant le premier livre de fes Faftes par les fêtes de la Paix, il s'écrie : » Que le foldat ne porte plus les armes que pour réprimer la violence, & que » la trompette ne fe faffe plus entendre que dans la pompe folennelle du culte de nos dieux ! «

Coupe du Temple de la Concorde. *Fig. 2.*

Dessiné et gravé par J. Houel.

Plan du Temple de la Concorde. *Fig. 1.*

CHAPITRE TRENTE-HUITIEME.

Plan & coupe du Temple de la Concorde. Grotte sépulcrale. Reste du Temple d'Hercule. Tombeau de Théron. Fragmens du Temple de Jupiter-Olympien. Vue générale des débris de ce même Temple.

PLANCHE CCXXIII.

Plan et coupe du Temple de la Concorde.

Ce temple n'est éloigné que de trois cent quatre-vingt-dix toises de celui de Junon ; il est bâti au couchant, sur le même rocher, & n'est distant que de six toises du bord où ce rocher, taillé en pic, forme un précipice très-élevé ; ce bord étoit défendu par un mur de parapet, taillé en grande partie dans cette même roche. On en voit encore des portions, aussi-bien qu'à l'orient du temple de Junon.

L'espace compris entre le mur & le temple, faisoit la rue dont j'ai parlé, & où j'ai observé des ornières creusées dans la roche. Cette rue se prolongeoit jusqu'au temple d'Hercule.

Le temple de la Concorde a cent vingt-six pieds de long, mesurés du dehors d'une colonne à l'autre, sur cinquante-un pieds quatre pouces de large, mesurés aussi en dehors des colonnes.

Ce temple est du genre de ceux que les Grecs appeloient *Périptère exastyle*, parce qu'ils étoient environnés entièrement de colonnes, & qu'ils en avoient six à leurs faces principales.

Je ne déterminerai pas quelle étoit la principale entrée. Celle de l'occident étoit plus vaste, & par conséquent plus libre que celle de l'orient, où la porte A étoit plus bornée que les trois intervalles des colonnes BB ; mais ce qui mérite d'être observé, c'est qu'aux entrées de ce temple, aussi bien qu'à celles des six arcades qui sont pratiquées de chaque côté dans les murs latéraux du sanctuaire ou de la *cella*, on ne voit en aucun endroit le moindre vestige, la moindre marque qu'il y ait eu des portes. Il devroit y avoir ou des feuillures, ou des trous, ou des gonds, ou des pivots, ou des places pour poser les gâches ou les verroux. Enfin, en examinant bien, on demeure convaincu que rien ne fermoit ce temple. On devoit être souvent mal à son aise dans un édifice tout ouvert à cette élévation, où les vents dominent, & cet édifice lui-même devoit être souvent maltraité ; ou si quelque chose lui tenoit lieu de portes, il falloit que ces portes ne fussent pas adhérentes à la construction de cet édifice : manière de fermer qui nous est inconnue aujourd'hui.

On tournoit autour du sanctuaire par le péristyle CC, &, à la faveur des six ouvertures latérales DD, on pouvoit adorer la divinité du lieu, & participer aux sacrifices, sans entrer dans le sanctuaire, ainsi que je l'ai représenté dans la planche précédente.

J'ai observé que les colonnes des faces principales & celles des faces latérales n'étoient pas également espacées. Les entre-colonnemens vers le milieu étant plus larges de quelques pouces que vers les extrémités, ainfi qu'au temple de Ségefte, comme je l'ai déja obfervé. Les efcaliers EE ne fervoient, je crois, que pour monter dans des greniers compris entre le toit de cet édifice & le plafond de la *cella*.

On avoit creufé des tombeaux tout autour dans la roche fur laquelle ce temple eft fondé.

On a converti en chapelle la partie M du fanctuaire de ce temple payen, fous l'invocation de Saint Grégoire. On y dit la meffe tous les dimanches aux vignerons & autres payfans qui habitent aujourd'hui ces lieux, jadis fi magnifiques, & qui ne font maintenant qu'une agrefte & franche campagne.

Figure 2.

Je préfente ici la vue de l'intérieur du fanctuaire de ce temple, afin qu'on puiffe juger, par cette fidelle imitation, que s'il y avoit eu des portes, il en refteroit quelques traces ou aux entrées latérales, ou aux entre-colonnemens BB; ainfi ce temple n'étoit pas clos; mais, comme il y avoit autour des murs des logemens pour les prêtres, l'accès pouvoit bien n'en être pas toujours libre.

L'efpèce de fenêtre I n'étoit qu'un paffage pour communiquer du grenier du fanctuaire à celui du périftyle. Je n'ai pu concevoir les beautés du plinthe LL, qui n'eft pas continué fur les murs latéraux; peut-être l'étoit-il en ftuc, feulement pour la décoration intérieure.

On voit par ce deffin qu'il manque un pilier au mur latéral de la gauche, entre la deuxième & la troifième ouverture: il a été enlevé, & fon abfence laiffe voir la colonne qui eft derrière.

Dans l'ouvrage intitulé: Voyage pittorefque de Naples & de Sicile, chapitre IX, planche 86, on a préfenté la vue intérieure de ce même temple de la Concorde que je donne ici; mais on y a placé à droite le côté qui eft ici à gauche. C'eft une erreur commife par le graveur. J'attefte que le temple eft tel que je l'ai offert dans cette eftampe. Il y a encore dans cette même eftampe du voyage de Naples, quelques autres négligences concernant les détails de ce temple: par exemple, à la vue latérale, les murs de pignon intérieur ne font pas à leur place, & on a omis ceux de la communication des deux efcaliers qui paffent fous le toit, tels que je les ai repréfentés à la coupe longitudinale ci-deffus.

Il ne refte rien des murs qui entouroient ce temple, ni des édifices voifins, ni des maifons des prêtres qui en avoient foin. A quelques centaines de toifes, fuivant la même ligne, en allant au couchant, on voit des grottes fépulcrales creufées dans la roche.

PLANCHE CCXXIV.

Grottes fépulcrales.

Environ à cent toifes du temple de la Concorde, vers le couchant, on trouve beaucoup de fépultures, de formes différentes, toutes creufées dans la roche. J'ai deffiné, pour en donner une idée générale, la grotte la plus grande & la plus pittorefque. On peut y voir les différens tombeaux ou farcophages dont elle étoit remplie: ils font femblables à ceux des autres grottes de ce lieu; mais ils différent effentiellement de ceux que j'ai repréfentés planche CXCIX.

Cette grotte que j'offre ici eft à peu-près ronde; fon entrée A eft expofée au nord; la vouffure en eft en coupole; elle reçoit du jour & de l'air par une ouverture pratiquée à la partie la plus élevée de cette voûte; fon diamètre eft d'environ dix-huit pieds; elle communique à d'autres grottes carrées moins grandes, & elle a une iffue vers le midi. Tous ces ouvrages font taillés dans la roche; le temps en a détruit bien des parties qu'il feroit intéreffant de connoître. Ce qu'il y a de plus curieux aujourd'hui, ce font les places B creufées dans les parois où l'on dépofoit les morts.

Pl. XXXX

Grotte Sepulcrale
à l'antique Ville d'Agrigente

Debris du Temple d'Hercule.

On fermoit les cavités mortuaires de ces parois avec des tables de pierres, ou avec des tuiles, fur lefquelles on écrivoit les noms & peut-être la date des funérailles du mort qu'on y avoit renfermé.

On peut préfumer que ces grottes appartenoient à des fociétés ou à des familles, & lorfqu'elles étoient remplies, on en creufoit d'autres attenantes, où l'on pratiquoit, comme dans la première, une falle & des petits cabinets voifins en forme d'alcove. Il y avoit des efpèces de puits où l'on pratiquoit des farcophages tout autour tant qu'il en pouvoit tenir.

Au fortir de ce lieu, en fuivant toujours la même direction vers le couchant, j'ai trouvé le temple d'Hercule.

PLANCHE CCXXV.

Débris du temple d'Hercule.

Selon les proportions de la feule colonne qui foit encore fur pied, il eft avéré que ce temple étoit beaucoup plus grand que ceux dont j'ai donné les deffins.

Cette colonne a de diamètre fix pieds trois pouces, ce qui indique qu'en la comparant à celles du temple de la Concorde, le temple d'Hercule devoit avoir trente-cinq pieds de hauteur, cent quatre-vingt-neuf de longueur, & quatre-vingt-trois de largeur, ce qui lui donne en tout foixante-trois pieds de longueur de plus que celui de la Concorde.

La plupart des pierres carrées qui formoient les gradins ont été enlevées, de forte qu'on n'en peut connoître ni la longueur, ni la largeur, ce qui me réduit à les eftimer par conjecture, d'après le diamètre des colonnes.

Il ne refte plus que quelques parties de ces gradins & quelques affifes de la *cella* ou fanctuaire, ce qui montre que ce temple étoit tout entouré de colonnes.

Il paroît qu'il ne différoit pas beaucoup de celui de la Concorde, repréfenté planche CCXXIII; car les temples ne différoient pas entre eux autant que les divinités & les cultes.

Les débris qui en reftent font épars; le temps les a prefque tous dévorés; des terres fe font amaffées entre eux, & en recouvrent une partie; des arbres & des brouffailles s'élèvent au deffus de toutes parts.

La fituation de ces débris nous fait voir que ce temple étoit fitué dans un endroit où on avoit taillé dans la roche A un large chemin qui conduifoit de la ville au port. Ce chemin fe fermoit par une porte dont il ne fubfifte plus rien. Elle s'appeloit *Orea*.

Hercule, chez les Grecs, paffoit pour fils d'Alcmène; fa vaillance, fes immenfes travaux & les fervices qu'il avoit rendus à tant de contrées, lui méritèrent l'apothéofe; mais depuis que les modernes fe font mis à expliquer l'antiquité, & font parvenus à favoir fur les ufages des anciens tout ce qu'on en ignoroit dans des temps plus rapprochés du leur, Hercule a ceffé d'être un homme & un dieu. Selon les langues du nord, Hercule n'eft qu'un mot compofé, qui veut dire général d'armée, chef de troupes; felon une autre explication, c'eft le foleil; fes douze travaux font les douze fignes du zodiaque. Peut-être dans quelque temps en fera-t-on toute autre chofe. Ce qu'il y a de vrai, c'eft que la Grèce, l'Afrique, l'Afie, & l'Europe lui ont dreffé des temples, plufieurs villes ont porté fon nom, la race des Héraclides prétendoit defcendre de lui; fon culte étoit très-varié.

En quittant ces débris, & en paffant par le chemin creufé dans la roche, à quelques cent pas vers le midi, on fe trouve dans une grande prairie qui fut un faubourg d'Agrigente Là, on voit ce temple d'Efculape dont j'ai déja parlé, & dont je dois dire encore un mot.

D'Esculape.

Ce dieu, qui donnoit la santé, avoit un temple dans Agrigente. Il paroît que les Siciliens reçurent de Rome cette divinité; les Romains l'avoient reçue de la ville d'Epidaure, où, s'il en faut croire Pausanias, le culte de ce dieu avoit pris naissance. Nous ne connoissons pas mieux le culte de ce dieu que celui des autres, tant les prêtres de la mythologie ont eu soin de ne pas transmettre à la postérité les cérémonies par lesquelles ils attiroient la vénération populaire.

Tout ce que nous savons d'Esculape, c'est qu'on l'adoroit sous la forme d'un serpent, & que le coq lui étoit consacré. La belle forme de cet oiseau, sa force en amour, sa vigueur dans les combats, le beau privilége qu'il a de suffire à plusieurs femelles, & son extrême sobriété, tout en lui prouve une excellente constitution, une santé très-robuste. On ne pouvoit trouver un emblême plus convenable.

Nous savons encore que les dévots & les dévotes qui lui attribuoient leur guérison, ne manquoient pas de mettre dans ses temples la représentation de la partie de leur corps qui avoit été affligée de maladie; et on voyoit autour du temple d'Esculape un grand nombre de colonnes, sur lesquelles étoient écrits les noms de ceux qui attribuoient leur guérison à ce dieu. Il est vraisemblable que les prêtres d'Épidaure étoient des médecins qui faisoient prendre d'une manière mystérieuse des remèdes à leurs malades, & qui ne manquoient pas d'attribuer à la puissance de leur dieu les bons effets qui en résultoient.

Apollonius de Tyane ayant passé quelque temps dans le temple d'Esculape, y avoit appris l'usage d'un grand nombre de remèdes.

La plus grande partie des asclépies, ou fêtes d'Esculape, se célébroient en Grèce le 8 de mars; & le 22 septembre l'on faisoit aussi des processions en son honneur.

Dans la même prairie où est ce temple d'Esculape, on trouve le tombeau de Théron, édifice qui doit fixer notre attention pour quelques momens.

PLANCHE CCXXVI.

Tombeau qu'on croit être celui de Théron.

De tous les édifices de l'antique Agrigente, ce tombeau est celui qui s'est le mieux conservé après le temple de la Concorde. Cependant il n'est pas tout entier : il en reste assez pour nous faire connoître la singularité de son architecture. C'étoit un ouvrage de fantaisie; il nous apprend que l'idée de décorer un édifice avec des colonnes posées sur un soubassement est très-ancienne, & que les architectes modernes qui ont pratiqué cet usage ne l'ont pas plus inventé que beaucoup d'autres qu'on leur attribuent.

Une des croisées de ce petit édifice a trois pieds de large par en bas, & seulement deux pieds sept pouces par en haut. Cette bizarrerie est une licence de forme qui ne sera pas, je pense, imitée par un architecte d'un goût épuré. Cette croisée n'est pas une véritable fenêtre : elle n'est que sculptée sur le mur, c'est ce qu'on appelle une croisée feinte.

Une autre singularité qu'elle a encore, c'est qu'on y a tracé en bas relief les montans & les traverses qui, si elle eût été véritable, auroient contenu ces carreaux de marbre, de talc ou d'albâtre, qui chez les anciens, tenoient lieu de nos vitres. Les colonnes placées sur l'angle & engagées dans le mur, font un bon effet; le chapiteau ionique de ces colonnes est surmonté d'un entablement dorique; c'est encore une licence que l'auteur s'est permise, & cela nous prouve que,

de

Pl. CCCVI

Tombeau antique
que l'on croit être celui de Theron, tiran d'Agrigente.

de tout temps, & fur-tout dans les ouvrages de peu d'importance, on s'eft permis de s'écarter des règles de l'art & de mêler plufieurs ordres enfemble. C'eft une erreur, une forte de fanatifme, qui fait foutenir obftinément à certains modernes que les anciens étoient invariablement attachés aux lois de leur art, & que chez eux tout avoit des convenances déterminées & relatives à l'objet auquel l'édifice étoit deftiné, & dont chaque partie étoit une allégorie. Quelle convenance y a-t-il, par exemple, dans des triglyphes adaptés à un chapiteau ionique pour décorer un tombeau? & pourquoi falloit-il que les croifées qui ornoient les faces de cet édifice fuffent plus étroites par le haut que par le bas? De bonne foi il faut convenir qu'en faifant de telles chofes, l'architecte fe livroit purement à fa fantaifie.

Si les anciens s'étoient affujettis à ne faire que copier fervilement ce qu'ils avoient vu faire, nous n'aurions ni l'ordre corinthien, ni l'ordre compofite, qui font des inventions poftérieures. Les trois autres ordres, plus antiques, ont depuis éprouvé l'influence des architectes, qui les ont embellis, & qui ont ajouté des membres aux chapiteaux & à la corniche, & des bafes aux colonnes. C'eft ainfi que les ordres d'architectures fe font perfectionnés avec le temps; ils font, ou du moins ils paroiffent parfaits aujourd'hui. Il eft vraifemblable qu'ils ne fubiront pas à l'avenir de nouveaux changemens, mais feulement quelques variantes.

L'intérieur de ce tombeau de Théron ne m'a rien offert de particulier: il paroit qu'il y avoit deux planchers qui formoient deux étages au deffus du rez-de-chauffée, lequel eft totalement en contre-bas du fol actuel fur lequel j'ai placé une figure qui paroit fortir d'une porte. L'entrée de ce rez-de-chauffée eft à la face orientale, oppofée à la face A qui fe trouve dans l'ombre.

L'intérieur de cet édifice eft tout délabré. Diodore de Sicile nous apprend qu'il a été fendu d'un coup de foudre. On prétend que le tonnerre frappa ce tombeau au moment où il alloit être démoli par l'ordre d'Amilcar, qui, pour combler les foffés d'Agrigente qu'il affiégeoit, avoit ordonné d'abattre beaucoup de petits édifices & fur-tout des tombeaux. La foudre en tombant effraya les foldats & les difperfa; ils crurent ce tombeau protégé par Jupiter, & ils l'épargnèrent. Beaucoup de pierres difjointes dans toutes les affifes des quatre faces font croire en effet qu'il a été foudroyé.

Les Agrigentins ne dreffèrent pas des tombeaux aux hommes feulement: Diodore de Sicile nous apprend, dans fon treizième livre, qu'ils en élevoient aux chevaux qui avoient remporté le prix de la courfe, & même à de petits oifeaux élevés dans des maifons particulières par de jeunes garçons ou de jeunes filles. Cet ufage n'appartenoit pas aux feuls Agrigentins: Elien, liv. 8, ch. 4, nous parle d'un certain Poliarque, Athénien, qui inhumoit, avec le plus grand appareil, des chiens & des coqs qui avoient fervi à fes plaifirs, & invitoit même fes amis à ces brillans convois. Une colonne placée fur leur tombeau apprenoit par une épitaphe les glorieux exploits de ces animaux. Athénée, liv. 12, ch. 12, femble parler de la même perfonne fous le nom d'*Hedipathe*, qui défigne un *voluptueux*. Comme l'hiftoire ne nous fait mention d'aucun Athénien nommé Poliarque qui ait eu cette folie, ce paffage d'Elien a embarraffé les favans. Je communiquai cette obfervation à M. Lefebvre de Villebrune. Il m'a dit que le texte d'Elien étoit altéré, & qu'il falloit *Ætnéen* au lieu d'*Athénien*: alors nous nous retrouvons en Sicile. Mais les Siciliens, foit de l'Etna, foit d'Agrigente, ne font pas les feuls qui ont rendu des honneurs funèbres à des animaux: Ovide a fait l'oraifon funèbre d'un perroquet; Catulle celle du moineau de Lesbie; Adrien inhuma fomptueufement des chevaux & des chiens; *Verus* plaça fon cheval au Vatican dans un fuperbe tombeau; on fait la pompe avec laquelle le fameux Bucéphale fut enterré; Augufte rendit les mêmes honneurs à fon cheval, & Germanicus fit une pièce de vers à ce fujet; Pollux nous a confervé plufieurs épitaphes mifes fur des tombeaux de chiens; Théophrafte, dans fon Portrait de l'homme fier & ambitieux, lui fait enterrer fon petit maltois, fous une colonne où on lit les grandes qualités de ce chien; Néron éleva un monument à fa cigale & à fa fauterelle. Nous pourrions citer

I

nombre d'autres exemples; c'en est assez. Quant à ces tombeaux d'animaux, dont on voit encore, des restes près d'Agrigente, Gualter en a fait mention dans ses Inscriptions de Sicile, comme on peut le voir dans le cinquième tome de la Collection de Burmann.

Il ne faut pas s'étonner que des payens ayent élevé des tombeaux aux animaux qu'ils ont chéris, puisque, parmi les chrétiens, plusieurs femmes en ont dressé à leurs chiens ou à leurs chats, & que plusieurs de nos meilleurs poètes en ont fait les épitaphes; les plus ingénieuses se retrouvent dans les porte-feuilles de tous les curieux. Cette folie seroit bien plus commune, si l'usage d'enterrer les morts dans une terre bénite qu'on appelle sainte, & si les cérémonies funéraires & sacrées qu'on employe depuis l'instant de l'agonie jusqu'à celui où le corps est déposé dans la terre, ne jetoient pas un air de profanation sur l'ensevelissement des animaux.

Dans le lointain du tombeau de Théron, depuis l'endroit marqué B, où l'on voit une partie du temple d'Hercule, avec la colonne qui subsiste encore, jusque vers les endroits marqués C & E, on voit une quantité prodigieuse de débris, de restes d'édifices de tout genre.

A l'endroit F, il y avoit une porte de la ville, dont j'ai déja fait mention en parlant du temple d'Hercule.

Rentrons par cette porte dans l'intérieur d'Agrigente, & visitons les restes du temple si célèbre de Jupiter-Olympien.

PLANCHE CCXXVII.

Ruines du temple de Jupiter-Olympien.

Il étoit le plus grand de tous les temples de la Sicile; ses débris s'étendent très-loin, & forment une masse considérable.

Fazello nous apprend que cet édifice n'a jamais été fini : les guerres que se firent les Agrigentins & les Carthaginois empêchèrent de l'achever. Tous les historiens attestent qu'il resta long-temps dans cet état d'imperfection, & qu'enfin la voûte s'écroula & entraîna presque tout l'édifice, à l'exception d'une portion de ses murs, de trois colonnes, de leur entablement & d'une partie de la voûte. Ces restes subsistèrent jusqu'au 9 novembre 1401, qu'un tremblement de terre fit tomber les chapiteaux & l'entablement qui les surmontoit.

Cette ruine présente une masse si imposante par la grosseur de ses colonnes, qu'elle excita toujours la plus grande admiration, & qu'elle donna de cet édifice une idée si avantageuse, qu'on appela ces colonnes les piliers des géans, à cause de leur énorme grosseur; elle est telle, que les colonnes d'aucun temple, soit de la Sicile, & peut-être d'ailleurs, ne peuvent leur être comparées. Enfin, les Girgentins, pour exprimer la vénération que ces colonnes leur inspiroient, en ont fait les armes de leur ville.

Si nous en croyons Diodore de Sicile, le temple de Jupiter-Olympien avoit de longueur trois cent quarante pieds, & au moins cent vingt de largeur. J'ai fait les plus grandes recherches pour trouver les justes mesures de ce temple, & selon la direction des murs & des angles opposés que j'ai mesurés, ce temple avoit cent quarante-trois pieds de large, ce qui ne diffère pas beaucoup de ce que dit Diodore, qui, ne parlant qu'en historien, n'étoit pas obligé de donner la mesure bien précise de ce monument.

Six colonnes à chaque face, chacune d'un diamètre de treize pieds à sa base, donnent d'abord soixante-dix-huit pieds; ajoutez-y cinq intervalles aussi larges chacun que le diamètre de la colonne, & vous aurez soixante-cinq pieds; en les ajoutant aux soixante-dix-huit des colonnes, vous trouverez que la façade avoit nécessairement cent quarante-trois pieds d'étendue. Cet ordre d'architecture étoit le même que celui des autres temples, ordre dans lequel on prenoit quatre fois & demi le diamètre

Vue générale de la masse de débris

Fragments du Temple de Jupiter Olimpien
d'Agrigate.

de la colonne pour en compofer la hauteur : celles de ce temple avoient donc cinquante-quatre pieds d'élévation. Il faut y ajouter le chapiteau, l'architrave, la frife & la corniche, qui font enfemble environ trente-cinq pieds, ce qui donne quatre-vingt-quinze pieds en tout de hauteur, du larmier de la corniche de ce temple au gradin fupérieur fur lequel portoient les colonnes.

Ce temple devoit avoir quatorze colonnes aux façades latérales, felon les proportions des faces principales, proportions qui nous font données par les débris que j'ai trouvés dans des monceaux de ruines que j'ai repréfentés ci-deffous, & dont voici un exemple : S'il refte vingt pieds à partager en treize intervalles, c'eft bien peu, d'autant plus que, comme je l'ai déja obfervé, les entre-colonnemens des temples de Junon & de la Concorde ne font pas égaux. Dans celui-ci, felon ce même fyftême, ces vingt pieds fe trouveront abforbés dans ces différences des entre-colonnemens.

Les colonnes, à l'extérieur de ce temple, étoient engagées à moitié dans un mur qui les joignoit & qui fermoit ce temple ; il y avoit en dedans, des pilaftres carrés de même largeur que les colonnes, & qui répondoient à ces colonnes, pour former des piliers buttans qui foutenoient la pouffée de la voûte de ce temple ; car Diodore de Sicile fait entendre qu'il étoit voûté.

La folidité de ce temple étoit due autant à l'épaiffeur de fes murs, qu'à la perfection de la taille des pierres. Il eft difficile de concevoir comment un tremblement de terre a pu détruire un édifice d'une conftruction fi folide, & fondé fur la roche, fans détruire ceux de Junon & de la Concorde, qui n'en font pas éloignés, & qui font fondés fur la même roche. Je crois que la fureur des hommes y a plus contribué encore : l'eftampe fuivante en offrira une preuve.

PLANCHE CCXXVIII.

Fragment du temple de Jupiter-Olympien.

On voit dans ce fragment le chapiteau, l'architrave & la frife de ce temple, où fe trouve un triglyphe de neuf pieds onze pouces de haut. Les pierres de ce fragment ont été fi parfaitement unies, que, malgré leur poids, elle ne fe font pas féparées en tombant de la hauteur où elles étoient placées.

J'ai deffiné ce morceau d'après nature, tel que je le repréfente ici : il eft giffant au midi près de l'extrémité orientale des débris de ce temple.

Dans toute la vafte maffe de ces débris, je n'ai trouvé que quatre chapiteaux femblables à celui-ci.

La face du tailloir de ces chapiteaux eft de quinze pieds fix pouces de large. Les colonnes avoient dix pieds fix pouces de diamètre près du chapiteau, & treize pieds par le bas ; environ quarante pieds de tour ; les cannelures, au bas de la colonne, avoient vingt-quatre pouces ; ce qui n'a pas peu contribué à les faire admirer comme une chofe extraordinaire. Cependant, quand on confidère que ces colonnes font faites par affifes de pierres de dix-huit à dix-neuf pouces de haut, le merveilleux difparoit.

Je ne doute pas qu'il n'y ait eu des entrées latérales à ce temple. J'ai remarqué dans l'épaiffeur de fes murs des vides circulaires, comme des tours creufes, comme le vide de certains efcaliers ; mais je n'y ai pas vu de marches.

Les intérieurs des frontons de ce temple étoient ornés de fculptures en bas-relief. Diodore nous dit que le bas-relief de la façade orientale repréfentoit le combat des géans, & celui de la façade occidentale le fiége de Troye ; qu'on y diftinguoit les héros par la différence de leurs vêtemens & de leurs armes. Les portes de ce temple étoient d'une grandeur admirable.

Je ne dois pas manquer de dire que ce temple, comme tous ceux dont j'ai parlé, étoit tourné d'orient en occident.

A l'orient de ce temple, sur le penchant du terrain qui conduisoit au temple d'Hercule, on trouve beaucoup de débris d'anciens édifices dont il ne reste plus que les fondemens. En face du chemin creusé dans le rocher, près de la porte qui conduisoit de la ville à la mer, on voit les fondemens d'un édifice dont les pierres ont été enlevées, & la forme qui en reste est telle, qu'elle fait croire que cet édifice avoit des gradins.

Dans cet amas de débris, on voit fréquemment des murs qui forment des angles droits, & qui font connoître que tout ce terrain a été couvert de maisons. Plus loin, on voit que la roche a été taillée pour servir à toutes sortes d'usages; mais il ne reste aucun caractère positif: les travaux, par le mélange de leur style, indiquent différens âges: on y voit beaucoup de tombeaux.

Il y a un ravin à une vingtaine de toises de ce temple: j'ai observé qu'il y avoit autrefois un égout pour recevoir ces eaux; mais depuis que ce pays est devenu désert, les eaux s'y sont amassées avec tant d'abondance, par l'inclinaison du terrain, qu'elles ont entraîné toute la construction de cet égout, & qu'il n'en reste plus que quelques assises de pierres.

Tous ces débris offrent à la cupidité de grands moyens pour bâtir à peu de frais: c'est une carrière de pierres à-peu-près taillées comme on le veut; & il est étonnant qu'on ait autant bâti à Girgenti & au port, & qu'il en reste encore une si prodigieuse quantité. Si l'on avoit fait un môle dans la mer, comme on l'avoit proposé, on eût employé beaucoup de ces pierres. Ce n'eût pas peut-être été un grand mal: le déblai de ce terrain eût découvert tout le plan du temple de Jupiter-Olympien; on eût retrouvé des fragmens, des figures, des frontons, qui auroient confirmé tout ce que l'Histoire en dit.

Jupiter, regardé comme le premier des douze grands dieux du paganisme, devoit avoir sans doute le culte le plus solennel; cependant nous ne le connoissons guère: nous savons qu'on lui sacrifioit quelquefois un taureau blanc dont on avoit doré les cornes, & que d'autres fois on immoloit sur ses autels des chèvres & des brebis. Il paroît que son culte varioit selon les temples & les pays. En Egypte, on l'appeloit Jupiter-Ammon; on le représentoit avec des cornes de bélier. En Grèce, il fut célébré sous le nom d'Olympien, à cause des jeux olympiques, célébrés sous les murs d'Olympie, ville bâtie dans une vallée entre le mont Olympe & le mont Ossa. La gloire des vainqueurs couronnés pour avoir eu le prix à la lutte, au ceste, à la course à pied, ou à cheval, ou sur un char, rendit très-renommé le dieu invoqué par tous les concurrens, plus avides du prix que du culte. Les Grecs nous ont détaillé tout ce qui se faisoit dans le cirque, & ne nous ont rien dit des cérémonies du temple. Pausanias nous a décrit en amateur la statue d'or & d'ivoire de ce dieu assis sur un trône d'or & d'ivoire; il nous a peint son sceptre surmonté d'un aigle, sa chaussure & son manteau d'or, il nous apprend qu'on avoit gravé sur ce manteau toutes sortes d'animaux & de fleurs, sur-tout des lis; mais il ne nous dit que très-peu de chose de son culte.

Il nous dit que l'autel de ce dieu avoit vingt-deux pieds de haut, & s'élevoit sur trente-deux marches; que cet autel & ces marches étoient formés de la cendre des victimes qu'on y avoit immolées. Il auroit dû nous dire comment on formoit des marches & un autel solide avec de la cendre, ou si cet autel & ces marches avoient été construits avec le prix de la cendre des victimes, vendue par les prêtres aux dévots & aux dévotes; ce qui paroît plus vraisemblable. Cet autel étoit entouré d'une balustrade de cent vingt pieds de circuit. Le peuple ne passoit pas la balustrade: les victimes étoient égorgées par les sacrificateurs entre la balustrade & les marches: quand elles avoient été mises en pièces, on en faisoit rôtir les cuisses sur l'autel.

Les femmes n'entroient jamais dans cette enceinte; mais je crois que l'homme qui offroit le sacrifice passoit au-delà, & se mettoit avec les prêtres. Il paroît que les Eléens avoient des jours marqués pour faire des sacrifices; mais les étrangers pouvoient offrir leurs victimes en tout temps. On a toujours favorisé les pélerins.

Pl. LXXVI.

Débris du Temple de Vulcain
d'Agrigente

CHAPITRE TRENTE-NEUVIEME.

Restes du Temple de Vulcain. Ruines de celui de Castor & Pollux. Vivier d'Agrigente. Fontaine de Pétrole. Mur antique de la ville d'Agrigente. Débris d'un Bain de marbre, & autres détails du Temple de Castor & Pollux. Pont qui communiquoit d'Agrigente à Agrigentino in Camicus. Fosse & Egout antique. Petit Temple particulier.

En quittant les ruines du mémorable temple de Jupiter Olympien, & en dirigeant toujours ses pas vers l'occident, on rencontre à cent toises de distance, dans un lieu fermé d'une haie, les débris d'un temple ; on ne sait pas bien à quelle divinité il appartenoit ; on croit communément que c'est à Vulcain, parce qu'on sait par la tradition, que Vulcain avoit un temple dans Agrigente.

Le P. Pancrace dit que ce temple étoit sur le mont Tauro, qu'il l'y a cherché, qu'il n'en a pas trouvé la moindre trace; & il ne parle pas des débris que j'ai vus, & que je présente ici. Comment ne les a-t-il pas vus, lui sur-tout qui avoit pour dessinateur un homme de Girgenti qui devoit les connoître ?

L'auteur du Voyage pittoresque de Naples & de Sicile n'en fait pas plus mention que le père Pancrace. Sans doute ses dessinateurs ne les ont pas remarqués. Cependant ils parlent d'un temple de Vulcain, mais ils le placent près du merveilleux lac où les Agrigentins entretenoient des poissons de toutes les espèces.

On dit aussi qu'il y avoit un temple de la Pudeur, mais on ne dit pas où il étoit situé. C'est une divinité que les Agrigentins outrageoient perpétuellement; mais ce n'étoit pas une raison pour ne la pas adorer & pour ne lui pas élever des temples. Rien n'est plus commun que d'encenser le dieu qu'on offense.

PLANCHE CCXXIX.

Débris du Temple de Vulcain

Je dis de Vulcain pour suivre l'opinion commune, & parce que je ne trouve nulle part ailleurs les débris de son temple. J'ai vu dans ce lieu, au milieu des aloès & des amandiers dont il est couvert, une multitude de tambours, de colonnes renversées çà & là avec leurs chapiteaux ; tout est sans ordre & sans symétrie, excepté ceux AA qui sont à la droite de cette estampe : ils sont disposés en ligne droite, & dans une direction perpendiculaire qui engage à croire que le temple s'étendoit d'orient en occident, ainsi que les précédens. J'ai même remarqué du côté de l'occident deux ou trois apparences de marches ou de degrés disposés du midi au nord, & qui peut-être précédoient les gradins du temple, & formoient un palier avant ces gradins.

TOME IV.   K

J'ai reconnu dans les chapiteaux, soit entiers, soit mutilés, qui paroissent au travers des arbres & des broussailles, un ordre d'architecture à-peu-près semblable à celui du temple de la Concorde.

J'ai remarqué à l'occident, au nord & au midi de ces débris, des portions de murs assez considérables & disposés à angles droits les uns sur les autres. Ces portions de murs consistent encore en plusieurs assises de belles pierres. Ils ont dû former les logemens des prêtres & des personnes attachées au service de ce temple : c'est ce qui confirme ce que nous dit l'abbé Banier, que les petits pontifes, les sacrificateurs, les aruspices, les augures, logeoient près des temples, & emportoient chez eux les restes des victimes, dont ils faisoient des festins où ils se livroient à de grandes gaietés.

On voit encore au midi des restes de murs construits pour soutenir les terres. Ces murs sont d'une belle exécution ; ils sont disposés par étages, & forment des terrasses qui suppléent à la roche dans les endroits où elle manque. *Voyez* la carte à l'endroit marqué X entre ce temple & le suivant. Ce terrain est le lit d'un ravin profond que les eaux ont formé, & qui est d'autant plus profond, que depuis l'abandon de cette ville, les travaux de maçonnerie ont été dégradés par le temps ou enlevés par les hommes. Il ne reste plus rien de son état ancien. L'espace entre ce terrain & celui du temple de Castor & de Pollux est considérable : il y a environ trois cents toises d'un temple à l'autre.

La pointe de terre où est le temple de Castor & de Pollux, a fait partie & a été la suite du même terrain sur lequel est le temple de Vulcain : mais les eaux ont creusé entre eux, & les ont séparés par une profondeur de dix à douze toises, dont la largeur est de vingt ou de trente.

PLANCHE CCXXX.

Restes du Temple de Castor et de Pollux, marqué Y au plan général d'Agrigente.

Ce temple de Castor & de Pollux est celui qui termine la grande ligne sur laquelle on a élevé six temples d'orient en occident. Ces six temples sont désignés au plan par les lettres N, Q, S, V, X, Y. Ce dernier est aujourd'hui dans un champ presque isolé & très-escarpé ; il n'a plus que deux tronçons de colonnes, posés l'un & l'autre sur une portion des gradins du péristile. Un côté de cet édifice a encore cinquante-cinq pieds & l'autre soixante-cinq de longueur. Ces colonnes sont représentées telles qu'on les voit.

Ces colonnes & ces gradins ont des détails assez curieux, en ce qu'ils sont particuliers à ce temple. Je n'en ai vu de pareils nulle part ailleurs. Je les ferai connoître avec d'autres objets, en les représentant dans l'estampe suivante. C'est là tout ce que m'ont offert les restes de ce grand monument.

Le culte de Castor & de Pollux est d'origine Phénicienne. Ces peuples navigateurs les représentoient en petit à la proue de leurs vaisseaux ; selon la tradition la plus ancienne, ce fut deux navigateurs qui purgèrent la mer de corsaires, & dont on fit à la suite des temps la constellation des Gémeaux.

Quoi qu'il en soit, le culte de ces deux Gémeaux passa de la Phénicie dans la Grèce, où ils furent nommés Διοσκουροι, Dioscures, fils de Jupiter. On leur éleva un temple dans Athènes, on les regardoit comme des divinités chargées d'appaiser les tempêtes, & on les surnomma *dieux sauveurs*. Cette circonstance est une preuve que leur culte étoit dû à un peuple navigateur, & elle nous apprend pourquoi ils en plaçoient les images à la tête de leurs vaisseaux.

Les habitans de Céphale avoient une dévotion particulière pour les Dioscures, & ils les plaçoient au nombre des grands dieux. Les Spartiates leur avoient élevé un temple, & avoient placé leurs statues à la tête des *dromes*, ou lieux destinés à la course.

Le culte des Dioscures passa de la Grèce à Rome, dans l'Italie, dans la grande Grèce & en

Pl. XXIII.

Ruines du Temple de Castor et Pollux
Agrigente

Sicile. Ovide affure que les dieux Lares n'étoient que Caftor & Pollux. Les Romains & plufieurs autres peuples leur élevèrent des temples : le 27 janvier & le 15 juillet leur étoient confacrés à Rome; les chevaliers Romains alloient à cheval & en proceffion du temple de l'Honneur au Capitole.

Les Diofcures étoient confidérés fous divers rapports par les différens peuples qui les adoroient : les Phéniciens voyoient en eux les dieux de la navigation; les Athéniens, des héros déifiés; les Romains, une fimple conftellation, ou des dieux Lares.

Vivier d'Agrigente.

Au pied de la colline fur laquelle le temple de Caftor & de Pollux étoit élevé dans Agrigente, on voit la place où étoit ce fameux étang d'environ un mille de circonférence, & de vingt coudées, dit-on, de profondeur; il paffoit pour être fait abfolument de main d'homme, ce qui eft très-peu vrai-femblable. Les Agrigentins, dit-on encore, y confervoient foigneufement une grande quantité de poiffons d'eau douce.

Les hiftoriens en ont parlé; il n'en refte plus aujourd'hui aucune trace; on ne trouve pas même les veftiges de fon enceinte. Le fleuve Agragas, dont les eaux entretenoient cet étang, ayant été négligé depuis que la ville a été abandonnée, a entraîné les terres & les pierres, qui le formoient, en a creufé plus loin la vallée de tous côtés, & en a porté les débris à la mer.

On dit que le poiffon de cet étang étoit deftiné pour les repas publics, ce qui pourroit faire croire qu'on y nourriffoit auffi des poiffons étrangers à la Sicile. La furface des eaux étoit couverte de cygnes, d'oies, de canards & d'autres oifeaux qui fe plaifent dans les marécages; ce qui formoit un fpectacle agréable, car les Agrigentins ne négligeoient rien de ce qui pouvoit augmenter leurs plaifirs.

Près du lieu où fut cet étang, fur le penchant d'une colline, au nord, dans un petit jardin, on voit une fource qu'on prétend être une fource d'huile. Je l'ai fort examinée : je n'ai vu dans le petit creux qu'elle remplit, que de l'eau dont la furface oléagineufe offre des iris, c'eft-à-dire, des teintes bleues & jaune, avec les combinaifons colorées que donnent ces couleurs, telles qu'on en voit fur quelques eaux ftagnantes : c'eft le produit de la diffolution de certaines plantes que le lavage des pluies amène, & dont les parties conftituantes & graffes forment ces iris, en fe dépofant fur les eaux. S'il eft vrai que celle-ci foit une eau de fource, ces iris peuvent être caufés par la diffolution de quelques terres bitumineufes qui font dans le voifinage.

Au deffus de ce lieu, on trouve des fouterrains creufés dans la montagne en différens endroits; il y en a qui font tellement étroits, qu'il n'y peut paffer qu'un feul homme à la fois; ils s'étendent très-loin dans la terre & dans la roche; ils ont toutes fortes de directions. Il y en a plufieurs fur les rives de l'Agragas, en remontant ce fleuve au deffous d'*Agrigentino in Camicus*, & en bien d'autres endroits de cette ville antique, notamment au deffous du lieu où fut jadis la fortereffe de Cocale, au couchant.

Cette efpèce de fouterrain ne doit pas fe confondre avec les égouts ou cloaques que les Agrigentins ont fort multipliés dans leur ville & dans leurs terres pour n'être pas incommodés des eaux fales que ces égouts conduifoient aux fleuves. Ces fouterrains ont une autre origine : il paroît que ces aqueducs, ces efpèces de fentes dans les montagnes, avoient été creufés exprès, pour que les nuages & l'humidité de l'atmofphère en fe réfolvant en eau, arrivaffent dans ces cavités, & ne fe perdiffent pas, égarés dans le fein de la roche, où l'eau n'eût été d'aucun ufage pour les habitans voifins de ces lieux. Ces eaux coulant vers l'embouchure ou l'entrée de ces fouterrains, y formoient des fontaines foibles mais permanentes. Quelques-unes même, par l'abondance d'eau qu'elles donnent en tout temps, paroiffent une efpèce de prodige. Telle eft celle qui fubfifte encore fur le bord du chemin qui mène de la mer à la ville de Girgenti, à mi-côte, un peu au deffus de l'Agragas, près d'*Agrigentino in Camicus* : on y voit un grand abreuvoir toujours rempli d'une eau très-bonne &

très-utile pour les gens de la campagne, pour les voyageurs, pour tous ceux qui vont du port à la ville & de la ville au port.

De tous ces aqueducs, le plus merveilleux eſt celui qui eſt placé à trente ou quarante pieds au deſſous de la ſommité de la montagne où étoit jadis la forbereſſe de Cocale, & où eſt aujourd'hui le ſéminaire de Girgenti. Cette roche eſt tellement ſpongieuſe, qu'au moyen de ces ſouterrains, elle fournit même en été une aſſez grande quantité d'eau pour approviſionner toute la partie de la ville de Girgenti, qui eſt de ce côté, c'eſt-à-dire, au couchant de la montagne. Elle en fournit auſſi le fauxbourg appelé Rabbato.

Du côté du nord, la partie eſcarpée de cette montagne donne en bien des endroits de l'eau qu'elle contient en abondance, & qu'elle rend par ſuperfluité, même au travers des terres, qui du pied de cette roche ſont inclinées juſqu'au bas du vallon où ces eaux ſe réuniſſent. Ce n'eſt pas le ſeul endroit où les Siciliens aient tiré des rochers un étonnant avantage, pour arroſer des lieux qui euſſent été arides ſans cet artifice. Nous avons déja parlé du fameux puits de la ville d'Acra à Palazzolo, où Denis le tyran avoit un palais.

Ainſi les anciens, en étudiant avec ſoin la nature, ont conçu qu'ils pouvoient parvenir, en creuſant ⸗iſtement dans le rocher, à ſe faire des ſources factices & des ruiſſeaux qui leur fourniroient de l'eau où ils en auroient beſoin. Cette obſervation, cet art des anciens eſt trop ignoré; je crois devoir en inſtruire mes lecteurs, afin que ceux qui auroient dans leurs terres des collines d'une roche tendre & poreuſe, ſituées dans des lieux où l'eau ſeroit rare, ſe fiſſent, en y pratiquant quelques ſouterrains ſemblables, des ruiſſeaux & des fontaines précieuſes.

Je citerai encore d'autres exemples de cette ſorte de phénomène à la fin de ce volume, en parlant de Malte.

PLANCHE CCXXXI.

Vue du mur antique où étoit une porte d'Agrigente.

Pour fermer de ce côté la ville d'Agrigente, il avoit fallu pratiquer un mur qui traverſoit toute la largeur de cette vallée; on y avoit fait une porte, qui a diſparu lorſqu'on a enlevé les grandes & belles pierres de ce mur. Il n'en reſte que ce que je repréſente dans cette eſtampe. Ce mur étoit fort épais; c'étoit une eſpèce de carrière où l'on trouvoit des pierres toutes taillées; on n'avoit que la peine de les prendre & de les emporter: on en a uſé ſans ſcrupule & ſans ménagement.

Plus près du fleuve, dans une vallée voiſine de celle-ci, coule un torrent qu'on appelle le fleuve Saint-Léonard; ſur le côteau qui borde ſa rive gauche ſont beaucoup de débris ſans noms & ſans forme; ſur la rive droite ſont les reſtes de la voûte d'un pont qui conduiſoit d'Agrigente à *Agrigentino in Camicus*. Les reſtes de ce pont n'offrent que quelques murs adoſſés à la colline qui les ſurmonte.

En ſuivant la rive du torrent, on parvient à une fontaine moderne poſée ſur des fondemens antiques; on en a fait un abreuvoir. On voit ſur la rive gauche beaucoup d'ouvrages faits dans la roche, entre autres des centaines de ſarcophages diſpoſés régulièrement, comme on peut le voir dans le plan d'Agrigente. Ils ſont d'une belle exécution: ils ſont alignés & également eſpacés. Ils étoient pratiqués, ſelon l'uſage, dans le côté de la roche expoſé au midi; ils ſe ſont trouvés dans l'enceinte de la ville, mais peut-être ont-ils ſervi long-temps avant que la ville ſe ſoit étendue juſqu'à ce rocher.

En deſcendant le torrent, vers le chemin qui conduit à la chapelle de Saint-Léonard, on trouve la roche très-travaillée, ſans qu'on ſache préciſément quel étoit le but de ces travaux.

En deſcendant vers le midi, au-delà de cette chapelle, à l'endroit appelé la Meta, le terrain inégal offre encore des travaux, tels que des ſouterrains creuſés dans la roche, pour obtenir de l'eau par infiltration; ils ſont profonds & ramifiés en tout ſens.

La

Pl. XXXVII

Vue du Mur antique et d'une des Portes marquées
à l'ancienne enceinte.

Pl. LXXXV

Fragments antiques d'Architecture
de différens Edifices de l'antique Agrigente.

Plan de la Corniche
en dessous A.

La Meta eft une colline ifolée; fa cime plane portoit, dit-on, autrefois un temple d'Hermès ou de Mercure. Il n'en refte rien.

Paffons maintenant à des bains qu'on rencontre en fuivant cette colline, & aux détails intéreffans du temple de Caftor & de Pollux.

PLANCHE CCXXXII.

Fragmens d'un Bain antique. Détail du Temple de Castor et de Pollux. Corniche particuliére trouvée dans les débris d'Agrigente.

J'ai raffemblé dans cette eftampe plufieurs objets curieux, & que je voulois faire connoître à mes lecteurs comme dignes d'attention.

1°. Le temple de Caftor & de Pollux, pour leur montrer que l'architecte qui l'a élevé avoit formé le projet d'y mettre des détails qui l'ornaffent d'une manière particulière. J'ai obfervé qu'il a féparé les cannelures par un petit champ carré d'un demi-pouce de large, tandis qu'aux autres temples les cannelures fe joignent en bifeau. Ces colonnes ont quatre pieds dix pouces de diamètre.

Il faut remarquer encore la manière dont ces colonnes font cernées au pied par un refend qui en fait le tour, & qui a pour profondeur la moitié de la cavité des cannelures; ce qui met ces cannelures en faillie, & ce qui donne à cette colonne beaucoup de légèreté.

L'architecte, pour accompagner cette colonne, & lui ôter une partie de l'ifolement exceffif qu'elle auroit à l'œil par fon élévation au deffus du gradin qui la porte, a formé un carré autour, en y plaçant quatre petites tables de relief B, dont l'épaiffeur eft la moitié du refend qui cerne cette colonne tout autour. *Voyez* le plan A & l'élévation B.

Les gradins font très inégaux en largeur: le premier a cinq pouces de large; le fecond, quatorze; le troifième & le quatrième, dix-huit. Ils ont tous dix-neuf pouces de hauteur. Faut-il croire que ces gradins ne fervoient pas à monter au temple? Ils auroient été trop incommodes. Pourquoi cette inégalité? pourquoi étoient-ils creufés en deffus d'un pouce de profondeur dans toute leur longueur, & jufqu'à trois pouces de l'arête de la ciméfe? pourquoi ces gradins font-ils ornés aux faces d'une ciméfe carrée EE, & de refends en bifeau difpofés perpendiculairement aux endroits qu'on fuppofe être les joints des pierres? *Voyez* F. Enfin pourquoi chaque moitié de ces refends font-ils continués horizontalement, & forment-ils une table en faillie G? Au premier de ces gradins d'en bas, on voit des efpèces de modillons de neuf pouces de face, deux pouces & demi de faillie: la partie fupérieure en eft inclinée comme un toit. *Voyez* le deffin.

Ces particularités, qui ne font communes ni aux temples d'Agrigente ni à aucun autre de Sicile, mais feulement au temple de Segefte (*voyez* chapitre premier), m'ont paru dignes d'être repréfentées à la fuite des débris de ce temple, afin qu'on pût les connoître.

J'y ai joint une corniche qui ne m'a pas paru dépourvue de beauté; je l'ai repréfentée à caufe de fes modillons finguliers dont je ne connois pas d'exemples: ils font refendus d'une manière continue qui les lie tous enfemble en les confidérant en plafond. *Voyez* le plan H. Ces modillons K renferment une table de relief. J'efpère que les architectes qui verront cette corniche fe feront dorénavant un plaifir de l'employer.

J'ai trouvé cette corniche dans les débris dont on a fait des murs de différentes pierres pofées à fec pour clore différentes fermes, métairies ou jardins des environs de Saint-Nicolas.

Dans la rue qui defcend de ce couvent au temple de la Concorde, on rencontre des tronçons de colonnes qui nous indiquent qu'elles étoient cannelées dans la longueur de deux tiers dans leur partie fupérieure, tandis que le nom inférieur en étoit liffe. Ces colonnes font de l'ancien dorique; ce qui prouve que cette manière d'orner les colonnes de parties liffes & de parties cannelées n'eft pas moderne.

Bain de marbre blanc marqué &L, au plan général d'Agrigente.

En remontant les rives du torrent qui fépare le temple de Caftor & Pollux du temple de Vulcain, & en paffant au-delà du temple de Jupiter-Olympien, en face de celui d'Hercule, fuivant la vallée qui monte vers Saint-Nicolas, avant d'arriver à la hauteur de ce couvent, on trouve dans une métairie les reftes d'un bain de marbre dont il ne fubfifte plus que quelques gradins circulaires de l'intérieur. Autour de ces gradins régnoit autrefois une colonnade d'ordre corinthien, dont je repréfente ici le haut & le bas d'une colonne, avec la corniche M, N, O, comme un ornement qui pouvoit auffi appartenir à ce bain. Cet ouvrage eft Romain, & même des derniers temps où cette nation a régné en Sicile. Le deffus de cette corniche eft creufé & fait cuvette pour recevoir les eaux d'une fontaine dans un jardin voifin où l'on voit différens fragmens de colonnes & chapiteaux antiques. L'ornement O eft percé, & l'eau de cette fontaine s'échappe par le pertuis P.

En remontant toujours ce même torrent fans s'en écarter, on voit à droite & à gauche dans les terres que les eaux ont creufées, des égouts conftruits profondément, & que ces eaux ont découverts en différens endroits. On y voit auffi différentes conftructions qui annoncent qu'il y a encore beaucoup d'édifices enterrés de tous côtés. Continuant toujours de remonter ce torrent, on voit près de Saint-Nicolas une portion de ces cloaques que le P. Pancrace appelle *Feaci*, du nom, dit-il, de l'architecte qui les a conftruits.

PLANCHE CCXXXIII.

Egout souterrain fig. 1, marqué au plan par ce signe ƆC.

Pour donner à la ville d'Agrigente une propreté qui répondît à la beauté de fes édifices, & qui procurât la falubrité néceffaire dans une grande ville, on avoit pratiqué au fond des grandes vallées & des endroits où le terrain s'abaiffoit uniformément, des conduits fouterrains pour l'épanchement des eaux pluviales & des autres eaux; tous les rameaux des ruiffeaux de toutes les rues aboutiffoient à de petits égouts qui fe rendoient au grand, qui fe déchargeoit dans le fleuve, qui portoit tout à la mer.

Les ravins creufés par les eaux vagabondes depuis que l'abandon de ces lieux & le défaut d'entretien a laiffé tout dépérir, ces ravins ont découvert de tous côtés des citernes, des aqueducs, des égouts. La dégradation augmente chaque jour, & chaque objet devient méconnoiffable d'une année à l'autre. J'ai remarqué toutes les fois que j'y ai porté mes pas, dans le cours de deux ou trois ans, des changemens confidérables: j'ai vu dans ce court efpace les eaux découvrir des portions de maifons enfevelies, depuis plufieurs fiècles, à une grande profondeur, fous les débris & fous la pouffière que les vents apportent des terres voifines & des ruines difperfées dans ces lieux.

Ces objets découverts par les eaux m'ont fait connoître des chofes dont perfonne n'avoit eu l'idée, & m'ont perfuadé que fi on fouilloit ce terrain, on trouveroit beaucoup de ruines dont les conftructions feroient curieufes & inftructives. J'y ai vu des lambris en ftuc, des planchers en mofaïque; j'ai vu différens étages & des embranchemens des fouterrains faits à différentes époques. Ils reffemblent à des ramifications, pénétrant la terre de toutes parts pour la purger des eaux inutiles.

Il y en a de toutes grandeurs, depuis vingt-fix pouces jufqu'à trois ou quatre pieds de large & plus. J'ai repréfenté celui-ci, parce qu'il eft d'une conftruction particulière. Il n'eft pas en voûte à plein cintre comme ils le font ordinairement: il eft formé en voûte d'augive, comme on le voit dans cette eftampe,

Pl. CXLXVII.

Fosse antique d'Agrigente, marquée au Plan par une petite r.

Dessiné & Gravé par J. Houel.

Egout Souterrain
situé au milieu de l'antique Agrigente au lieu marqué 76 au Plan.

au moyen des pierres faillantes les unes fur les autres, qui fe réunissent & fe foutiennent réciproquement au fommet de cette voûte.

On ne daignoit pas dans ces fiècles anciens faire ces fortes de voûtes avec des claveaux dont les affises fussent dirigées vers le centre de la voûte. Il y a dans cette efpèce d'aqueduc un autre aqueduc plus petit, formé par une rangée de pierres A parallèle au mur, & une fuite continue de pierres minces B posées fur celles-ci, & inclinée contre le mur latéral. On ne peut voir d'où vient cette divifion, ni quel en a été l'objet.

A quelques pas de là, les pierres de la voûte ayant manqué, les terres ont écroulé, & ont intercepté la continuité de ce vide.

En defcendant ce ravin, à une centaine de pas, où la roche forme fon lit, on voit après une petite chûte d'eau, un autre égout qui croise celui-ci à angles droits. Il eft d'une belle conftruction.

La violence des eaux de ce premier ravin a emporté une partie de ce dernier.

Fosse antique.

Vers le haut de la colline de ce ravin, on voit une cavité. J'ai marqué celle-ci d'une ✚ dans le plan. Dans cette feconde eftampe, j'ai placé des figures qui paroissent occupées à remarquer cette cavité; l'une d'elles paroît y defcendre avec une échelle. Cette cavité eft de forme conique, c'eft-à-dire, elle eft ronde, & beaucoup plus large dans fa partie inférieure qu'à fon entrée. Ce font ces fortes de travaux qu'on appelle en Sicile des fosses. Il y en a par-tout, de toutes fortes de grandeurs, antiques & modernes; on les employoit à beaucoup d'ufages différens, fur-tout à conferver des denrées, foit grains, légumes, fruits ou liqueurs, huile ou vin.

Celle-ci n'étoit pas immenfe, elle avoit tout au plus douze pieds de diamètre à fa bafe : elle eft creufée dans la roche & terminée en haut par de la conftruction, comme on peut le voir dans le deffin que j'en donne. Tout l'intérieur étoit enduit avec un ciment très-dur, dont les pores très-ferrés ne me permettent pas de douter que l'on n'y déposât de l'huile ou du vin, & qu'il ne s'y confervât très-bien & très long-temps.

On voit de ce lieu, mais de l'autre côté du vallon, le couvent de Saint-Nicolas. Je m'y rendis. Si pour y aller on prend la route du nord, en fuivant ce même vallon, on verra quantité de reftes de conftructions de différens genres. On m'assura qu'on y avoit trouvé des fcories de charbons de terre & de métaux, qui indiquent que ce lieu devoit avoir été une forge ou une fonderie.

On voit d'autres portions de fouterrains en bien des endroits. On trouve bien des objets dignes de remarque à l'extrémité de ce vallon, où passe le grand chemin de Saint-Nicolas : des reftes de maifons taillées à moitié dans la roche, des reftes de mofaïque, d'autres faites avec du ftuc ou avec un mortier devenu très-dur, dans lequel, lorfqu'il étoit tendre, on avoit artiftement incrufté de petits morceaux de marbre blanc & coloré, de granite ou de porphyre, qui par leur forme, leur grandeur, leur diftance refpective & leur mélange avec d'autres pierres, offroient des deffins fort agréables & indeftructibles. Lorfque tout cet affemblage s'étoit durci en fe féchant, on le frottoit avec du fable & des pierres pour l'aplanir & le polir; puis on en formoit des planchers très-beaux, très-folides & fort peu coûteux.

Sur le chemin de Saint-Nicolas, on peut obferver des murs de pierres posées à fec avec peu d'ordre : ce font des débris d'antiques conftructions, où l'on remarque entre autres, des colonnes de toutes fortes de diamètres; ce qui m'a confirmé dans l'idée que j'avois déja conçue que les anciens ne mettoient pas feulement des colonnes à leurs temples, mais qu'ils en mettoient encore à des édifices de très-peu d'étendue, même à de fimples maifons. J'ai trouvé des colonnes de treize diamètres différens & de très-petits chapiteaux, tous d'ordre dorique des premiers temps.

Les environs de Saint-Nicolas, au levant & au midi, font remplis de rangées de colonnes & de murs enterrés, dans des directions régulières ; plus loin , dans un vaste champ labouré , font des caves voûtées d'une belle exécution. A l'orient l'aspect du terrain offre l'idée d'un vaste théâtre, mais aucun détail ne confirme cette conjecture : on y voit de longs & de gros murs faits en belles pierres; plus loin on en trouve encore. Dans quelque sens qu'on parcoure ces lieux devenus campagnes, on voit que c'est une ville qui s'évapore , pour ainsi dire , par la dissolution de toutes ses parties, que l'air corrode & que les vents enlèvent.

Dans le couvent de Saint-Nicolas , j'ai remarqué un petit édifice antique que les moines appellent la mosquée. Je crois qu'on peut, sans se tromper , le considérer comme la chapelle domestique de quelque palais. Ce couvent est bâti sur d'antiques fondemens qui s'étendent fort au dehors, & qui sont en partie découverts ; ce qui montre qu'il y eut autrefois en ce lieu un édifice considérable.

PLANCHE CCXXXIV.

Petit Temple antique dans le couvent de Saint-Nicolas.

La forme de cet édifice est un carré long ; sa principale entrée est du côté où je l'ai représentée ; le haut de la porte est en A ; il y avoit un perron de cinq à sept marches qui devoient occuper tout l'inter-valle entre les pilastres avancés que l'on voit de chaque côté de cette face principale. Une portion du mur qui les porte avançoit de quelques pieds au dessus de leur base , & peut-être y avoit-il quelque colonne , statue, ou vase, ou sphinx , sur cette partie de mur qui terminoit & contenoit le perron ; ce qui n'auroit pas produit un mauvais effet. J'ai du plaisir à le croire , par l'aspect agréable que je m'en forme.

Rien ne m'indique comment se terminoit la corniche, il n'en reste aucun vestige.

Le caractère de cet édifice me fait soupçonner qu'il n'est pas d'une haute antiquité ; je le crois du temps où les Romains ont possédé la Sicile. Les pilastres qui décorent cette face principale ayant une base dori-que, & un chapiteau qui n'est d'aucun ordre, & qui se profile en retour de chaque côté de ce pilastre , offrent une singularité qu'on peut mettre au nombre des licences ; la partie de la corniche qui les décore porte un caractère libre & des profils de fantaisie, que n'ont pas les ouvrages grecs. Il semble par-là, aussi bien que par le profil de la corniche qui couronne la porte , que cet édifice a été construit dans le moment de la transition du style grec au style que les Romains ont donné à l'architecture.

Les profils de ces chapiteaux & de la corniche du couronnement de la porte ne m'ont pas paru assez beaux pour les donner en grand.

J'ai soigneusement représenté ce qui subsiste encore dans cet édifice du stuc blanc dont on couvroit les maisons d'Agrigente à l'extérieur. B , sont les restes de ce stuc : c'est ce qui confirme ce que j'ai dit du stuc en parlant du temple de la Concorde.

Un hermite se logea d'abord dans cette chapelle , lorsque le christianisme vint fleurir dans la Sicile , & que les beaux arts l'abandonnèrent ; on y entroit alors par le côté opposé à celui que j'ai représenté , & auquel on avoit pratiqué une porte qui a l'air gothique. On fit de la première porte le lieu du sanc-tuaire, contenu dans la forme de tour ronde qui occupe presque tout l'espace entre les deux pilastres BC.

Cet hermite attira des fidèles , ensuite il lui vint des compagnons ; ils s'enrichirent d'aumônes ; ils bâtirent un couvent & une belle église ; les dévots abondoient alors en ce lieu ; depuis la petite chapelle a été désertée & ne servit plus à rien ; on lui devoit tout ; on finit par l'injurier & la traiter de mosquée. Le zèle a diminué , l'église est aujourd'hui fort peu fréquentée , & menace ruine de toutes parts ; les moines seront forcés de redevenir hermites.

Pl. LXXVI.

Petit Temple antique
situé dans le Couvent de St. Nicolas.

CHAPITRE QUARANTIEME.

Suite des Antiquités qui se trouvent encore dans le vaste champ qu'occupoit Agrigente. Idée de cette ville. Vases & tombeaux antiques conservés à Girgenti chez différens particuliers & dans l'Église cathédrale. Vases étrusques. Vases d'or de la bibliothèque du palais épiscopal. Bas - reliefs d'un sarcophage de marbre qui sert aujourd'hui de cuve pour les fonts baptismaux de la Cathédrale de cette ville.

En quittant le couvent de Saint-Nicolas, avant de prendre la route qui conduit à Girgenti, je parcourus le vaste espace de terre labourée qui s'étend à droite, lorsqu'on regarde vers l'orient. Là, des cavités creusées dans le sol donnent entrée à des souterrains voûtés d'environ quinze pieds en carrés. Il y a deux de ces voûtes assez bien conservées : elles sont d'une belle exécution. Ces voûtes étoient sans doute les caves de quelque maison.

Ce champ est terminé à l'orient par une rue où subsistent encore beaucoup de pans de murailles doubles & fort épaisses. La forme du terrain semble indiquer celle d'un théâtre dont ces gros murs auroient fait partie. Diodore, qui a beaucoup parlé d'Agrigente, ne dit point, il est vrai, qu'elle ait eu un théâtre ; mais son silence n'est pas une preuve que cette ville en ait manqué ; il seroit même incroyable qu'elle n'en eût pas eu.

Il y a plus, c'est qu'un auteur ancien (Frontin) en parle dans ses Stratagêmes de la guerre. Il nous apprend qu'*Alcibiade* assiégeant Agrigente, & la trouvant trop forte pour l'emporter d'assaut, demanda aux habitans une conférence publique ; que l'assemblée du peuple se tint au théâtre, selon l'usage des Grecs, & que dans le temps qu'Alcibiade occupoit tout le monde par ses discours, ses soldats s'emparèrent de la ville, dont les citoyens avoient abandonné les murailles, pour voir & pour entendre cet Athénien célèbre.

Il me paroît que l'église, le couvent de Saint-Nicolas & les maisons qui en dépendent, ont été bâtis avec les pierres de cet édifice & de quelques autres.

En suivant la route qui conduit de ce couvent de Saint-Nicolas à la ville moderne de Girgenti, on marche sur un chemin bordé à droite & à gauche de débris de toute espèce ; on les a réunis en différens endroits pour figurer des murailles qui partagent les propriétés territoriales ; on en a fait dans quelques endroits des simulacres d'édifices, en les entassant, & en posant les pierres à sec les unes sur les autres. Les ornemens les plus incohérens y sont mêlés sans ordre ni suite, dans une confusion telle, que les uns sont placés en travers, & les autres entièrement renversés.

Ces ornemens, dans cet état de confusion, soit ceux d'architecture ou de sculpture, soit les statues, quoique très-défigurées, soit les simples fragmens, conservent un caractère qui élève l'ame du spectateur, & qui lui donne des idées de sublime ; ils rappellent fortement le souvenir des beaux siècles où ils ont été produits, & les édifices dont ils faifoient partie, & qui paroiffent par ces reftes avoir été admirables. Les belles mofaïques que l'on découvre fous fes pas à côté de ces débris, achèvent d'offrir à la penfée, comme aux yeux, un luxe d'architecture dont aucun édifice ne nous offre aujourd'hui de modèle.

Lorfqu'on réfléchit fur ce qu'étoit une ville qui nous préfente encore tant de magnificence dans fes ruines, l'imagination s'enflamme, & rétablit idéalement cette cité fuperbe ; elle relève les débris des maifons, des palais, des temples, des théâtres, des cirques, des amphithéâtres, & elle décore ces monumens de ftatues, de colonnes, de bas-reliefs, de vafes, tels qu'ils étoient autrefois. Elle fait plus, elle anime ces monumens, en fe rappelant ces jours de luxe & de grandeur que Diodore de Sicile & plufieurs autres hiftoriens fe font plus à nous retracer ; elle fe rappelle avec tranfport que cette ville étoit habitée par un peuple ami des talens, de la gloire & fur-tout des plaifirs. Il femble que fes citoyens étoient tous animés par le dieu de la Guerre, des Arts ou du Commerce ; car c'eft fur-tout à fon commerce que cette ville a dû fa fplendeur. Le goût du lucre n'enleva point à fes habitans le goût de la poéfie, de la mufique, de la peinture, de l'architecture, des véritables beaux arts, qu'ils cultivèrent avec enthoufiafme.

Tous les talens femblent y avoir été honorés depuis l'art utile de l'agriculture jufqu'à l'art funefte de la guerre, depuis la fcience menfongère de la mythologie, qui fit élever des temples fi magnifiques, jufqu'à la recherche févère de la vérité pure, qui produifit des philofophes fi renommés. D'immenfes richeffes, un luxe prefque incroyable, une gloire éclatante, un fouvenir que vingt fiècles n'ont point éteint, furent la récompenfe des talens & de l'activité de ce peuple courageux & induftrieux.

Mais à quoi dut-il fur-tout fes progrès ? Diodore de Sicile nous en inftruit : Agrigente étoit une des plus heureufes habitations du monde ; fes vignes hautes, élevées fur des arbres, felon la coutume de l'Italie, étoient à-la-fois un objet d'utilité & d'agrémens ; la plus grande partie de fon territoire étoit plantée en oliviers. Les vins & les huiles, les raifins & les olives, fe vendoient à Carthage, où, felon la remarque de cet auteur, il y avoit peu de plantations, ainfi que fur toute la côte de la Lybie. Voilà l'origine de fa grandeur. Elle avoit plus de vingt mille citoyens, & en comptant ceux qui ne l'étoient point, & que les anciens appeloient étrangers, elle avoit plus de deux cent mille habitans. Diodore ne compte point les efclaves, qui, chez les anciens n'étoient guère moins nombreux que les hommes libres ; ce qui feroit plus de quatre cent mille individus. Cette ville paroîtroit avoir été moins peuplée que Londres & que Paris, & cependant il femble par le récit de Diodore de Sicile que le luxe y étoit plus grand. On y élevoit, dit-il, les enfans dans une propreté qui tenoit de la molleffe ; leur vêtement étoit un tiffu d'une fineffe extraordinaire, & ce tiffu étoit broché ou orné d'or ; leur toilette étoit compofée de vafes & de boîtes d'or & d'argent.

L'hofpitalité y étoit en vogue : on y accueilloit les étrangers avec joie & avec empreffement ; on leur prodiguoit tout ce dont ils avoient befoin. On cite entre autres Gélias qui avoit plufieurs efclaves dont la fonction étoit de refter aux portes de la ville, ou à celle de fa maifon, pour inviter les étrangers à venir loger chez lui. Cinq cents cavaliers de la ville de Géla paffèrent un jour d'hiver par Agrigente : Gélias les reçut chez lui, & à leur départ il fit préfent à chacun d'eux d'une tunique & d'une robe. Polyclite, cité par Diodore, affure avoir vu dans les caves de Gélias trois cents tonnes, dont chacune contenoit cent urnes : ces tonnes étoient creufées dans la pierre ; elles étoient pleines de vin ; au deffus étoit un réfervoir d'où l'on faifoit couler le vin pour remplir les tonnes. Il paroît que Gélias, quoiqu'il ait été ambaffadeur ou député de fa ville à celle de Centorbi, devoit fes richeffes à fes vignes & à un très-grand commerce de vin.

Antifthène étala un luxe prodigieux aux noces de fa fille : il donna des feftins aux citoyens dans toutes les rues ; il les fit illuminer en faifant allumer des feux fur tous les autels élevés dans les places publiques, dans les carrefours, devant les grandes maifons & dans les temples. Sa fille

Vases Sarcofages et Elephan antiques.

Sarcofage en marbre. fig. 2.

Vases A Mascaron antiques.

alla de chez lui chez son mari, suivie de huit cents chariots qui portoient sa dot, & d'une multitude de cavaliers portant des flambeaux. Ce faste n'étoit pas commun. Diodore, Timée & Polycite n'ont cité ces faits que parce qu'ils étoient extraordinaires.

Il en résulte toujours que les Agrigentins étoient très-riches & très-heureux ; que leur manière de vivre étoit très-noble & très-fastueuse ; que les plaisirs y abondoient; que les arts y fleurissoient ; que l'agriculture & le commerce étoient la source de leurs richesses & de leur félicité.

Parmi ces excès de luxe qui peignent les Agrigentins, on ne doit pas oublier cet Exœnète qui, ayant remporté le prix de la course aux jeux olympiques, rentra dans Agrigente à son retour sur un char ; une si grande quantité d'autres le suivoient, qu'on en compta trois cents attelés chacun de deux chevaux blancs. Ces trois cents chars étoient Agrigentins ; ce qui suppose qu'il y en avoit plusieurs qui appartenoient à d'autres villes de la Sicile. Ce triomphe étoit une espèce de fête publique donnée par la ville à celui de ses citoyens qui la rendoit recommandable par sa victoire ; car les villes Grecques s'honoroient d'avoir donné naissance aux vainqueurs de ces jeux.

Les débris de cette ville sont aujourd'hui au milieu d'une riche campagne très-bien cultivée ; on la parcourt encore avec plaisir, comme un beau verger où tout annonce l'abondance.

On trouve à sa droite, sur la route de Girgenti, le couvent des Capucins. Dans son enclos, on voit beaucoup de souterrains & de grottes à tombeaux taillées dans la roche.

J'ai vu dans ce couvent un moine qui cultivoit la peinture, & qui faisoit des tableaux d'histoire. C'étoit un élève du religieux dont j'ai fait mention dans le septième chapitre de cet ouvrage, en parlant du couvent des Capucins de Palerme. Celui-ci étoit moins habile ; les devoirs que son ordre exigeoit ne lui avoient permis que d'acquérir un talent assez foible.

De ce couvent j'allai à Girgenti ; j'entrai par la porte du pont : près de cette porte, mais dans la ville, on trouve l'église d'un couvent de filles appelé le grand Monastère : j'y ai vu plusieurs sarcophages antiques, tous de marbre. Les sujets de sculpture qui les décorent sont si peu intéressans, & leur exécution si fort au dessous du médiocre, que je n'ai pas voulu les dessiner.

Arrivé au milieu de la ville, près de la place publique, j'ai vu dans le jardin de l'hôtel d'un riche particulier, un tombeau, que voici :

PLANCHE CCXXXV.

Sarcophage en marbre, fig. 1. *Vases antiques et autres Sarcophages en marbre*, fig. 2.

Ce vase antique A que j'ai vu, fut trouvé par un abbé de Girgenti dans un tombeau qu'il découvrit par hasard dans le jardin de sa maison de campagne. Ce vase est de plomb ; il contenoit encore des cendres ; l'humidité acide du sol l'avoit rongé & même percé dans plusieurs endroits. Il avoit perdu une grande partie des cendres qu'on y avoit déposées.

J'ai groupé dans cette estampe, avec ce vase, une aiguière de bronze B d'une assez belle forme. Elle est très-bien conservée, & j'y ai joint la burette C, la fiole D & la lampe E, toutes les trois en terre cuite. Ces vases m'ont été montrés par divers particuliers jaloux de contribuer à faire connoître les antiquités de leur ville. Les vases D & E sont de cette belle terre fine & légère dont on faisoit les vases étrusques.

Je les ai représentés ici pour faire connoître, sur-tout aux personnes qui s'occupent de fabriquer des vases, la diversité de ces sortes d'ouvrages chez les anciens. Je me suis appliqué à en mettre dans cet ouvrage à-peu-près de toutes les formes.

Tombeaux qui se voient dans la Cathédrale.

En entrant dans cette églife par la porte principale , on voit à droite des tombeaux de marbre qui ont entre eux des différences effentielles. le tombeau (figure 1) eft un farcophage de marbre blanc d'une belle exécution; fa forme & fes ornemens font de bon goût; ils nous offrent une parti-cularité rare & curieufe. Ce font des ornemens du genre de ceux qu'on appelle communément bâtons rompus, qu'on a tracés fur les bords du couvercle de ce tombeau, ainfi que des ornemens de rédecœur, qui font fur la moulure fupérieure du corps de ce tombeau. Ils ne font pas fculptés, mais peints & adaptés à la moulure qu'elle enrichit. Ils imitent fi parfaitement la fculpture, que d'abord j'y ai été trompé. Mais, en l'examinant, j'ai reconnu mon erreur, & j'ai admiré cet art de peindre fur la pierre. Cette peinture pénètre fort avant dans les pores du marbre. Cet art renouvelé de nos jours, a été donné par quelques modernes pour une nouvelle découverte. On peut croire, d'après ce farcophage qui eft au moins un ouvrage romain, que cette manière de peindre eft fort ancienne, & que les Grecs & les Romains l'employoient ailleurs que dans les tombeaux.

Ce tombeau eft fimple & de belle forme; les profils font bien exécutés, & font d'un relief très-bas. Pour en faire diftinguer le couvercle, j'ai feint que le mort contenu dans ce tombeau reffufcite, & cherche à en fortir en fe débarraffant de fon linceul, qu'il jette dehors & que le vent agite. J'ai placé ce tombeau fur l'autre, afin de les grouper.

Celui de deffous F eft auffi en marbre. Il eft pofé fur l'éléphant qui le porte. Il eft placé dans le coin de l'églife. Le médaillon qui le décore offre l'idée d'une femme, qui vraifemblablement a été dépofée dans ce farcophage.

Les bas-reliefs placés en face & de côté, font des allégories qui fans doute furent intéreffantes pour la famille & les contemporains; mais nous ne favons pas au jufte quelle étoit l'idée du fculpteur, en mettant autour du médaillon que l'on voit au milieu de ce monument, des enfans ailés portant des corbeilles de fruits & de fleurs. Je préfume qu'ils font le fymbole des quatre faifons. Les figures qui font au deffous de ce médaillon forment-elles un tableau de fantaifie, ou font-elles un fujet allégorique? Ces figures font à table fous un arbre dont une femme agite les branches avec un bâton pour en faire tomber les fruits. Elle a auprès d'elle une corbeille pour les recevoir. Un vafe eft auprès de fon fiège, pour contenir peut-être la liqueur exprimée de ces fruits. Un homme affis & appuyé fur la table, paroît ordonner ce travail. Eft-ce un maître qui commande? Que font ces figures placées entre les jambes des enfans les plus éloignés dans ce médaillon? Que figni-fient celles qui font affifes à terre, fur-tout celle qui eft à la gauche de cette eftampe, & près de laquelle eft un vafe au deffous d'un arbre? car c'eft un arbre quoique mutilé, qui termine le tableau de ce côté. Cet enfemble défigne bien une fcène de la campagne, & les ufages de ce temps-là qu'il faudroit connoître. La femme qu'on voit dans ce médaillon repréfente une femme qui n'a aucun caractère particulier.

A l'extrémité de ce tombeau, on a mis un lion qui terraffe un cheval: c'eft encore une allégorie.

On la retrouve fouvent fur les tombeaux antiques. J'entreprendrai d'autant moins de l'expliquer, que les hommes les plus favans ne s'accordent pas à ce fujet.

L'éléphant qui porte ce tombeau n'a aucun rapport avec lui; on ne fait d'où il vient, ni pourquoi on l'a placé deffous. Sa grandeur eft proportionnée à celle du tombeau, qui eft à-peu-près de fix pieds & quelques pouces.

Pl. CCXXXI

Figures de la Face a. du Vase a. renversé pour en voir les Anses b.

Fig. 1.

Fig. 2.

Vases antiques en terre cuite

enrichis d'Ornements et de Figures colorées de l'espece de ceux qu'on appelle Etrusque.

Et Figures qui décorent les Faces du plus grand marqué a.

Tombeau en marbre, figure 2.

Ce sarcophage est en marbre & d'une belle exécution ; il est orné de cannelures, dont la forme indique bien que c'est un ouvrage Romain. Le médaillon qui le décore nous offre l'idée d'un mari & d'une femme ensévelis ensemble.

Au dessous de ce médaillon, sont deux masques allégoriques aux figures représentées dans ce médaillon. Il est vraisemblable que les chasseurs qui sont de chaque côté de la face de ce sarcophage sont aussi des figures allégoriques.

A, est un mascaron en terre cuite. B, C, D, sont des vases antiques de terre cuite ; ils étoient dans le même jardin où j'ai vu ce monument.

J'ai visité ensuite la bibliothèque du palais épiscopal de cette ville : j'y ai trouvé des vases que l'on y conserve avec soin, un entre autres de l'espèce de ceux qu'on appelle étrusques. Ils ne sont point en effet originaires d'Etrurie : ce sont les Grecs qui les ont inventés. L'erreur vient de ce qu'au temps où les arts se sont renouvelés, les Florentins ont fait connoître ces vases à L'Europe, & les ont donnés comme une invention des anciens de leur pays; mais on n'y trouve aucun caractère qui ne soit grec ou romain, qui n'appartienne à quelque contrée ou à quelque époque de la Grèce, & tous les sujets d'histoire ou de la mythologie représentés sur ces vases appartiennent aussi à l'histoire ou aux fables des Grecs.

PLANCHE CCXXXVI.

Vase de terre cuite embelli d'ornemens et de figures coloriées.

Les Romains ont appris des Grecs à choisir la matière dont on formoit ces vases appelés étrusques ; c'est d'eux qu'ils ont appris à les travailler, à leur donner les ornemens, les figures, les couleurs qui leur sont propres. Mais à la fin, les Romains en ont changé le caractère, & les ont travaillés dans un goût qui leur étoit particulier, & dans un style qui les distingue absolument de ceux fabriqués par les Grecs.

Celui que je présente ici est un beau vase grec ; sa hauteur totale est de dix-neuf pouces; sa largeur extérieure d'un bord à l'autre est de quinze pouces, & le vide a onze pouces de diamètre à son entrée ; les anses ont deux pouces de saillie. Ce vase n'est ni cassé ni fêlé, mais les figures en sont gâtées en plusieurs endroits. Le baron de Reidsel a exagéré la beauté de ce vase dans son Voyage en Sicile & dans la grande Grèce.

Je n'entreprends point d'expliquer le sujet représenté sur ce vase, on peut l'appliquer à trop d'objets.

De tous les vases étrusques, les plus parfaits sont ceux qui ont été fabriqués par les Grecs, soit par la beauté de leur forme, soit par l'importance de leurs sujets, & l'art avec lequel ils ont été traités.

Les ornemens en sont coloriés. Leur couleur consiste en deux teintes, dont l'une qui fait le fond, est ou brune, ou d'un brun noir, ou d'un châtain foncé. Les figures sont d'une couleur de chamois clair, tirant quelquefois sur le rouge. On n'y voit d'autres détails que le trait qui désigne les contours des figures, & les masses de draperies dont elles sont enveloppées ou couvertes, telles qu'on les voit dans cette estampe, où j'ai eu soin de représenter en grand les figures qui décorent ce vase à chaque face entre les anses, afin de les bien faire connoître. Il n'y a point d'ombres qui déterminent d'une manière particulière les formes des draperies ou des parties de ces figures. Les objets représentés sur ces vases sont exécutés ordinairement avec une grande franchise & une grande finesse, & elles offrent de belles proportions. J'ai représenté ce vase renversé B, pour en faire voir les anses.

On a trouvé près du fleuve Agragas, en 1783, depuis mon départ, un très-beau vase étrusque. Selon la description qu'on m'en a envoyé, sa forme est celle d'une cloche; son diamètre est de dix-neuf pouces; sa hauteur ainsi que les figures qui le décorent, représentent, à ce qu'on croit, le mariage de Pluton & de Proserpine; on y remarque Cérès & la nymphe Aréthuse; on y voit aussi deux génies & des instrumens de musique. On me mande qu'il est d'une excellente exécution.

PLANCHE CCXXXVII.

Vases de terre cuite et de bronze, figure 1. *Vases d'or*, figure 2.

Parmi les vases de cette bibliothèque, dont plusieurs ressemblent à ceux que j'ai déja offerts dans cet ouvrage, & dont beaucoup d'autres ne sont pas intéressans, j'ai choisi pour être représentés ici, les vases A, B, C. Ils sont du genre étrusque. Je pense qu'ils ont été fabriqués en Sicile par des artistes Romains. D, est un vase de terre jaune ordinaire, aussi bien que le vase de bronze E.

Vase d'or de la bibliothèque épiscopale de Girgenti.

Les figures F, G, H répréfentent le même vase. L, est une soucoupe en or. Elle est représentée par dessous en F. En G, on la voit en dedans. Le cercle I est une cavité dans laquelle on visoit quelque chose qui s'élevoit perpendiculairement au milieu de ce vase. La figure H est le même vase de profil, afin qu'on en voie la profondeur. Il est orné de six bœufs en relief par dedans & en creux par dehors. Ces figures sont d'un mauvais travail, & qui ressemble au caractère des ouvrages Égyptiens. Ce vase a cinq pouces quatre lignes de diamètre.

Les figures M N représentent un autre vase aussi en or. Il a quatre pouces de grandeur sur dix-huit lignes de hauteur. N le présente de profil. M le fait voir en dessus : il est sans ornemens.

En 1769, il y avoit dans cette bibliothèque quatre vases d'or antiques, dont deux étoient semblables à ceux dont nous venons de parler. Le baron de Reidsel parle de ces quatre vases dans son ouvrage de la Sicile & de la grande Grèce, page 55. Il n'y reste plus actuellement que les deux vases que j'ai représentés ci-dessus. On m'a dit chez l'évêque qu'un chanoine, légataire universel de l'évêque Luchesi, en avoit disposé en faveur d'un Anglois, comme si ces sortes d'objets eussent appartenu à l'évêque, & ne fussent pas des dépôts appartenans à la nation & non pas à leur gardien.

Ces vases d'or furent trouvés au fond d'un tombeau, dans un village antique qu'on appelle aujourd'hui Saint-Angelo, village situé à dix milles de Girgenti.

On conserve dans cette même bibliothèque une collection d'environ douze cents médailles. On y admire une suite très-belle d'empereurs Romains; on y voit plusieurs impératrices, & des médailles consulaires très-rares en bronze. Les médailles des anciennes villes de Sicile sont en argent. Les médailles puniques sont en or.

Cette bibliothèque est un grand vaisseau bien décoré de tableaux & de colonnes d'ordre Corinthien d'une belle proportion; il est revêtu de bois de chêne d'un beau travail. Les livres sont placés dans l'intervalle des colonnes, & recouverts d'un beau grillage en fil de laiton.

Pl. CCXXXVI

Fig. 1.

Vases en bronze et en terre cuite Fig. 1.

Et Tasses d'or Fig. 2.

Pl. LXXXII.

Seconde face du Sarcofage cy-dessus enonceé, representant Phedre dans l'état d'accablement ou l'a plongé le refus d'Hippolite.

Quatrieme et derniere face de ce même Sarcofage, representant son enlevement de son Char par le liqueur que causoient ses Chevaux le Monstre marin envoyé par Neptune.

Bas-relief qui décore la face principale d'un Sarcophage en marbre,
qui est dans la cathédrale de Girgenti,
representant Hypolite recevant d'Aurore une lettre de la part de Phèdre au moment du départ pour la Chasse.

PLANCHE CCXXXVIII.

Bas-relief qui décore la principale face du grand Sarcophage de marbre qui est dans l'Eglise Cathédrale de Girgenti.

Le sarcophage de marbre dont je donne ici les quatre bas-reliefs, a été trouvé dans les environs de cette ville, selon le père Pancrace, près du mont Tauro, sur la route de Girgenti à la mer. Il croit qu'il est celui dans lequel fut enseveli Phalaris, tyran d'Agrigente.

Il a été déposé dans la cathédrale de Girgenti à gauche entre les colonnes qui forment la nef de cette église. Là, il est élevé au dessus d'une balustrade qui empêche qu'on n'en approche de trop près; mais on le voit très-bien: c'est de là que je l'ai dessiné.

On emploie aujourd'hui ce tombeau comme un grand vase; on y tient en réserve une provision d'eau pour les baptêmes. On l'a surchargé d'ornemens de bois dorés qui le surmontent, & forment sur toute la longueur une espèce d'armoire, où l'on dépose tous les ustenciles nécessaires au baptême. Ces ornemens sont tellement disposés qu'ils laissent voir très-aisément les quatre faces de ce tombeau. Il a sept pieds de long, trois pieds deux pouces de haut, & trois pieds six pouces & demi de large.

Les bas-reliefs qui le décorent représentent l'histoire ou la fable d'Hyppolite & de Phèdre jusqu'à la mort de ce héros. La principale face représente l'instant où Œnone apporte à Hyppolite des tablettes ou un billet de la part de Phèdre. *Voyez* dans l'estampe la principale figure au milieu de ce tableau: Œnone est dans l'attitude d'une suppliante; elle semble attendre la réponse que ce jeune homme ne paroît pas disposé à faire d'une manière favorable, si l'on en juge par l'air d'indifférence avec lequel il regarde les tablettes qu'il tient de la main gauche.

Ses compagnons sont en armes autour de lui; ils tiennent des chevaux, & semblent prêts à partir pour la chasse.

PLANCHE CCXXXIX.

Seconde face du Sarcophage ci-dessus énoncé. Elle représente Phèdre dans l'état d'accablement où l'a plongée le refus d'Hyppolite.

Nous connoissons l'histoire de Phèdre & d'Hyppolite par la tragédie d'Euripide, tragédie imitée chez les Romains par Sénèque, imitée depuis, je crois, sur tous les théâtres de l'Europe, & embellie par Racine, qui perfectionna tout ce qu'il prit chez les anciens, & qui y joignit des beautés de sentiment qui n'appartiennent qu'à lui.

L'auteur de ce sarcophage a tout puisé chez le poète Grec: dans cette seconde face, il a présenté Phèdre prête à s'évanouir au milieu de ses femmes, qui cherchent à dissiper sa douleur par leurs chants & par le son de leurs instrumens.

L'Amour caché parmi elles, vient de lancer à Phèdre un trait dont elle est mortellement frappée; Œnone la soutient, mais en vain; on voit qu'Hyppolite absorbe toutes ses pensées.

Les ornemens qui encadrent les deux principaux bas-reliefs de ce sarcophage sont d'une grande richesse & de très-bon goût; ils semblent indiquer que la scène se passe dans un palais, & d'autres ornemens que l'on aperçoit au fond du bas-relief derrière les têtes des figures, semblent indiquer ou une tapisserie ou de la sculpture propre à un appartement. Les bas - reliefs qui représentent Hyppolite chassant, & renversé de son char, n'ont aucun ornement, comme pour désigner que ces scènes se passèrent dans des lieux sauvages.

PLANCHE CCXL.

Face postérieure du Sarcophage. Chasse d'Hyppolite.

Hyppolite y est représenté à cheval, poursuivant un sanglier; il est environné de chiens; il tient son javelot levé, prêt à le percer. Ses compagnons, armés de massues, de pierres, de lances, de glaives, attaquent aussi ce sanglier, que les chiens veulent déchirer. Ce morceau n'est pas fini : ce n'est qu'une ébauche. L'auteur, ou n'a pas jugé à propos de le finir autant que le premier & le second, ou en a été empêché par quelque événement.

Quatrième face.

Le quatrième & dernier tableau de la funeste histoire de ce héros est ici représentée dans la seconde figure de l'estampe précédente.

Hyppolite paroît renversé de son char, par la frayeur que cause à ses chevaux le monstre marin envoyé par Neptune pour punir ce prince du crime de sa belle-mère, dont il n'étoit pas complice. Il faut de beaux vers & bien de l'art dans un poëte pour faire passer de semblables sujets.

Ce sarcophage étoit trop connu & trop important pour que je ne le dessinasse pas : je lui ai rendu justice, mais je ne puis pas être de l'avis du baron de Riedsel, ni de Bridone, dans leur Voyage de Sicile & de la grande Grèce. Ils vantent ce sarcophage comme un chef-d'œuvre très-rare. Pour moi, qui l'ai beaucoup examiné, je ne puis le considérer que comme un ouvrage où il y a de grands défauts, où il règne un ton de timidité qui a fait faire à l'auteur de grandes gau-cheries, & qui lui a donné un air maniéré qui est peu agréable. Je n'y ai vu aucune de ces expressions originales. aucune de ces formes qui donnent aux figures un grand caractère, & qui indiquent l'inventeur de cette composition. La première & la seconde face sont assez finies ; celle de derrière n'est qu'une ébauche, & la quatrième n'est que dégrossie. On y trouve des fautes monstrueuses qui m'ont paru déceler une ignorance imitative. des yeux exercés ne peuvent s'y méprendre. Il y a cependant quelques parties dans les têtes des chevaux qui sont achevées avec beaucoup de finesse. Il faut convenir aussi que si cet ouvrage est une imitation, l'original devoit être d'une grande beauté.

Port de Girgenti.

La ville de Girgenti est voisine d'un port qui fut jadis celui de la célèbre Agrigente. Il est à quatre milles de Girgenti. C'est un de ceux qu'on appelle en Sicile *caricatore*, où l'on embarque toutes sortes de denrées; celui-ci est même le plus considérable de toute la Sicile. On y tient des magasins très-bien fournis. Ce port est bon & sûr; on n'y craint point les mauvais temps; on y est à l'abri des coups de vents. Les vaisseaux étrangers y viennent de toutes les contrées de l'Eu-rope; ils y chargent des blés, de l'orge, des fèves, des amandes, des pistaches, du soufre, de la soude, du millet, &c.

Le blé se conserve dans des fosses, ou des grottes creusées dans la roche qui environne ce port.

Cette

Hypolite à la Chasse du Sanglier

Bas provenant du Sarcophage ci-devant représenté

Cette roche eſt tendre & ſe coupe aiſément. Le grain s'y garde pendant pluſieurs années ſans ſe gâter. En 1776, des ouvriers, en tirant des pierres de cette roche, parvinrent à une grotte fermée depuis plus de vingt-deux ans que ſon propriétaire étoit mort : ils la trouvèrent remplie de blé, & ce blé étoit excellent.

De ces grottes on tranſporte les grains dans les magaſins; là, expoſé à l'air libre, il ſe gonfle en s'imprégnant d'humidité, & il produit davantage quand on le meſure.

Ces grottes peuvent contenir quatre-vingt mille ſalmes de blé ; l'exportation annuelle eſt de cent mille ſalmes. Une grande partie du grain ſe reçoit au port pour le compte du gouvernement. Il doit ſervir pour approviſionner l'île pendant trois ans ou au moins pendant deux. La même police s'obſerve dans tous les *caricatore*.

On paie au roi un petit droit par ſalme de blé, quand ce blé ſe vend aux étrangers ; & on ne lui paie rien, quand il ſe vend dans l'île.

Ce port, conſidéré comme *caricatore*, eſt adminiſtré par un *vice-portolano*, par ſes officiers & ſes douaniers : comme port de mer, par un lieutenant de vaiſſeau de la flotte royale ; il a le titre de capitaine de port : comme ville maritime, Girgenti eſt défendu par une forterëſſe armée de quatorze canons. Cette forterëſſe a un gouverneur & une garde de cent trente hommes. Un grand nombre de forçats, ſous la conduite de deux ingénieurs, s'occupent ſans ceſſe à nettoyer le port & à le tenir en bon état.

La fonction du capitaine de port, & celle du *vice-portolano*, eſt d'écrire chacun ſur ſon regiſtre toutes les marchandiſes qui s'embarquent pour l'étranger, de ſpécifier leur quantité & qualité, de dire pour le compte de qui, quel eſt le vaiſſeau, & le capitaine qui le commande, & le lieu où elles vont. Ces regiſtres doivent ſe contrôler réciproquement, & ils ſervent quelquefois à décider des procès, lorſqu'il s'en élève quelques-uns entre des marchands pour la quantité, la qualité, ou le prix des marchandiſes.

Le capitaine de port eſt encore obligé, par ſa place, de ſecourir tous les vaiſſeaux qui arrivent en mauvais état. Les bâtimens n'entrent dans le port qu'avec ſa permiſſion ; il leur aſſigne la place qu'ils y doivent occuper ; il connoît de toutes les diſputes qui s'élèvent entre les capitaines de vaiſſeaux ; il eſt leur juge ; il punit les coupables ; aucun d'eux ne peut partir ſans ſa permiſſion ; c'eſt lui qui met la dernière main à la patente qui conſtate la charge du bâtiment, ſon départ, ſa deſtination, ſes paſſagers & ſon équipage.

Quand il s'agit de charger quelque bâtiment en blé ou en orge, il vient de la ville de Girgenti, qui eſt à une forte lieue de ce port, quatre à cinq cents hommes, pour porter les ſacs de blé depuis les magaſins juſqu'à la mer, où ils les mettent dans des barques faites exprès. Ces barques remplies voguent vers le vaiſſeau; alors on place une grande toile, de manière qu'elle s'étend de l'intérieur du vaiſſeau juſque dans la barque, & on jette le blé à force de bras, avec de petites corbeilles, de la barque dans le navire. Opération longue & fort coûteuſe par le temps & la quantité de monde qu'elle emploie.

Tout bâtiment qui vient charger quelque marchandiſe ou en décharger dans ce port, paie au roi des droits pour l'ancrage, pour le fanal, pour l'arrivée, pour le congé, pour le départ.

Il y a ordinairement dans ce port douze barques de pêcheurs, pour fournir du poiſſon à la ville ou dans ſes environs.

Monnoies de Sicile.

MONNOIE D'OR.

On compte par pièce de deux onces, & par once dans toute la Sicile.

L'once vaut trente tarins; cette pièce d'or équivaut ordinairement à 13 livres, monnoie de France ; cette valeur est susceptible de changer : elle varie de 12 livres 10 sous à 13 livres 10 sous, selon le manque ou l'abondance des lettres-de-change.

MONNOIE D'ARGENT.

Un écu vaut douze tarins; le ducat vaut dix tarins ; le tarin vaut vingt grains ; le tarin est de la même valeur que le cartin de Naples.

Le tarin vaut 8 sous 8 den. monnoie de France, sur le taux de 13 livres l'once.

Le ducat est une monnoie idéale, comme la pistole en France.

MONNOIE DE CUIVRE.

Le tarin vaut vingt grains, & le grain se divise en six piccioli.

Le grain vaut un peu plus de cinq deniers de France, & le piccioli vaut un peu moins d'un denier de France.

Les livres de commerce emploient pour leur compte les onces, les tarins & les grains.

En Sicile on fait usage de deux sortes de poids : l'un s'appelle *alla grossa*, & l'autre *alla minuta* ; le quintal est de cent rotoli ; le rotolo est de deux livres & demie, & la livre est de douze onces, & l'once de trente trapesi.

Le quintal alla grossa est de cent dix rotoli ; le rotolo alla grossa est de trente onces ; le quintal alla grossa équivaut deux cent quinze livres de seize onces de France, & le quintal alla minuta équivaut à cent soixante-huit livres de seize onces.

La mesure dont on mesure le blé se nomme salme ; elle se divise en seize tomali, & le tomali en quatre monditi ; cette salme de blé pèse ordinairement deux quintaux & soixante - quatre rotoli alla minuta : elle est comparable à un peu plus de cinq setiers de Paris.

La mesure alla grossa sert à mesurer les orges & les légumes ; elle se divise en vingt tomali, & le tomalo, en cinq monditi : elle équivaut à six setiers de Paris.

Le salme se divise aussi en vingt-quatre lancedde, & une lancedda en sept quartucci ; soixante-douze lancedde font une botte, qui se divise par six carichi de douze lancedde à chaque carico.

La terre se mesure aussi par salme, & la salme se divise en tomali, monelli & quartucci.

Mesure d'étoffes.

On mesure à Palerme les toiles & les étoffes, draperies, &c. à la canne de huit palmes. Quatre palmes & demie & quelques lignes font l'aune de Paris.

La palme de Girgenti a, selon le pied-de-roi de France, neuf pouces sept lignes de long; celui de Naples a neuf pouces neuf lignes.

Mesures des huiles.

L'on mesure les huiles par caffis; cinq caffis font la millirolle de Marseille; le caffis pèse dix-neuf livres.

Le vin se mesure par salme ; une salme contient dix-huit quartauts; un quartaut contient douze tucci.

CHAPITRE QUARANTE-UNIEME.

Mœurs de Girgenti. Voyages aux environs de Girgenti, à Naro, à Racalmuto, aux Grottes, à Aragona. Description des Macalubbés. Retour à Girgenti. Départ pour Monte-aperto & Rafadale. Retour à Girgenti. Voyage à Catolica, à Héraclée, à l'antique Ancira, à Sicoliana. Retour à Girgenti. Description d'un Centimolo, ou Moulin à blé domestique de Girgenti, & de celui de Licata. Vue de l'entrée unique de l'antique forteresse de Cocale. Carte générale de la Sicile dans son état actuel. Observation sur l'état où les villes modernes ont été avant d'être ce qu'elles sont aujourd'hui; sur celui des villes qui les ont précédées, & sur toutes les Nations qui ont résidé en Sicile depuis qu'elle a été habitable. Origine de cette Isle, & ses révolutions jusqu'à ce jour.

Mœurs de Girgenti.

J'AI parlé dans cet ouvrage plus d'une fois des mœurs de la Sicile; je me suis fait un devoir de rapporter tout ce qui pouvoit faire connoître le caractère de cette nation jadis si célèbre. Mais ce fut sur-tout en me trouvant auprès des débris d'une ville aussi riche, aussi fastueuse, aussi renommée que l'étoit Agrigente, que je ne pus m'empêcher de comparer les mœurs & les usages antiques avec les modernes, afin que mon ouvrage fût un dépôt des vicissitudes humaines.

Tout respiroit à Agrigente, & tout respire encore, jusque dans ses débris, la grandeur & la magnificence; tout représente aujourd'hui dans Girgenti la simplicité, non celle du bon goût, qui rejette les ornemens superflus, mais celle de la nécessité qui se passe d'ornemens, parce qu'elle n'a rien pour se parer. Je me suis trouvé dans cette ville, occupé de mes travaux, justement à l'époque du carnaval, temps de joie & de faste dans toute la chrétienté. Je fréquentois une des maisons les plus considérables; c'étoit celle d'un gentilhomme du pays, famille infiniment respectable. On y donna un bal où je fus invité: au lieu des plafonds dorés, des belles mosaïques des Grecs Agrigentins, le plafond de la salle étoit décoré par les chevrons de bois du toit de la maison, telle que l'étoit le sallon de Philémon & de Baucis avant l'arrivée de Jupiter. Au lieu des anciennes peintures à fresque , & des sculptures dont les Grecs Agrigentins décoroient leurs murs revêtus de stuc ou de marbre, on voyoit ici les longues crevasses & les taches que l'humidité dessine sur les murailles nues. Au lieu de ces lampes dorées qui brûloient sur des candélabres des huiles aromatiques , deux petites chandelles très-minces & deux petites lampes mesquines enfumoient cette salle. On étoit au rez-de-chaussée, & je ne pouvois m'empêcher de me croire dans un grenier.

Les plus honnêtes gens, c'est-à-dire, les plus nobles & les plus riches du pays, y dansoient avec toute la parure qu'ils avoient pu déployer.

Les gens qu'on appelle du peuple, parce qu'ils sont moins riches, y étoient admis, & quelques-uns dansoient avec les bourgeois & avec la noblesse. C'étoit un tableau de l'ancienne simplicité & de l'égalité primitive. L'extrême richesse confond quelquefois ailleurs le simple bourgeois avec les grands; ici la nullité de l'opulence rapprochoit le gentilhomme des gens du peuple. Leur danse analogue à leur costume eût passé ailleurs pour grossière; là elle n'étoit que dénuée d'art. Tous dans leur simplicité se trouvoient heureux, la joie régnoit par-tout, que leur falloit-il de plus ?

Quelques jours après, le corps municipal donna un bal aux chevaliers, aux nobles, à toute la ville : la même simplicité y présidoit. Ce n'étoit pas, il est vrai, par des chandelles qu'on éclairoit la salle : on avoit placé contre les murs des plaques de fer-blanc à bobèche, où l'on avoit planté de petits cierges bien minces ; quelques planches portées sur des bâtons formoient un échafaud à découvert, semblable à ceux que les maçons construisent pour bâtir; les musiciens étoient sur ces planches. Le petit peuple se mêla aussi dans cette assemblée à la noblesse de la ville. Ces mœurs ne sont pas celles de l'ancienne Agrigente : le luxe , les arts, les richesses ont disparu, mais les jeux, la danse, les ris, l'amour y sont restés, ils n'ont changé que de forme.

L'éducation est par-tout très-négligée dans les petites villes; je fus surpris de voir à quel point elle l'est à Girgenti. J'allois souvent chez le baron de ***; tous ceux qui s'y trouvoient étoient gens titrés. Un jour il s'éleva une dispute sur l'ortographe d'un mot italien, quoique de toutes les langues, l'italien soit celle dont l'ortographe est la plus facile, la moins sujette à contestation, la plus rapprochée de la prononciation : on chercha un livre; on choisit pour juge deux jeunes demoiselles que la fraîcheur du jeune âge & la beauté des traits sembloient indiquer pour décider de tout entre les hommes : elles nous dirent, avec un grand air de satisfaction & d'applaudissement, qu'elles ne savoient point lire. Jugez de notre étonnement ! Nous en demandâmes la raison : la mère, qui n'étoit pas plus instruite, nous dit que ce seroit exposer de jeunes filles que de leur apprendre un art qui les feroit communiquer avec les hommes : comme si tous les objets ne devenoient pas des figures, de véritables lettres entre les amans ! Un chanoine qui dirigeoit cette maison arriva; on appela de cet usage à ses lumières : il dit que les femmes se perdroient par la lecture des mauvais livres; qu'il suffisoit qu'elles sussent réciter leur prière à l'aide d'un chapelet. Tout le monde me parut de l'avis du chanoine.

Si cette détestable éducation, si cette ignorance profonde amenoit des vertus à sa suite, on pourroit lui applaudir; mais voici ce que j'ai vu dans cette même ville. J'allois fréquemment dans une des meilleures maisons; j'y mangeois souvent: jamais la mère de famille ne se plaçoit à table; son mari & ses quatre enfans, dont l'un étoit prêtre, ne lui permettoient de s'y mettre qu'une fois l'an. Je fus long-temps étonné de l'absence de cette mère : j'appris que ce mépris des femmes âgées, des mères mêmes, est assez commun dans ce pays, où l'on n'a d'égard que pour les jeunes. Je ne pus me contenir; je leur demandai quel compte ils faisoient du quatrième commandement du décalogue, qui ordonne d'honorer son père & sa mère ; je reprochai durement au prêtre qu'il alloit baisant toutes les châsses, s'agenouillant devant tous les saints, & qu'il violoit le plus sacré des commandemens de Dieu, tandis que nous autres François, qu'il traitoit d'impies, d'hérétiques, d'incrédules, nous avions pour nos mères le plus saint respect & le plus tendre attachement, nous obéissions avec joie au commandement le plus doux que Dieu eût pu donner à nos cœurs. Ma brusque sortie fut entendue de la mère, qui en demanda la cause, qui se la fit expliquer : elle versa des larmes ; elle me bénit, mais son mari ni ses fils ne se corrigèrent. Le premier continua toujours à lui prodiguer des paroles injurieuses ; les autres, entraînés par le mauvais exemple & par l'habitude, les écoutoient sans répugnance, & ne la ménageoient pas davantage. Dans les pays méridionaux, les femmes, faute d'éducation, acquièrent trop peu d'importance : il est d'autres pays où quelquefois elles en ont trop ; ce n'est pas parce qu'elles ont reçu une éducation plus soignée, mais parce qu'elles en ont reçu une qui tend plus à développer les talens que les vertus de leur sexe.

En général le caractère des Siciliens est d'être curieux : lorsque leur indiscrétion en ce genre leur attire quelques reproches, ils se justifient en disant que la curiosité mène aux sciences. Si cela est vrai, ils devroient être les plus savans des hommes, & ils sont bien loin d'être même médiocrement instruits. Leur curiosité ne les porte qu'à connoitre les actions des gens qu'ils voient, & non les secrets de la nature. N'importe, satisfaits de cette excuse, ils se permettent des questions, des examens, des recherches, que leur interdiroient les moindres notions des bienséances, & même celles de la décence, si on leur donnoit une éducation fondée sur de meilleurs principes. Quelquefois, plus pour me débarrasser de leur importunité, que dans le vain espoir de les corriger, je leur ménageois de petites surprises qui les couvroient de confusion : pour se garantir de la honte, ils se mettoient à rire, comme d'une plaisanterie. Leur esprit ne manque pourtant pas d'énergie ; ils n'en auroient pas moins que leurs ancêtres, si dès l'enfance on ne les plioit pas au joug des préjugés, & si on ne les accoutumoit pas à penser faux par tous les principes d'une fausse logique, qui met toujours en fait ce qui est en question, qui corrompt en quelque sorte jusqu'à l'air qu'ils respirent, & qui les naturalisent pour ainsi dire enfans de l'erreur.

Cependant j'ai admiré chez eux bien des vertus ; ils ont en général le cœur excellent. En mon particulier, je n'ai qu'à m'en louer. Leurs défauts ne viennent que de la manière dont on les élève, & ne tiennent nullement aux qualités que leur donne la nature. J'ai admiré beaucoup de bonnes actions en Sicile, & notamment à Girgenti, où j'ai logé chez dom Honorato Gubernatis, où j'ai été très-bien accueilli par son fils dom Antonio, juge civil de cette ville : j'ai beaucoup à me louer de leur cordialité, & c'est avec bien du plaisir que je leur rends cet hommage de ma reconnoissance.

Parmi une multitude de traits de bienfaisance publique & particulière dont j'ai été témoin, & qui répondent encore à cet amour de l'hospitalité & à cette générosité qu'on admiroit dans l'ancienne Agrigente, je fus frappé de la charité active & persévérante de M. Brunone, oncle de M. Pressi, avocat de Girgenti.

C'étoit un bon vieillard d'un âge très-avancé ; il ne pouvoit plus marcher, mais il se faisoit porter sur un âne que conduisoit une domestique : il alloit ainsi par toute la ville, quêtant des aumônes de tout genre, pain, vin, viande, argent, &c. Sa récolte faite, il y joignoit ce qu'il pouvoit de ses propres deniers, & il alloit porter le tout aux pauvres. Il faisoit cette quête plusieurs fois l'année, à toutes les époques qui pouvoient éveiller la charité des fidèles. C'étoit sur-tout aux prisonniers qu'il se plaisoit à distribuer ces dons.

Je l'ai vu bien des fois dans ces jours de triomphe, sur-tout au temps de Pâques, monté sur son âne, chamarré de branches d'arbres, accompagné de son fidèle guide, & suivi par sept ou huit hommes, dont deux portoient sur leurs épaules une énorme chaudière suspendue entre eux sur un bâton, & remplie de viande cuite ; d'autres portoient de la soupe ; d'autres un petit baril de vin : d'autres avoient sur leurs têtes des corbeilles de pain, de vin, de légumes, enfin de tout ce qui pouvoit sustenter ces infortunés. Ce généreux septuagénaire parcouroit dans cet ordre les grandes rues, attiroit à-la-fois les bienfaits, l'admiration, la reconnoissance, & des larmes de satisfaction, que répandoient sur lui tous les cœurs bien nés, en le comblant de bénédictions.

Voyages aux environs de Girgenti.

Je partis pour visiter la ville de Naro : elle est située à quatre milles à l'orient de Girgenti. On passe par la Favara pour s'y rendre. Toute cette route se fait sur le penchant de montagnes énormes, où l'on ne rencontre que de très-mauvais chemins.

La ville de Naro contient environ treize à quatorze mille ames. Elle est située sur le sommet d'une des hautes montagnes de la Sicile ; son exposition est au midi. J'ai reconnu que l'emplacement qu'elle occupe a été celui d'une ville antique ; on en a la preuve par la quantité de grottes à tombeaux qui l'entourent, & par la quantité de grottes à l'usage des vivans qu'on y voit, & où des hommes ont habité à des époques très-éloignées de nos jours.

Si l'on en croit Cluvier, ce lieu n'étoit qu'un château antique, fondé dans le territoire d'Agrigente par une colonie de Géla. Ducesius, roi des Sicules, s'en empara, mais les Agrigentins le reprirent.

On ignore, dit le père Massa, l'époque de sa fondation, aussi bien que celle à laquelle ce château donna naissance à la ville de Naro. Ce qu'il y a d'avéré, c'est qu'il est fait mention de cette ville dans les historiens du troisième siècle de l'ère chrétienne ; ce qui dément l'opinion de ceux qui croient que Naro a été bâti par les Sarrasins, puisqu'ils ne sont venus en Sicile que dans le septième siècle.

Je ne trouvai rien d'assez curieux à Naro pour m'y arrêter, si ce n'est un beau sarcophage en marbre noir que je vis dans une église, & l'aspect de ses environs, sur-tout celui du midi, du côté de la mer, vers Palma. Les plus belles masses d'arbres ornent les montagnes, & se groupant admirablement avec les rochers, elles offrent à toutes les heures du jour des tableaux magnifiques, dont le coloris varie sans cesse par les effets de la lumière & le mouvement des ombres. Il y a des points de vue très-étendus : il est très-agréable de comparer entre eux, du haut du sommet de la montagne, les différens points du vaste horizon qui s'étend tout autour de soi à une égale distance, & qui présente à la vue le cercle entier de l'hémisphère.

Racalmuto.

Je passai de là à Racalmuto, terre distante d'environ quatorze milles de Girgenti, habitation moderne, où sont de très-belles mines de soufre & de sel.

A deux milles & demi vers le nord, est une montagne presque isolée. Mon admiration égala ma surprise, en voyant réunis dans cette même montagne six genres de pierres toutes différentes entre elles.

Voici le fait. Au tiers environ de la hauteur totale de cette montagne, on voit une grande quantité de blocs de soufre, tous détachés les uns des autres, & dont les intervalles sont remplis des débris de la montagne ; on les voit s'avancer à l'extérieur. Il paroit que ces blocs sont des fragmens que quelque violent tremblement de terre aura détaché de la masse de soufre cachée au sein de cette même montagne. On en aperçoit une suite continue. On en tire journellement, en creusant des grottes & des cavités horizontales, inclinées & très-profondes, qui s'avancent fort loin dans cette montagne. Avec le secours de ces cavités, on suit les bonnes veines : il y en a plusieurs étages, & ces grottes sont quelquefois les unes sur les autres.

On remarque dans le rocher des fentes qui sont tapissées de cristallisations de soufre & de gypse par couches distinctes. La finesse de la cristallisation, la pureté & la richesse des couleurs, la différence des formes, les variétés de toute espèce, quoique émanées des mêmes principes, font un ensemble de la plus grande beauté.

Le

La feconde merveille eft une mine de fel placée perpendiculairement à quinze toifes au deffous de celle de foufre. Le fel s'y montre très-près de la furface de la terre. Il eft par maffes détachées comme le foufre. Quand on pénètre à quelque pas dans cette mine, on y voit des anti-chambres, des chambres, des fallons, des corridors, qu'on a pratiqués dans ce rocher de fel, qui reffemble à un marbre blanc tranfparent. Il y a bien auffi des appartemens à plufieurs étages. J'y ai remarqué des veines brunes circulant fur le plafond de ces chambres, & fe deffinant comme fi elles étoient guillochées. Ce fel fe réduit en poudre, & fe vend dans des facs : on en charge des ânes qui le portent dans les pays circonvoifins. On en donne un boiffeau pour un fou.

On en porte auffi au rivage le plus proche; on l'exporte pour le pays étranger; on en fait un gros commerce.

Le fel dans cette mine eft très-dur; les hommes qui le travaillent emploient des outils bien acérés.

La troifième merveille qu'on remarque dans cette montagne, eft du très-beau gypfe criftallifé en grandes parties, & du plâtre joint au foufre & au fel, avec des portions de glaife & de très-belles & bonnes pierres calcaires propres à bâtir. Les anciens travailleurs de ces mines m'ont affuré qu'ils ont recueilli en différens temps du mercure tout épuré, dont les filons font perdus aujourd'hui.

Ainfi cette montagne eft une des plus curieufes qu'il y ait au monde; elle contient du foufre, du fel, du gypfe, du mercure, de la glaife & de la pierre calcaire : voilà bien fix fubftances raffemblées, & toutes très-différentes l'une de l'autre.

La population de Racalmuto fe monte environ à dix mille ames. Il eft fitué à mi-côte fur le penchant d'une montagne confidérable : il eft expofé au nord, ce qui eft une expofition fort rare en Sicile pour une habitation.

J'étois recommandé au fignor Grillo : il me fit les honneurs de la contrée; il me conduifit dans quelques églifes; il m'y fit voir des tableaux compofés par un peintre de ce pays : ce peintre a de la réputation dans toute la Sicile. Il étoit à peine au printemps de fa vie, lorfqu'il devint borgne. Cet accident le fit furnommer en Sicilien, *il Monocolo di Racalmuto*.

On doit ranger les tableaux de ce peintre parmi la claffe des bons tableaux ordinaires, ou des tableaux de la feconde qualité, de ceux dont les beautés ne font pas fublimes, & dont les défauts ne font pas choquans. Ils font d'une couleur folide qui tient du bon genre; mais le deffin & l'effet en font médiocres. Ce qui féduit en eux, c'eft une grande franchife dans l'exécution, jointe à un grand air de vérité, ce qui eft propre à lui faire beaucoup de partifans. Ce font tous fujets d'hiftoire.

Les Grottes.

Je fus vifiter les environs de Racalmuto, & particulièrement le pays qu'on appelle les Grottes, fitué vers le nord-oueft. Ce pays a bien l'air de la plus haute antiquité : on y voit une immenfe quantité de grottes creufées dans la roche, les unes deftinées à la fépulture des morts, les autres pour loger les vivans. C'eft le lieu où fut, dit-on, une antique ville d'Herbeffe : elle a eu de la célébrité dans fon temps; l'hiftoire en fait mention : elle dit que les Tindaritins furent foigneux de conferver la paix avec les Herbeffins; que dans la feconde guerre punique, Marcellus envoya le tiers de fes troupes affiéger Herbeffe, & que fes troupes la prirent.

Aragona.

Je fus des grottes à la ville d'Aragona, ville nouvelle, à huit milles au nord de Girgenti, fituée fur la route de cette ville à Palerme, bâtie à mi-côte, fur le penchant d'une montagne en face de l'orient. Elle présente un très-bel aspect; elle a douze à treize cents habitans. Ce qui la rend le plus recommandable à l'extérieur, c'est un très-gros & très-ancien château, qui se fait remarquer de fort loin.

Je me présentai à dom Pietro, notaire de cette ville : il me fit voir le château, dont je fus très-content. Il est d'une architecture simple, & même très-simple, notamment celle de l'intérieur, dont la distribution est grande & bien entendue.

En visitant le premier étage, on me conduisit à une grande & belle galerie de tableaux, parmi lesquels j'en trouvai plusieurs de très-bons, soit en histoire, soit en paysage, ou en sujets de nature morte. J'y vis aussi des vases, des bas-reliefs en marbre, & beaucoup d'autres objets. Plusieurs cabinets contigus à cette galerie sont aussi remplis de tableaux, de statues & d'autres choses curieuses.

La beauté du lieu, celle de son exposition, la rareté d'un ensemble si bien entendu, me firent une grande impression; je demeurai enchanté. Lorsqu'on le voit sans être prévenu, on ne se croit pas en Sicile : c'est une justice qu'il faut lui rendre. Le plaisir que j'éprouvai en causa un bien vif au notaire qui me conduisoit. Il me fit voir le reste de la ville, mais rien ne pouvoit servir de suite ou de parallèle à cette galerie.

Ne me restant plus rien à voir après que j'eus visité le château, je partis d'Aragona, qui est une ville moderne, & je repris la route de Girgenti. En m'écartant, mais peu, de cette route, j'arrivai, après une heure de marche, dans un endroit qu'on appelle les Macalubbés : c'est un champ aride, au milieu d'une plaine, où l'on voit un phénomène curieux, & que je crois unique.

P L A N C H E C C X L I.

Vue de l'endroit appelé les Macalubbés, entre Aragona et Girgenti.

Je vis au milieu de cette plaine un endroit dont le sol plus élevé paroissoit nouvellement remué, & ressembloit à un terrain profondément labouré. L'étendue en étoit circulaire ; son diamètre pouvoit avoir quinze toises : bombé dans le milieu, il avoit une forme convexe assez régulière; le centre s'en élevoit de huit à dix pieds plus haut que les bords. Je remarquai avec surprise que de toutes les parties de ce terrain convexe il sortoit une multitude de petites sources, qui ne donnoient d'eau que ce qu'il en falloit pour réparer la perte qu'occasionnoit l'évaporation & celle que causoit le sol, qui en absorboit une partie.

Autour de cette enceinte, on voit jaillir beaucoup de sources semblables BB. Je les ai représentées dans cette estampe; elles occupent l'étendue de la terrasse AA., avec les figures que j'ai placées dans ce tableau.

L'eau de ces sources est trouble, & contient beaucoup de particules d'une certaine terre blanche qu'elle a délayée & qu'elle dépose. L'eau de ces sources BB se gonfle à-peu-près tous les quarts d'heure, & alors elle s'épanche & coule le long des petites monticules, & y dépose la terre blanche qu'elle contient, terre dont le dépôt accroît sans cesse ces monticules.

Cette eau est froide; elle a une légère odeur de soufre. En se gonflant, elle présente une ou plusieurs grosses bulles d'air en forme de cloches à sa surface. Ces bulles se crèvent après avoir duré une minute ou même davantage.

Le 30 de septembre 1777, une demi-heure après le lever du soleil, on entendit en ce lieu un long murmure souterrain, qui sembloit s'approcher, & qui augmentoit de momens en momens. Il devint si fort, qu'il surpassa à la fin le bruit du plus affreux tonnerre. La terre trembla dans ce lieu

Pl. 187.

Vue du lieu apellé les Macalubbé

entre Argenti et Aragona.

& dans tous les environs. Il s'ouvrit diverses crevasses d'où il sortit une épaisse fumée, & de la principale, il s'éleva une quantité prodigieuse d'eau & de boue, qui s'élancèrent en colonnes à la hauteur d'une quinzaine de toises, & entraînant avec elles des pierres & des morceaux de glaise & de terre, produisirent une masse qui, retombant sur elle-même, se répandit à-peu-près également dans l'étendue d'environ quinze toises, & donnèrent à tout ce terrain une forme bombée, dont le milieu est, comme je l'ai déja dit, de huit à dix pieds plus élevé que ne le sont les bords en tous sens.

Cette première éruption dura une demi-heure, & après un quart d'heure de tranquillité, il en revint une seconde, & trois autres lui succédèrent encore, toujours à égale distance: sous ce terrain soulevé, on entendoit un bruit assez semblable à celui que feroit une montagne en s'écroulant; il se fit entendre jusqu'à plus de trois milles, comme pendant une tempête on entend les mugissemens des vagues de l'Océan à plusieurs lieues dans les terres. Les gens qui travailloient dans la campagne furent si épouvantés, qu'ils crurent que l'île alloit s'abymer au fond de la mer. Un curé, propriétaire de ce lieu, accourut avec de l'eau bénite, & ne manqua pas de faire des exorcismes. Ce fracas cessa entièrement ce jour même. Bientôt tous les curieux accoururent pour observer l'étrange renversement de ce terrain, qui, comme je l'ai déja remarqué, ressemble à une terre labourée où jaillissent de petites sources bourbeuses séparées l'une de l'autre par de petits intervalles de deux, de quatre, de six ou de huit pieds. Ce sont ces petites sources qui depuis ont formé toutes les petites monticules dont ce lieu est parsemé.

Il paroît que l'eau de ces sources vient d'une très-grande profondeur, car j'ai enfoncé dans ce sol des cannes de douze pieds de long, sans en trouver le fond. J'ai placé exprès dans cette estampe, sur le devant du tableau & dans le fond, des figures qui s'occupent à faire cette épreuve.

Après avoir bien observé ce phénomène, en avoir pris note & fait le dessin, je revins à Girgenti, d'où je repartis bientôt pour Rafadale, véritable village à quatorze milles vers le nord-ouest.

De Monte Aperto.

Chemin faisant, je passai dans un lieu qu'on appelle Monte-Aperto, qui n'est réellement distant que d'un mille de Girgenti, mais qui, en étant séparé par une vallée très-profonde, oblige le voyageur à parcourir trois milles avant qu'il puisse y parvenir. Il est situé sur une haute montagne, c'est une ville très-curieuse, & très-digne de l'attention d'un moraliste.

Elle n'est pas ancienne; elle l'est un peu plus que celle de Pachino, dont j'ai parlé dans le trente-quatrième chapitre de cet ouvrage. Elle est fondée sur les mêmes principes politiques. C'est le refuge des déserteurs, des débiteurs insolvables, des malfaiteurs de tout genre en quelque sorte. Les femmes qui s'y retirent sont dignes d'eux : ce sont celles qui ont foulé aux pieds les préjugés & l'honneur de leur sexe. La réunion de tant d'êtres vicieux n'y produit pas la fermentation dangereuse qu'il semble d'abord qu'on devroit en attendre. L'activité d'un air pur & vif qu'ils respirent sur cette montagne semble purifier leur ame, & le régime d'une police sévère qui les contient, achève de les rendre honnêtes gens. Ils sont à l'abri des poursuites de la justice des villes qu'ils ont quittées & des créanciers qu'ils ont fui; mais ils sont sous les lois de la ville où ils ont cherché un refuge, & ils ne violent point ce dernier asile.

C'est ainsi, dit-on, que Rome fut peuplée : tous les brigands de l'Italie y trouvoient un lieu de sûreté; mais il falloit qu'ils s'y conduisissent sagement, & leur postérité fut renommée pour la rigidité de ses mœurs. Les cinq à six mille personnes retirées à Monte-Apperto pour cause d'inconduite, y engendrent des enfans qui, élevés tout autrement que leurs pères, n'en ont point les vices, & donnent des exemples tous différens. Ainsi les mœurs des coupables sont épurées, & leur race n'est point anéantie avant que de naître.

De Monte-Apperto, je repris la route de Rafadale, qui eſt à onze milles de Girgenti : là, je ne trouvai qu'un ſarcophage : il eſt dans la principale égliſe; il repréſente en bas-relief l'enlèvement de Proſerpine. Il eſt d'une mauvaiſe exécution ; je ne l'ai pas gravé.

On remarque en ce lieu & dans ſes environs des grottes très-dégradées, dont pluſieurs étoient ſépulcrales, & d'autres ont été des habitations, ce qui prouve que ce pays a été très-anciennement peuplé. On ne ſait quel nom ce lieu avoit autrefois; ainſi l'on trouve des débris ſans nom, & on ſait des noms de villes & de châteaux dont on n'a jamais pu retrouver la poſition géographique.

Je revins de là à Girgenti, & j'en repartis promptement pour aller à Catolica, petit pays à dix-huit milles de cette ville, & à quatre milles ſeulement des bords de la mer.

M. Raimond, gouverneur de ce lieu, me fit connoître toutes les perſonnes qui avoient de l'inſtruction ; & ſur leur rapport, j'appris que la très-antique ville d'Héraclée étoit dans le voiſinage au bord de la mer. Dès le lendemain de mon arrivée, je m'y tranſportai, en ſuivant à-peu-près le cours du petit fleuve qu'on appelle Plata, qui paſſe par Catolica , & qui va porter ſes eaux à la mer. Ce petit fleuve abonde, au printemps, en aloſes que l'on y voit entrer, & qui ſe plaiſent à remonter le courant tranquille de cette eau douce.

A l'embouchure de ce fleuve, ſur ſa rive orientale, on voit un grand rocher blanc, élevé d'environ cent pieds au deſſus du rivage de la mer: il eſt eſcarpé à l'orient, au midi & à l'occident; ſa partie ſupérieure eſt aſſez régulièrement plane ; elle a environ trois cents toiſes d'étendue en tous ſens.

On ne peut y parvenir de l'orient & de l'occident que par des chemins très-rampans & fort difficiles. Le côté du nord eſt à-peu-près de plain-pied avec les terres qui s'éloignent de la mer. La ville d'Héraclée étoit ſur ce rocher. On voit encore vers le nord-eſt, dans le lieu où devoit être la plus belle partie de la ville; on voit encore un endroit dont la forme & l'étendue indique un théâtre. On n'en voit que la maſſe, & quelques pierres étrangères au ſol, qui concourent à indiquer cet édifice.

De ce lieu élevé, on découvre au nord-oueſt la ville de Calata-Bellota , ville moderne conſtruite dans l'endroit où fut jadis celle de Triocola, ville renommée par la hauteur de ſa ſituation, qui la rendoit facile à défendre.

On trouve autour d'Héraclée des puits & des foſſes telles que j'en ai déja décrit ailleurs : ce ſont des citernes que les anciens creuſoient ainſi dans les lieux élevés pour recueillir & conſerver les eaux de la pluie.

On remarque auſſi dans différens endroits des entrées de ſouterrains qui ſont bouchés, & des reſtes de murs en pierres. Ces reſtes n'indiquent rien, ne déſignent plus aucune ſorte de monumens. On y voit peu de tombeaux, ou plutôt de débris qu'on puiſſe reconnoître pour des tombeaux. De ce rocher les aſpects ſont admirables, de quelque côté qu'on regarde.

Je ne doute pas que la plupart des édifices qui auront ſubſiſté après la deſtruction ou l'abandon de cette ville , n'aient été détruits pour être employés à la conſtruction de Catolica, pays nouvellement habité.

Le père Maſſa nous dit qu'Héraclée avoit d'abord été fondée par Hercule, lorſqu'il vint en Sicile. Elle eut de la ſplendeur; elle fut détruite. Minos, roi de Crète, la rétablit lorſqu'il vint en Sicile avec Dédale chez Cocale. De ſon nom elle fut appelée Minoe. Elle fut détruite une ſeconde fois. Un Héraclide, qui vint dans cette île, la releva, lui ôta ſon nom de Minoe, & lui rendit celui d'Héraclée, en l'honneur de ſon grand-père à qui elle devoit ſa première origine.

Sous ce nom elle devint célèbre, elle abonda en richeſſes & en population. Son éclat fit ombrage aux Carthaginois, qui l'aſſiégèrent & la détruiſirent. Elle ſe releva encore ſous les Romains, qui y placèrent une de leurs colonies, ſous le commandement de P. Servilius; ils l'embellirent. Elle avoit de la ſplendeur du temps de Cicéron. Le P. Maſſa nous apprend qu'elle fut détruite pour la dernière fois par les Sarraſins. Les chrétiens ne l'ont pas rétabli.

Eñ

Pl. CXLII

Vue des Fourneaux a purifier le Souffre
à Catolica

En quittant ce lieu, nous vîmes à l'orient de très-gros murs faits de grandes pierres; mais elles n'étoient pas taillées avec la perfection que l'on remarque dans les belles constructions grecques.

En nous avançant vers le nord, nous trouvâmes sur le chemin d'en haut, plusieurs fontaines sulfureuses, dont les eaux exhaloient une odeur de foie de soufre très-désagréable. Les environs offrent beaucoup de roches de plâtre très-curieuses. On jureroit, en les voyant à trente toises de distance, que ce sont de gros murs construits en grandes pierres, mais ruinés par la vétusté, tant il est vrai que les couches de cette roche sont espacées par des hauteurs égales, & divisées par des lignes perpendiculaires qui ressemblent parfaitement aux joints des pierres. Cela fait la plus grande illusion, même d'assez près.

Le lendemain je fus voir la mine de soufre de ce pays: elle est située à trois milles, environ une lieue de Catolica; elle est dans une montagne qui n'a pas plus de deux cents toises de diamètre. Elle est isolée; son intérieur présente au premier coup-d'œil l'aspect d'une carrière de marbre. On prendroit pour des veines la variété des couleurs que présente le soufre en se mêlant avec des quantités égales de pierres calcaires qui constituent cette montagne, & en s'unissant à des quantités de terre glaise & de gypse. Un fond du plus joli gris, compacte & un peu luisant, en fait la teinte générale; à travers ce fond on aperçoit des veines de soufre plus ou moins foncées; les plus fortes en couleur sont presque rouges, & transparentes comme une cornaline tirant sur la cerise. C'est ce que les mineurs appellent du soufre vierge. On y voit aussi de grandes taches noires: c'est de la glaise saturée d'un suc vitriolique. Dans ces masses noires on remarque des vides ou plutôt des filons où se sont formés des cristaux de gypse superbes, de différentes espèces, soit en aiguilles, soit en forme de cames, accumulés tumultuairement, grands & petits, les uns sur les autres. Il y en a qui sont du plus beau blanc, & d'autres diversement colorés; quelques-uns noirs, d'autres gris, d'autres violets ou jaunâtres; tout cela est enveloppé dans du plâtre & dans de la pierre propre à bâtir. J'engage tout voyageur, particulièrement les naturalistes, à visiter cette mine.

PLANCHE CCXLII.

Manière de préparer le soufre pour le rendre propre aux Arts et au Commerce.

On pioche dans le sein de cette montagne; on en réduit ce qu'on enlève en petits morceaux qui ne sont pas plus gros que la tête; on ramasse tout jusqu'aux poussières; on porte tous ces fragmens près de cette carrière; on en forme un monceau A.

Ce monceau, formé de tout ce qu'on a enlevé pêle-mêle des flancs de la montagne, est destiné à être exposé au feu, afin que la fusion en fasse sortir tout le soufre qu'il contient. Pour cet effet on pratique une file de petits fourneaux ronds BB, qui ressemblent à de grandes chaudières de six à sept pieds de diamètre, & de quatre à cinq de profondeur. On a eu soin de faire à la face extérieure de chaque fourneau une ouverture C. Cette ouverture se ferme avec de la terre délayée dans un peu d'eau. Cela fait, on commence, comme on peut le voir figure B, à placer les pierres à soufre, les plus grosses d'abord, sur une petite banquette qui est autour du fond de chaque fourneau; l'on arrange ces pierres toujours en diminuant de grosseur, & en formant avec elles une voûte en coupole, au sommet de laquelle est un trou; l'on place ensuite les pierres les plus menues, & jusqu'aux poussières qu'on met par dessus: elles forment à l'extérieur une pyramide ronde D.

Quand ces pierres à soufre sont ainsi arrangées, on forme autour & au bas de cette pyramide conique une ceinture E avec de la terre fine, large de six à huit pouces, afin d'empêcher la vapeur du soufre de s'échapper trop aisément du fond de ce fourneau.

On prend enfuite une groffe poignée de paille, on l'étend fur cette pyramide, on y met le feu. Cette paille brûle & enflamme le foufre F. Le feu fe communique bientôt de l'extérieur à l'intérieur, & embrafe toutes les parties G contenues dans le fourneau.

Après que cette pyramide a brûlé pendant fept ou huit heures, le foufre eft détaché de chaque pierre, & a paffé dans l'état d'huile au fond du fourneau. La pyramide H devient alors très-noire.

On débouche l'ouverture C qui eft en avant; on la perce avec une barre de fer ronde : elle devient alors un gouleau par où le foufre s'écoule. On le reçoit dans des moules de bois femblables à des auges de maçon. On a foin de mouiller ces moules, afin que le foufre ne s'y attache pas. Il s'épaiffit, fe coagule & fe durcit en quinze minutes; il prend la forme d'un pain trapézoïde : c'eft la forme ordinaire qu'on donne au foufre de ce pays, & fous laquelle il paffe dans le commerce. I I, ce font des pains de foufre. K, ce font les moules que l'on met dans l'eau pour les refroidir.

On voit dans les environs de ce lieu beaucoup de montagnes qui donnent de la chaux, du plâtre, du foufre, de la terre glaife noire, & de la pierre à bâtir, confufément mêlés enfemble.

Ces obfervations faites, je revins à Catolica. C'étoit alors le temps des fêtes de Pâques. Je fus très-furpris de voir que dans ces jours confacrés à la dévotion, les habitans de ce lieu avoient renchéri fur les traveftiffemens les plus bizarres que j'euffe obfervés dans d'autres contrées.

Le dimanche des Rameaux, après avoir entendu la meffe dans ma chambre à coucher, comme cela fe pratique fouvent en Sicile, je vis paffer fous mes fenêtres une proceffion qui me furprit bien, tout accoutumé que j'étois à voir des momeries qu'on ne fe permettroit pas en France. A la fuite des prêtres, qui formoient le corps de cette proceffion, marchoient douze hommes en furplis, avec une ceinture & un mafque de carton fur le vifage; ils avoient fur le derrière & fur la partie la plus élevée de leur tête une auréole, c'eft-à-dire, un morceau de carton coupé circulairement, de dix-huit pouces de diamètre, fur lequel on avoit peint des rayons. Ces douze figures ainfi équipées, mafquées, & pourtant coiffées, prétendoient repréfenter les douze apôtres accompagnant Jéfus-Chrift au jour où il entra dans Jérufalem. Or Jéfus-Chrift étoit figuré par la perfonne du curé; il portoit auffi une auréole, mais il n'avoit point de mafque. Il marchoit derrière ces douze apôtres, & pour reffembler mieux au Chrift, il étoit monté fur un âne. Il s'avançoit ainfi fuivi d'une grande foule de peuple édifié de cette mafcarade.

Du refte, ce pays ne m'offrit rien qui ne portât le caractère Sicilien, qu'on retrouve par toute l'île.

J'en partis pour retourner à Girgenti. Je pris une route différente de celle que j'avois fuivie en y venant, pour voir le plus poffible d'objets nouveaux; cette route étoit celle de Sicoliana. Après une lieue de marche, je rencontrai un bel abreuvoir public, tel qu'on en voit beaucoup dans l'Italie, fur-tout dans les états du Pape.

Là, j'obfervai vers le fommet de la montagne, fur la droite, des grottes taillées dans la roche en bouches de four, & fervant jadis de tombeaux. Je montai au deffus : là, je vis une très-belle efplanade, très-convenable pour y bâtir une ville, autant par fon étendue, que par la régularité de fon niveau, fur-tout par fes admirables points de vue qui charment, de quelque côté qu'on regarde. Je vis encore à l'oppofé de l'endroit par où j'étois monté, des grottes taillées dans le roc vers le pied de la montagne qui s'élève confidérablement au deffus de cette plaine. Je vis auffi beaucoup de débris abfolument ufés par le temps, & je demeurai intimement perfuadé par tout ce qui frappoit mes regards, que ce lieu eft celui où étoit l'antique ville d'Angira.

Cette ville fe rendit célèbre chez les anciens par la conftance de fon attachement aux Carthaginois, tandis que beaucoup de villes s'en étoient détachées pour prendre le parti de Denys l'ancien, qui fe faifoit craindre par fes nombreufes armées de terre & de mer. Les débris de cette ville ont fervi fans doute à conftruire Catolica & Sicoliana. Je me rendis de ce lieu dans cette dernière ville, qui n'en eft éloignée que de quelques milles.

Moulin domestique pour le blé
appelé Costimolo à Licata.

Je n'y trouvai rien de remarquable : les habitans me parurent très-soigneux d'exercer l'hospitalité. Ce pays, dit le P. Massa, est le sol d'une ville antique, ou d'un Château antique, appelé
Cena : le nom de Sicoliana qu'il porte aujourd'hui lui vient sûrement de quelque Roi des Sicules,
comme la montagne sur laquelle elle étoit s'appelle encore Camicus, du vieux Roi Camicus, qui
a demeuré à la place où est Girgenti, & qui pouvoit fort bien avoir quelque Château sur cette
montagne. Ce Prince pouvoit posséder aussi, au bord de la mer, à trois milles de la ville de Cena,
un autre château, ou fort, ou habitation.

J'en partis, & après avoir parcouru sept milles, j'arrivai à Girgenti. J'avois depuis long-temps
observé dans cette dernière ville une espèce de moulin avec lequel ses habitans broient leur blé :
je le comparois alors avec celui dont on se sert très-communément à Licata pour moudre le blé
dont on fait la pâte d'une espèce de Macaroni très-délicat. Je dessinai ces deux moulins, & je
crois devoir présenter ces deux objets d'une industrie qui n'est pas la nôtre.

PLANCHE CCXLIII.

Moulin à blé de Girgenti, figure 1 ; Moulin à blé de Licata, figure 2.

La simplicité de ces moulins m'a fait plaisir, sur-tout en ce qu'elle supplée au défaut de ceux à vent
& à eau, qui demande de grands établissemens, & par conséquent de grandes dépenses. Lorsqu'il
ne s'agit que de nourrir un hameau, ou un château, un petit mécanisme comme celui de ce moulin
peut suffire, & dispenser de faire deux ou trois lieues, ou plus encore, pour aller moudre à un
moulin banal, attendre s'il ne vient pas de vent, ou si l'eau manque, ou s'il y a d'autres gens avant
soi. Ce moulin est plus commode ; il suffit de le placer dans une chambre, ou dans une salle basse :
la grande dépense est la nourriture de l'âne qui le fait tourner, encore cet âne sert-il à autre chose
quand le moulin ne va pas.

Voici en quoi consiste son mécanisme. Le morceau de bois vertical A, est posé par le bas au
centre d'une grande roue horizontale, dont les dents s'engrènent dans la lanterne que l'on voit
un peu paroître en B. Cette lanterne a un axe qui passe verticalement à travers une meule immobile,
cachée derrière le large cercle C, & qui va se fixer dans le centre de la meule mobile D, laquelle
percée en E, reçoit le blé de la trémie F, par le goulau qui est au dessus du trou E ; lequel goulau
est agité par la vibration que lui fait faire la petite roue G, qui tourne beaucoup lorsqu'elle est mise
en mouvement par la meule D, dont l'axe fixe tourne en passant dans la meule immobile C, lorsque-
que la lanterne B est mise en mouvement par la roue cachée que fait tourner l'arbre A, auquel est
attaché fortement le levier H, lequel est très-courbé, afin qu'il puisse passer par-dessus la trémie F, lorsque
l'âne ou le cheval, marchant autour de ce moulin, tire ce levier, & met toute la machine en mouvement. Ces deux meules C & D, dont celle qui est mobile tourne sur celle qui est fixe, écrasent
le blé qui tombe en E, & fait de la farine qui tombe en I, avec le son. Il ne reste qu'à tamiser cette
farine pour en ôter le son lorsqu'on en veut faire du pain.

Le dessin de ce moulin a été fait & m'a été communiqué par M. Presti, avocat de Girgenti,
un des hommes les plus estimables que j'aie connus en Sicile. On donne, à Girgenti, le nom de
centimolo à cette sorte de moulin.

Moulin de Licata.

Ce moulin, auffi bien que celui de Girgenti, eft un moulin domeftique. Toute la différence qui s'y trouve, c'eft qu'au lieu d'un âne, ce font des femmes qui le font mouvoir.

Ces trois femmes tiennent une barre de bois A. Une tige B emmanchée au milieu de cette barre, a de chaque côté un arc-boutant C qui tient cette tige ferme. Le bout de la tige oppofé à celui qui tient à la barre, eft percé, & dans ce trou paffe un axe courbe D, qui traverfe verticalement la meule mobile E, tandis que cet axe tourne librement au centre de la meule inférieure cachée derrière le large cercle F, qui reçoit, comme à l'autre moulin en C, la farine qui tombe ici dans la corbeille G. La manivelle de cet axe étant libre dans le trou de cette tige B, que l'on tire & pouffe alternativement, fait tourner la meule fupérieure fur l'inférieure qui eft immobile, & par ce mouvement, elle écrafe & brife le blé, qu'elle réduit en bonne farine.

Je n'ai plus qu'une feule remarque à faire fur Girgenti. Elle eft néceffaire pour qu'on connoiffe le feul endroit par lequel on y pouvoit entrer & fortir lorfque ce lieu étoit la forterefle de Cocale & de Camicus. Il étoit d'ufage, dans ces temps d'antiquité & de crainte, de n'avoir qu'une feule entrée dans ces lieux élevés, afin qu'on pût plus facilement s'y défendre

PLANCHE CCXLIV.

Vue de l'unique entrée de la Forteresse de Cocale et de Camicus, Rois des Sicules.

Cette forterefle étoit fituée, comme je l'ai déjà dit, fur la partie la plus élevée du lieu qu'occupe Girgenti, dans l'endroit où font aujourd'hui la Cathédrale, le Séminaire & le Palais Épifcopal. Toutes les extrémités de ce lieu étoient défendues par une roche efcarpée de tous côtés, & dont l'accès étoit impraticable. Cependant il falloit y entrer. Pour cet effet on avoit pratiqué un paffage fi étroit, & fi profondément entaillé dans la roche, qu'on ne pouvoit abfolument pas s'y engager fans la permiffion des habitans. Cet expédient faifoit leur fécurité. Pour plus de précaution, ils avoient confervé dans l'intérieur, après ce défilé, une efplanade d'environ trois cents toifes, où l'on pouvoit livrer un combat. Au delà de cette efplanade on rencontroit un fecond défilé, où eft la porte de la ville, qu'on pouvoit auffi facilement défendre (Voyez la Carte d'Agrigente). Cette efplanade eft aujourd'hui un fauxbourg de Girgenti, appelé Rabato. Il fert d'entrée à cette ville, comme il en fervoit à la forterefle de Cocale & de Camicus.

A la droite du rocher C, il y a encore un défilé taillé dans la roche ; mais ce paffage eft moderne.

Ils ne furent pourtant pas à l'abri des fureurs de la guerre ; ils furent affiégés : il fe paffa certainement des fcènes mémorables & funeftes, foit aux affiégeans, foit aux affiégés. Je crois qu'on avoit voulu tranfmettre à la mémoire le fouvenir de quelques-uns de ces combats dans l'infcription qu'on avoit placée dans la roche au-deffus de ce paffage étroit. On en voit encore la place B. Je l'ai remarquée, & je l'ai deffinée en faifant cette eftampe. J'ai bien regretté de ne pas pouvoir trouver cette infcription. J'ai fait des recherches ; perfonne ne m'en a pu donner connoiffance, & je ne fache pas qu'aucun auteur en ait parlé.

Pl. CCXLII.

Entrée unique de l'antique Forteresse de Cocale.

t. Lieu d'une antique inscription

Près de l'endroit marqué C, en dirigeant ses pas vers la droite, on voit la roche à découvert ; elle forme le sol dans une étendue de deux ou trois cents toises : elle est très-inclinée. J'ai vu plusieurs grottes taillées dans cette roche : elles ont servi d'habitations autrefois ; elles sont aujourd'hui de la plus grande vétusté. Un peu plus bas, vers le couchant, on voit des cavités rangées en ligne droites du Nord au Midi : ces cavités ont la forme d'un carré-long ; elles sont aussi taillées dans la roche. Il y eut autrefois, à une époque inconnue, un faubourg dans cette même place. Les murs qui s'élevoient sur la roche, aux extrémités de ces cavités carrées, formoient des maisons : on voit encore dans l'intérieur de ces cavités, des portions de portes & de fenêtres ; on voit dans chaque cour une petite citerne pour recevoir les eaux pluviales. Dans l'intérieur des maisons, & à l'endroit où la roche est élevée, il y a des armoires & des cabinets creusés dans cette même roche. Je crois que ces travaux sont l'ouvrage des Sarrasins.

Description de l'Aloès.

Cette plante s'appelle *Zabbara* en Sicile. Ce nom lui vient des Sarrasins. On l'appelle vulgairement *grand Aloès*. L'Auteur du Dictionnaire de Botanique lui donne le nom d'*Agave* d'Amérique, & les botanistes l'appellent *Agave Americana*.

L'Aloès se reproduit de drageons qui poussent de sa racine, quelquefois en assez grande quantité, c'est-à-dire, qu'une plante en produit jusqu'à une douzaine, & même plus. Lorsqu'elle a atteint sa cinquième année, ou la sixième, & qu'elle est d'une belle espèce, dans un terrain qui lui est avantageux, elle lance, au mois de mai, du centre de ses belles feuilles, qui ont environ six pieds de long, une tige qui d'abord a la figure d'une asperge, ainsi que sa couleur. A la fin d'août, cette tige est ordinairement parvenue à vingt-cinq ou trente pieds de haut ; à son sommet se voit ensuite une pyramide de fleurs qui forment des bouquets placés aux extrémités des branches horizontales, saillantes de trois pieds, & distribuées par étages réguliers autour de sa tige. Elles diminuent de longueur jusqu'au sommet de la masse totale, qui offre la forme d'un cône parfait, occupant environ le tiers de la hauteur de cet arbre.

Ces fleurs produisent des capsules triangulaires & à trois loges, lesquelles renferment une grande quantité de semences plates & noires : elles mûrissent en septembre. A la fin d'octobre l'arbre est sec, & peut s'employer si on est pressé d'en faire usage. Les feuilles du pied de cet arbre sont fort épaisses au milieu sur toute la longueur, & s'amincissent sur les côtés, où elles sont armées de pointes souvent courbées en crochet, & très-aiguës. L'extrémité de ces feuilles est aussi armée d'une pointe noire, fine & très-dure ; à l'endroit de leur naissance elles ont environ huit pouces de large.

En octobre toute cette plante meurt, pour donner aussitôt naissance à des rejetons qui se multiplient & augmentent de force en raison des degrés de dépérissement de celle qui les a fait naître depuis qu'elle ne croît plus. A la fin de l'année on transplante ces drageons, & on en fait ordinairement les haies qui séparent les différens terrains des habitans de la campagne.

J'ai remarqué une particularité dans la vie de cette plante qui m'a paru curieuse : c'est que si dans le cours de son accroissement elle reçoit quelque coup qui y fasse une lésion ou une fracture, ou que les vents la rompent près de sa sommité, & que cette plante ne soit pas à la fin de sa croissance, on voit naître près de la fracture qu'elle aura éprouvée, l'équivalent de ce qu'auroit produit la partie qui lui manque : si on coupe cette tige au-dessous de ses branches, & que les fleurs n'aient pas encore été formées, on voit la partie de cette tige restante se remplir de fleurs sans rameaux. Si l'on coupe la tige au pied avant que les branches aient eu leur croissance, il s'élève à côté de ce pied une branche très-forte du genre de celles qui devoient orner cette tige, & qui est chargée des fleurs qu'auroient eues tous ces rameaux. Il y a dans la marche de la nature de cette végétation, des détails très curieux pour un observateur.

Cette plante fait connoître qu'elle a une quantité de sucs destinés à son accroissement parfait, à la configuration de ses parties, de ses fleurs, de ses fruits. Si on la prive d'une ou de plusieurs de ces circonstances en la mutilant, elle n'en produit pas moins d'une autre manière ce qu'elle auroit donné dans son ordre naturel. Elle croît sans culture.

Les feuilles du pied de cette plante ont de grandes propriétés : elles s'emploient indistinctement, soit vertes, soit fanées. On en tire une filasse en les corroyant sur une planche ou sur une pierre. En battant ces feuilles, en les comprimant, les frottant longitudinalement avec violence, tenant avec les deux mains un morceau de bois taillé en biseau, la peau & les sucs s'en détachent, & il en reste une très-belle, très-forte & longue filasse blanche de toute la longueur de la feuille, depuis deux pieds jusqu'à quatre ou cinq.

Cette filasse prend très-bien la teinture cramoisie & autres : elle peut se carder, filer très-fin, & s'emploie, à la manière des tisserands, avec le coton & la soie. J'ai vu de fort beaux mouchoirs faits avec ce produit végétal. Cette plante a aussi de très-grandes propriétés en médecine.

Si on faisoit des recherches, & qu'on perfectionnât l'art d'employer ses produits, les résultats en deviendroient des plus avantageux.

La tige de cette plante, lorsqu'elle est sèche, se coupe à douze ou quinze pieds de long; à sa partie inférieure elle a dix à douze pouces de diamètre, & quatre à cinq à l'autre extrémité. Dans cette proportion, elle s'emploie comme chevrons pour les toits des maisons en Sicile, où en soliveaux pour les planchers; sa légèreté & sa force sont aussi surprenantes que sa durée, soit debout, soit horizontalement.

Cette plante est très-abondante dans les vals Démoné & de Mazzara; elle l'est beaucoup moins dans le val de Noto : il y en a beaucoup dans le territoire d'Agrigente; & c'est à l'occasion d'une superbe plante de cette espèce, que j'ai fait cette description. Je l'avois admirée long-temps dans les antiques demeures dont j'ai parlé ci-dessus.

Les abeilles se nourrissent très-abondamment du miel qu'elles trouvent dans les nectaires de ses fleurs.

On voit cette plante dans l'estampe où j'ai représenté l'égoût souterrain, page 40, chapitre 39.

Après avoir passé la plus orientale de ces antiques habitations, dont j'ai parlé ci-devant page 65, j'ai observé des particularités fort curieuses pour un naturaliste : ce sont des trous à-peu-près perpendiculaires, & des fentes également creusées dans cette roche. Ces trous & ces fentes sont remplis de coquilles, de celles qu'on nomme cames, bénitiers, peignes, buxins; il y a aussi des madrépores de différentes espèces, qui se sont logés dans ces trous, au temps où la mer couvroit cette roche. Mais je n'en connois pas d'autre exemple. Je n'ai jamais vu ailleurs, & je ne sache pas qu'on ait vu nulle part, différentes espèces de poissons à coquille habiter les mêmes cavités.

Ce lieu, dans le plan d'Agrigente, est marqué par le chiffre 7 : c'est par erreur que dans le texte, à la page 17 de ce quatrième volume, j'ai dit que ce chiffre 7 indique le pied du mont Tauro. Le pied de cette montagne est indiqué dans le plan par le chiffre 9.

La roche sur laquelle est Agrigente, est formée d'un sable grossier & d'un mélange de coquilles entières ou brisées. Dans toute l'étendue qu'occupait cette antique ville, depuis le temple de Cérès, jusqu'à celui de Jupiter Olympien, & depuis celui de Junon jusqu'à celui de Jupiter Polieo dans Girgenti, cette roche laisse voir, en bien des endroits, des lits immenses d'huitres parfaitement semblables à celles qui se mangent aujourd'hui à Paris.

L'histoire naturelle ne m'offre ici, & par-tout où je m'en suis occupé, que des détails qui, plus ils sont curieux, plus ils deviennent incompréhensibles. J'en ai traité avec briéveté, parce que je n'ai pas eu occasion de faire connoître d'une manière aussi développée, dans la théorie de l'Etna, celle de toute la Sicile. Mais maintenant, après avoir parcouru l'hiftoire des arts de cette île & d'Agrigente, dans tous les temps connus dont il nous refte des monumens, il devient néceffaire de démontrer comment je conçois le mécanifme de fa formation, parce qu'il en réfultera plus de lumière, d'admiration & de plaifir, lorfqu'on fe rappellera tous les phénomènes que j'ai rapportés.

Des obfervations multipliées m'ont fait concevoir la manière dont le Mont-Etna s'eft élevé : je l'ai mife à la vue par le moyen de mes Eftampes, le meilleur fans doute pour fuppléer à l'infuffifance du difcours, dans une démonftration où l'on n'a pas fous les yeux les objets mêmes, ou des exemples capables den faciliter la conception des lecteurs.

Le Mont-Etna eft pour quelques perfonnes un phénomène unique : pour d'autres c'eft un être qui n'eft point rare, mais dont cependant ils ne connoiffent pas davantage la contexture. Mon intention étoit de la bien développer, même aux yeux de ceux qui ont vu des volcans, & fur-tout aux Ecrivains qui, fans les avoir vus, en ont beaucoup parlé.

L'ordre des idées que j'ai fuivies pour démontrer la formation de cette étonnante montagne, m'a fervi à ébaucher ce qui me reftoit à dire de la manière dont s'eft accumulée cette maffe de terre qui environne le volcan au midi, au couchant & au nord de fa bafe.

Les plus hautes montagnes de la Sicile préfentent à leurs fommets des débris de productions marines de poiffons, de plantes ou de madrépores, & généralement de tous les êtres qui naiffent & vivent au fein des eaux, on en trouve auffi à toutes fortes de dégrés d'élévation. Donc la mer a furmonté ces éminences, & dominoit de beaucoup leur hauteur actuelle.

L'action de l'air, celle des eaux du ciel, les ont depuis confidérablement abaiffées, avant qu'elles euffent acquis la dureté où elles font parvenues aujourd'hui.

C'eft donc du fein des eaux qu'elles tirent leur origine : leur élévation extrême n'a coûté que du temps à la nature; elle n'en eft pas avare; & ce ne peut être que fur le fol qui portoit alors les eaux de la mer, que ces maffes fe font formées par la réunion des différentes fubftances qui les compofent.

La puiffance des courans amena ces immenfes dépôts fur le fol pyramidal de l'Etna naiffant. Ce volcan, que depuis les Sarrafins ont nommé Gebel, jetoit alors par une grande quantité de bouches, des matières, foit laves ou pouzzolanes, qui s'étendoient alternativement & par couches autour de lui; la plupart des ouvertures par lefquelles elles s'échappoient, fe font bouchées depuis en s'éteignant, comme je l'ai expliqué : mais il en eft refté qui font leur effet fous terre en bien des endroits de la Sicile : les autres n'ont pas été couvertes, telles font celles de l'Etna, & des volcans de Lipari, dont deux brûlent évidemment, & un troifième ne produit que des eaux bouillantes. On peut joindre à ceux-ci, pour étendre un peu notre plan des volcans, ceux de la Calabre, le Véfuve, ceux d'Italie & de la France, &c. Ce font auffi des volcans, qui ont contribué à la formation de la plupart des îles de la Méditerranée, & de la plus grande partie du continent de l'Efpagne, du Portugal, de l'Afrique, &c.

Il eft probable que l'élévation formée par les productions volcaniques, déterminoit par les chaleurs fouterraines les productions marines à s'unir à elles. Quelles qu'en foient les raifons, leur union eft un fait, & voici comme elles s'expliquent. Les maffes nouvellement produites acquirent d'abord de la folidité dans quelques endroits à des dégrés différens, mais fur-tout aux parties qui étoient affifes fur les volcans, parce que ces feux fouterrains, ayant creufé des vides immenfes, où régnoit une chaleur dévorante, attiroient par fuccion toutes les parties humides contenues dans les matières qui furmontoient les croûtes dont ils étoient couverts. Ces matières devenues moins humides, acquirent de la folidité, & fe trouvoient en état de réfifter aux efforts contraires réfultans des courans qui auroient pu les détruire, après les avoir formés.

Dans d'autres places, où la chaleur intérieure des volcans ne se faisoit pas sentir, les dépôts marins apportés par les courans, se sont dissipés par la même force qui les avoit produits, & leur éloignement a laissé entre les volcans le vide qu'occupe actuellement la mer.

La partie solide restante de ces dépôts immenses plus ou moins dégradés, constitue les montagnes que l'on voit aujourd'hui dans la Sicile, en Italie, en France, &c.

On conçoit que ces montagnes doivent être un composé de toutes sortes de substances provenant des trois règnes rapprochés, mêlées en des quantités, sous des formes différentes, d'où il a dû résulter par la suite des temps, des combinaisons inattendues, qui ont paru & paroîtront toujours bien extraordinaires, & souvent bien curieuses.

A dater des premier temps où les Isles & les continens se formèrent, des siècles accumulés sans nombre se sont passés, pendant que la Sicile croissoit insensiblement au sein des ondes. Faisons abstraction actuellement, de tout ce qui lui est étranger, pour ne nous occuper que d'elle.

Cette Isle parut enfin comme un point à la surface de la mer, de nouveaux siècles la virent s'agrandir, & faire partie du globe, stérile d'abord & déserte; dans les siècles successifs, elle devint peu à peu féconde & habitée, en recevant toutes les semences qui lui furent apportées des régions voisines & éloignées.

Les premiers agens de cette fécondité, furent les pouzzolanes & les cendres des volcans : les vents disperfoient au loin ces substances de tous les côtés, sur les plaines de sable & sur le galet, sur les roches calcaires, & sur les parties qui par elles-mêmes n'étoient nullement propres à la végétation. Les plantes & les arbres s'y multiplièrent avec abondance, & bientôt la richesse du sol rendit cette Isle propre à faire le bonheur de ses habitans.

Les seconds agens qui, à la même époque contribuèrent à sa fertilité, furent les eaux du ciel, errantes d'abord sur la surface. Elles commencèrent par creuser de petits vallons, en se rassemblant dans les parties basses du terrain : de-là s'échappant en filets insensibles, elles formèrent des ruisseaux qui, devenus torrens, s'accrurent toujours, & tracèrent de profondes vallées au fond desquelles furent appuyées les bases irrégulières de ces hautes montagnes qu'on y voit s'élever de toutes parts. Ces montagnes, tantôt isolées, tantôt accouplées, ou séparées par des plaines, des contrées qui ne présentent que du sable ou des pierres mobiles dispersées à leurs pieds, soit par des collines calcaires encore tendres, abaissées par les efforts des eaux, reçurent d'elles leurs places & leur étendue. Les eaux produisirent aussi, par leur rapidité, des profondeurs & des abymes effrayans, autour desquels on aperçoit encore les couches volcaniques, les laves & les dépôts marins. Ailleurs se présentent des inégalités moins terribles, que des herbes & des mousses variées, différentes broussailles, des bouquets d'arbres, d'épaisses forêts même s'empressent d'embellir. Ces objets gracieux, en s'unissant aux débris des rochers, aux cataractes, formoient la décoration des plaines, bordoient irrégulièrement les étangs, les lacs & les rivieres, qui se reposoient en parties sous leurs rameaux, dont les eaux pures & tranquilles se plaisoient à reproduire l'image. Ailleurs ces arbres majestueux ombrageoient des vallons émaillés de fleurs & de verdure, & des nappes d'eau transparentes, qui tomboient en cascades, offroient dans mille points de vue, sous un ciel orné de nuages, à toutes les heures du jour, de délicieux paysages.

On devoit voir sous ses pas dans ce beau climat, les fleurs & les fruits groupées ensemble, & se succéder pendant toutes les saisons; les oiseaux & le gibier, peuplèrent à l'envi les airs & la campagne, les étangs & les fleuves durent avoir leurs richesses, tout offroit aux premières peuplades qui occupèrent ce ravissant séjour, une vie douce, oisive & exempte de besoins.

Il y eut alors des siècles de bonheur, où l'innocence & la paix purent habiter parmi les hommes, & qui fournirent aux poètes l'idée de l'âge d'or.

Les

Les premières Colonies s'agrandirent ; on vit s'élever des villes , des républiques & des royaumes. Et auffitôt les diffentions, les haines nationales , les guerres , & tous les forfaits, avilirent les hommes.

La diverfité des peuples, des cultes & des langues , fit changer cette Ifle bien fouvent de mœurs & de dénominations : on la trouve défignée chez les anciens, par les noms d'Ifle du foleil , & de terre des Cyclopes. Je n'admets pas dans l'hiftoire vraie de la Sicile, les Géans, les Cyclopes, les Leftrygons (1), ni ces dieux que les poëtes y ont fait règner avant même qu'il y eût des villes : ces fables embellies par la riche imagination des hommes de génie, ne jettent qu'un jour trompeur fur la phyfique, fur les arts, & fur les objets de mes recherches.

Les Sicaniens partis de l'Efpagne , vinrent après d'anciennes nations s'établir dans cette Ifle , & l'appelèrent Sicanie.

Les Siciliens ou les Sicules qui venoient d'Italie , furent leurs fucceffeurs, & lui donnèrent le nom de Sicile , celui de leur patrie.

Les Phéniciens voulurent avoir auffi des poffeffions en Sicile : ce fut fans doute par la voie des combats, des rufes & des perfidies, qu'ils parvinrent à y obtenir des établiffemens de commerce : il devint même confidérable ; & les Troyens partagèrent avec eux cet avantage.

Les Grecs s'y établirent pour la première fois , après le fiége de Troie , temps où plufieurs de leurs Chefs erroient difperfés fur tous les rivages de la Méditerranée. Ils y abordèrent à différentes époques, & y règnerent long-temps, formant un grand nombre de républiques fous des noms différens, qui tiroient leur origine des diverfes contrées de la Grèce. Chacun apporta de fon pays des fciences, des opinions & des arts particuliers : les édifices qui nous reftent de ces républiques font des temples en pierres, de l'ordre dorique des premiers temps de l'architecture.

Les Grecs règnèrent, à la fin de leur réfidence, concuremment avec les Carthaginois, dont la navigation s'étendoit fur toute la Méditerrannée : ces nouveaux conquérans y apportèrent auffi leur commerce, leurs armes & leurs dieux ; ils occupèrent les rivages de l'occident & du feptentrion, & furent chaffés par les Romains.

Les Mamertins venus d'Italie, s'emparèrent de Meffine, & appelèrent les Romains en Sicile ; bientôt ces peuples dominateurs jugèrent à propos d'y faire des conquêtes , puis de s'en rendre les maîtres : alors l'Ifle fut appelée Trinacrie : le nom de Sicile lui eft enfin refté.

Les Romains employèrent quelques années à y établir la paix, l'abondance & même la fplendeur : ils y élevèrent dès le temps de leur république , de fuperbes édifices en marbre : leur puiffance & leur ambition ne trouva rien de trop magnifique. Il eft bien remarquable que la Sicile devint fous leur domination beaucoup plus floriffante qu'elle ne l'avoit été du temps des Grecs, c'eft-à-dire , du temps où elle fe regardoit comme libre : mais fes principales villes étoient autant de petites républiques ennemies, & qui fe combattoient fans ceffe.

Les Siciliens, fous le gouvernement des Romains, perdirent leur génie militaire, & ces haines de cités qui ne fervoient qu'à leur propre deftruction : l'Ifle n'éprouva de maux que les vexations & la tyrannie de Verrès, qui enleva les plus précieufes productions des arts, portés alors au plus haut degré de fplendeur dans tous les genres. En fe rendant maîtres de la Sicile, les Romains avoient laiffé à fes habitans leurs temples, leurs divinités & leurs cultes, que les Grecs & les autres nations y avoient apportés : tout y conferva un caractere de bon goût, & même d'élégance, peu-près jufque au partage de l'empire Romain. A cette époque les monumens de l'antiquité fe dégradoient, & n'é-

---

(1) Quelques Ecrivains placent les Leftrygons avec les Cyclopes en Sicile. J'ai fuivi cette opinion ; d'autres les placent en Italie , du côté de Gaëte.

tant plus rétablis, les arts ceſſèrent d'être appréciés ; les talens diſparurent pour laiſſer régner l'ignorance de la barbarie.

Vers la fin du quatrième ſiècle de notre ère, Siracuſe fut la première ville de Sicile qui reçut
le chriſtianiſme : bientôt pluſieurs autres villes, & enfin toutes les contrées de l'Iſle ſuivirent le même
exemple. Alors toutes les cités perdirent en peu d'années, ce qu'elles avoient de beaux monumens :
la dépravation du goût ſuivit les progrès de cette décadence des arts, juſqu'à leur anéantiſſement.

L'irruption des Sarraſins, dans le ſeptième ſiècle, changea encore la face de ce pays : ils s'y établirent en le ravageant de toutes parts, y firent adopter leurs coutumes & leurs lois, par les combats & les incendies : la terre fut couverte de cendres, de morts, & inondée de ſang, dont les ruiſſeaux groſſiſſoient les fleuves & rougiſſoient les mers d'alentour.

Après ces longs orages, le calme revint, & permit par intervalles, dans quelques endroits, ſelon
le beſoin & le génie de la nation, d'élever de gothiques édifices. Le goût Grec qu'avoient conſervé
les Romains, diſparut pour toujours. Je n'en retrouvai quelques traces que dans les débris qui avoient
échappé à la mutilation, imprimée par la main de ces barbares aux beaux monumens de l'antiquité.

Dans le onzieme ſiècle, les chevaliers Normands chaſſèrent à leur tour les Sarraſins, & renouvelèrent
contre eux les ſcènes d'horreur, que ces hommes féroces avoient portées au plus grand excès contre les
Siciliens ; cette conquête leur coûta cent ans de combats des plus opiniâtres. Enfin, l'expulſion totale
de ces brigands rétablit la paix & le chriſtianiſme.

En 1282, ce maſſacre, connu ſous le nom de Vêpres Siciliennes, cauſa dans ce pays une autre
révolution qui fit ſuccéder les Aragonois aux Normands. Les Autrichiens vinrent enſuite donner des
lois à la Sicile ; après eux les Eſpagnols y établirent les Napolitains, qui y règnent aujourd'hui.

Le ſort des Siciliens n'a pas éprouvé de grands changemens depuis l'expulſion des Sarraſins, parce
que leurs derniers maîtres ont eu tous la même religion.

PLANCHE CCXLV.

Carte de la Sicile.

La Carte que je donne ici, préſente la Sicile dans ſon état actuel, en 1780 : elle offre le nombre
& la poſition des villes, des villages, les plus conſidérables, auxquels on donne les noms de terres
ſeigneuriales, de baronies, comtats, marquiſats, & d'autres titres : on y voit auſſi des citadelles,
de ſimples villages & des hameaux qui n'ont point de dénomination honorifique.

Je préſente cette Carte comme le tableau le plus curieux dans ce genre. On y voit ſoixante-cinq
villes encore exiſtantes : & qui ont toutes de la ſplendeur, ſelon que leur poſition eſt plus ou moins
avantageuſe. Les deux tiers ont de l'importance, & dans ce nombre on compte quinze ports de mer.
Le reſte eſt compoſé de villes méditerranées plus ou moins conſidérables. Dans les intervalles qui ſépa-
rent ces villes, on compte deux cent quarante terres, ſoixante-onze caſals, vingt-huit châteaux,
deux cent quarante tours ou citadelles, environnés de maiſons plus ou moins nombreuſes, &
ſept villages, ce qui fait en tout ſix cent cinquante-un endroits habités, tant forts que foibles.
Je crois que le nombre des villes de la Sicile a dû être au temps des Romains, à-peu-près le même qu'il
eſt de nos jours ; que la grande différence n'a conſiſté que dans la ſupériorité de la population Romaine.

Toutes ces villes, ces ports de mer & ces terres, ſont contenues dans une Iſle de forme trian-
gulaire, dont l'étendue eſt d'environ ſoixante-deux lieues dans ſa plus grande largeur.

Cette Carte diffère de celle que j'ai placée à la tête du premier volume, en ce que la première ne
contient que les villes, les caſals, & le lieu de quelques monumens antiques, dont,
en obſervant cette Iſle dans le plus grand détail, j'ai vu les reſtes plus ou moins conſervés ou

CARTE GÉOGRAPHIQUE
DE LA SICILE

Copiée d'après celle de Math Seutter
par J.Bonel qui la verifioit dans les Années

CARTE PARTICULIERE
DE L'ISLE
DE MALTE
ET DES TERRES VOISINES

EXPLICATION DES SIGNES.

Echelle.

defquels on ne trouve plus que la place; la feconde préfente les villes, tant anciennes que modernes qui exiftent aujourd'hui.

Le père Maffa, dans fa Sicile en perfpective, nous affure que les foixante-cinq villes de nos jours font toutes d'origine antique, & que la plupart même font de la plus haute antiquité, ainfi qu'un très-grand nombre des terres & des cafals habités de cette Ifle.

Pour avoir une idée de l'ancienne Sicile, il faut joindre à ce nombre celui des villes dont l'hiftoire nous parle, & qui ont difparu de fa furface.

Afin de la bien connoître, j'ai fait la recherche de celles qui ne fubfiftent plus, & qui ont fleuri à des époques fucceffives; villes dont on ne retrouve plus que de foibles veftiges. Plufieurs d'entre elles n'ont laiffé que des amas de pierres; d'autres n'offrent à l'œil que les plus légers débris; beaucoup n'indiquent le lieu où elles font fituées, que par des grottes & des tombeaux taillés dans le roc. Un très-grand nombre n'ont laiffé aucune indication. On ne retrouve plus leur place; on ne fait que leur nom, uniquement parce qu'il eft attaché dans l'hiftoire à celui de quelque héros, ou à une anecdote particulière : il y en a enfin dont les noms mêmes font effacés, oubliés.

Les noms de villes que l'hiftoire nous a confervés, fe montent à cent quarante - cinq ; ceux des cafals à cent trois ; ceux des châteaux à cinquante-un ; ceux des villages, des tours & des hameaux à quatorze, ce qui fait en tout trois cent treize.

Si toutes ces habitations, après avoir concouru fucceffivement à rendre immortelle par leur puiffance & leur célébrité, cette Ifle la plus grande de la Méditerranée, nous étoient connues depuis leur origine, que de traits auroient figuré dans l'hiftoire par la grande variété & l'importance des événemens qui leur ont donné la naiffance, qui en ont fait la fplendeur, & en ont déterminé la décadence & l'anéantiffement ! Si les révolutions qui les firent difparoître, n'avoient pas auffi entraîné avec elles les monumens hiftoriques que la tradition nous confervoit, ces richeffes littéraires remplaceroient, du moins dans la mémoire, les peuples & les cités que nous regrettons.

La beauté du climat contribua beaucoup aux révolutions qu'éprouva la Sicile. D'orgueilleux conquérans encouragés par quelques fuccès obtenus fur le continent, oſèrent y paſſer, & devinrent des raviffeurs féroces. Non contens de renverfer des villes, ils ravagèrent & détruifirent des royaumes entiers ; ils fubftituèrent de nouvelles nations à celles qu'ils avoient vaincues, & firent difparoître les ufages, & oublier les noms de celles qui les avoient précédés. Ils en effacèrent jufqu'aux plus légères traces, en élevant de nouvelles habitations fur la cendre des premières.

La fucceffion des fiècles nous préfente une effroyable lifte de ces révolutions. Il faut y ajouter les bouleverfemens inévitables, produits par les tremblemens de terre qui précèdent toujours les éruptions des volcans ; tremblemens où dans une heure vingt villes font renverfées, où leurs débris même difparoiffent avec la furface du pays qui les environnoit. C'eft là le fpectacle terrible qu'offrit fucceffivement pendant des fiècles fans nombre, depuis qu'elle eft fortie du fein des eaux, & qu'elle s'eft préfentée aux regards du foleil, cette Ifle fi délicieufe, fi féconde, fi attrayante, quand elle n'eft livrée ni aux ravages de l'Etna, ni aux horreurs de la guerre.

La Sicile eft déja confidérée dans fa formation & fa population comme une des Ifles les plus curieufes de l'univers. Elle eft auffi la plus étonnante, en ce qu'elle contient à quantité égale de terrain, plus de chofes fingulières & utiles qu'on ne peut en trouver dans aucun autre endroit fur toute la furface du globe. A commencer par fes parties conftituantes, nulle part aucune portion de la terre ne laiffe voir avec plus d'évidence, & d'une manière auffi fatisfaifante, le myftère de fa formation. La variété des matières dont elle eft compofée, eft fi confidérable, que nulle part on ne voit autant de fortes de marbres, de pierres & de métaux, que ceux qu'on découvre dans fon fein. Elle fournit à l'hiftoire naturelle des productions de tous les genres ; nulle part l'agriculture ne trouve un champ plus fertile, une plus riche abondance dans la végétation : cette abondance eft même telle qu'à la fin de chaque année on y recueille de quoi fournir à foixante-trois branches de commerce. Quel autre triangle de foixante lieues, préfente à chaque révolution des faifons, des avantages auffi confidérables aux échanges, aux manufactures, & à l'entretien de fes habitans? Aucun endroit enfin n'a plus de titres pour être célèbre, fous quelque point de vue qu'on le confidère, foit pour le phyfique, foit pour le moral, pour les arts ou pour l'hiftoire.

Si les grands volcans font une des merveilles les plus étonnantes de la nature, la Sicile eft encore fingulièrement bien partagée à cet égard. Peu de volcans offrent plus d'intérêt, & font plus impofans que l'Etna. On y jouit de toutes les températures; fon fommet eft couronné des glaces de la Norvége; fa bafe la plus étendue vers le midi eft brûlée de chaleurs égales à celles de l'Afrique; & la douce température des beaux climats de l'Europe, eft généralement répandue dans toutes les parties de l'Isle fur laquelle il domine.

Les établiffemens des premiers temps étoient fimples, groffiers, & fans art. A différentes périodes, les progrès de la civilifation fe font fait remarquer d'une manière fenfible. J'ait fait voir dans le cours de cet Ouvrage, ce qui nous refte des grands édifices de l'ancienne Sicile; j'ai faifi ce qui eft échappé aux ravages du temps, & ce qui eft près de périr par excès de vétufté; j'y ai joint le récit de quelques faits, de quelques grands événemens anciens & modernes; j'ai tracé dans les révolutions fucceffives, la marche du temps; j'ai marqué en quelque forte l'empreinte de fes pas, dans la profondeur defquels il enfonce par fon propre poids, anéantit tout, en précipitant dans les abymes de la terre, les plus grandes & les plus folides productions de la nature & des hommes.

Les travaux du fiècle qui fuccède, font oublier ce que le fiècle précédent avoit fait difparoître pour toujours.

Par une marche régulière & conftante, le temps exerce fa puiffance deftructive fur tous les êtres: ainfi chaque fiècle fait, pour ainfi dire, autant d'Agrigents, de Sicils & d'Univers, qu'il a été poffible à la nature d'opérer de changemens fucceffifs dans les détails. Cette grande vérité n'a jamais été plus frappante qu'en Sicile.

La nature fit le globe fur lequel elle nous a placés; la nature fit auffi les volcans dont elle l'a animé, & qui prouvent fa vie. Ces volcans le pénètrent en tous fens; ils le dévorent, ils l'agitent dans toutes fes parties, & portent à fon extérieur, ce qui en rempliffoit le fein; & ils reçoivent dans un état de diffolution, & replongent jufque dans fes plus profondes entrailles, tous les corps, tous les êtres, qui avoient pris à fa furface la forme & l'exiftence.

C'eft dans ce bouleverfement plus ou moins rapide de la matière, que les fubftances trouvent ce qui leur eft néceffaire pour fe renouveler. Le mouvement qui fait périr & renaître tout ce qui exifte, eft ce que j'appelle la vie où la nature: c'eft auffi dans la conftante harmonie qui y règne, que l'on doit admirer la grandeur & la puiffance de l'Etre fuprême, qui préfide à tout.

Ces viciffitudes effrayantes & multipliées, font l'effet d'une loi impérieufe & univerfelle, qui préfente fur tous les points du globe une image de fon enfemble.

Mais fi quelque chofe peut rétablir le calme dans nos efprits, accablés fous le poids de la terreur que produifent ces réflexions déchirantes, cette image de la deftruction, fans ceffe renaiffante à la vue des ruines & des débris des chef-d'œuvres de l'art que la main du temps a renverfés, c'eft de penfer que l'imagination pénétrante d'un artifte éclairé qui contemple ces ruines, peut, en rapprochant par la penfée les fragmens épars, retrouver les caractères, & rétablir l'enfemble des plus grands édifices, par la connoiffance qu'il a des convenances.

C'eft, pour ainfi dire, courir par un vol rapide fur la marche du temps, & lui arracher ce qu'il veut anéantir; c'eft le forcer à reftituer des beautés fugitives qu'il nous déroboit, c'eft fixer à jamais ces beautés que de les graver fur l'airain, pour en tranfmettre les charmes aux nations futures.

CHAPITRE QUARANTE-DEUX.

Départ de Girgenti. Embarquement & passage à l'Isle de Malte. Arrivée au Port de la Vallette. Plan des Isles de Malte, du Cuming & du Gose. Passage à l'Isle du Gose. Figure antique incrustée dans la roche au-dessous du Château. Vue d'un reste d'Edifice antique. Vue de la Tour-des-Géans. Plan de cet Edifice, & d'un autre qui n'en est pas éloigné. Costume de quelques personnes de cette Isle. Vue d'un endroit qu'on appelle la Saline de l'Horloger.

Départ pour Malte.

J'AVOIS rempli tous les devoirs d'un voyageur, envers les habitans d'un pays où il a fait une longue résidence, & contracté des liaisons particulières : j'embrassai mes amis, & je me rendis au port de Girgenti, où je m'embarquai avec tout mon équipage. Le jour baissoit, le crépuscule annonçoit une très-belle nuit, tout étoit prêt pour le départ, on n'attendoit qu'un peu de vent du nord-est que l'aube devoit amener. Dans cette attente, n'ayant rien à faire, & ne pouvant l'accélérer, je me livrai aux douceurs du sommeil.

L'aurore ne fut jamais plus brillante, l'air plus calme, le temps plus serein, tout présageoit que la journée seroit belle, que le trajet seroit court & agréable. A huit heures du matin nous étions hors du port, & nous abandonnions nos voiles au vent, qui étoit assez favorable. Huit autres navires sortis du même port en même tems que nous, mais pour différentes destinations, formèrent, en s'étendant dans l'espace d'une lieue, une petite escadre, qui, considérée avec le rivage & les montagnes qui bordoient l'horizon, offroit un tableau non moins agréable que varié. Ce spectacle charmant changeoit sans cesse ; il présentoit à chaque instant un aspect nouveau, par le mouvement des vaisseaux, par leur voilure, par la manière dont le soleil les éclairoit dans leur marche. Chacun prenoit une direction opposée ; tous s'éloignoient, & nous-mêmes nous nous éloignions d'eux : & tous décroissant à nos yeux par l'effet de la distance, ne se groupèrent bientôt plus qu'avec quelques nuages qui s'élevoient de l'horizon, & formoient une magnifique scène maritime ; enfin ils se perdirent par gradations, & disparurent entièrement ; on ne vit plus que le spectacle du ciel & de la mer. Quelques vapeurs seulement rompoient l'uniformité & la monotonie de ce grand tableau. Je l'observai pendant quelques temps : le signal du dîné vint m'arracher à cette contemplation, & faire succéder d'autres plaisirs à celui de la vue & de l'imagination.

L'après-dîné, le temps se couvrit d'abord de gros nuages ; bientôt on en vit d'autres s'amon-

TOME IV. V

celer fur ceux-ci; long-temps avant la fin du jour il pleuvoit, & un vent affreux foulevoit les flots avec violence. Il nous paroiffoit d'autant plus cruel, qu'il contrarioit directement la marche que nous voulions faire.

Tout l'équipage employoit fes forces & fon adreffe à lutter contre les bourafques qui fondoient fur nous, & qui lançoient les vagues par deffus notre navire. Nous étions réduits à louvoyer, parce que le vent nous étoit directement oppofé.

Lorfque la nuit fut tout-à-fait venue, ne voyant rien, & ne fervant à rien dans la tempête, je me retirai dans la chambre du capitaine; & mettant un matelas à terre, je me couchai deffus, m'arc-boutant contre une de mes malles, que je plaçai de la manière que je crus la plus convenable, pour empêcher que le roulis du vaiffeau ne me fît culbuter; & dans cette pofition, j'effayai de dormir, nonobftant le tintamare affreux qu'occafionnaient le fifflement des vents, le choc des flots qui heur-toient fans ceffe le navire, les cris des matelots, & la manœuvre qu'ils faifoient fur ma tête.

Mon fommeil fut quelquefois interrompu; mais quand je m'éveillai il faifoit grand jour, & le temps étoit fort beau. A deux heures après midi nous arrivâmes dans le port de Malte.

PLANCHE CCXLVII.

Plan des Isles de Malte, du Cuming et du Gose.

L'entrée du port de Malte reffemble à une large rue; elle eft formée de côté & d'autre par de hauts rochers qui s'élèvent verticalement. On a pratiqué dans ces rochers plufieurs étages de batte-ries de canons. Il y en a qui font prefque à fleur d'eau, & d'autres qui font fur la crête la plus élevée de ces rochers. Il y a d'autres batteries à différentes hauteurs, de forte qu'il eft impoffible d'en-trer dans ce port fans la permiffion de ceux qui le gardent. Voyez cette entrée & le port.

Cette Ifle a environ quatre lieues dans fa plus grande largeur fur fept à huit de longueur. Elle contient deux villes : la plus grande eft près du port, & s'appelle la Vallette, nom du célèbre Grand-Maître *Jean de la Vallette*, originaire du Languedoc, qui défendit cette Ifle avec affez peu de monde, contre la flotte de Muftapha, Bacha de *Soliman II*. La ville ayant été détruite par le canon des Turcs, on en rebâtit une nouvelle, à laquelle on donna le nom de ce Grand-Maître. Il y a en outre dans cette Ifle vingt cafeaux ou villages, & plufieurs ports; celui de la Vallette, compofé de fix golfes réunis, eft le feul qui foit important. Les autres font peu fréquentés.

Près de l'Ifle de Malte on trouve deux autres Ifles : la première eft l'Ifle du Cuming P; elle n'eft pas habitée, il n'y a qu'une chapelle : la feconde eft celle du Gofe, fituée au N. O. de Malte, & diftante de quatre milles. Elle eft très-habitée pour fa grandeur, puifqu'elle contenoit environ quinze mille ames dans le temps où j'y étois. Ces quinze mille ames font diftribuées dans fept ca-feaux, & dans le faubourg du château, qu'on appelle Rabbato, mot arabe, qui veut dire faubourg. Ce château eft la capitale de l'Ifle, & la réfidence du Gouverneur.

Confidération fur l'hiftoire naturelle des trois Isles de Malte, du Gose et du Cuming.

Je fuis dans la ferme perfuafion qu'originairement ces trois Ifles n'ont formé qu'une feule & même maffe de rocher; qu'elles exiftoient ainfi fous l'eau, avant que la mer fe fût abaiffée au point de

Pl. 1273.

MER MÉDITERRANÉE

ISLE DE MALTE

Description des Isles de Malte, du Cuming et du Goze,
avec les noms des Batteries, Redoutes et Retranchemens qui sont le long des Côtes de ces Isles.

Celle ou Port de Marsa Sirecco.	Celles de Marsa Scala et de S. Thomas	Celles de S. Julien et S. Georges.	Celle des Salines ou Bonmacrot.		Ile du Cuming

Plan des Isles de Malte,
du Cuming et de Goze.

découvrir les fommets de ces Ifles, & de defcendre au degré où elle eft aujourd'hui.

L'action des eaux de la mer aura enfuite dégradé ces roches qui manquoient de dureté, & cette dégradation les a divifées & éloignées comme elles le font maintenant. Mais à cette époque la partie du Gofe du côté du fud-eft, & qui joignoit le Cuming, s'étendoit en mer confidérablement plus qu'elle ne le fait actuellement. J'ai remarqué que de ce côté la roche fe dégrade facilement par l'action des eaux; j'ai obfervé auffi que la même veine de roches dans la largeur de deux à trois cents toifes fe dirige fur l'Ifle de Malte, en tirant vers le midi, & en paffant fur le Cuming. Cette fuite de roches eft une lapidification qui a été interrompue lors de fa formation : elle eft d'une nature telle que cette pierre eft toute concaffée, comme par un retrait, & pour peu qu'elle foit dégradée au pied & qu'elle manque d'appui, elle croule dans la mer.

J'ai marqué fur la Carte de ces Ifles, par une teinte obfcure, l'étendue & la marche de cette veine de mauvaife roche. Elle paffe depuis toute la partie orientale du Gofe jufqu'à la partie occidentale de Malte, en occupant une partie de l'Ifle du Cuming.

Ainfi l'Ifle du Cuming diminue fans ceffe vers le couchant, & fera réduite à l'état d'écueil dans quelques fiècles : elle deviendra femblable à une multitude d'autres qu'on voit, les uns à fleur d'eau, les autres à différentes profondeurs, dans le canal entre ces trois Ifles, comme l'atteftent les rochers Q R, qui, féparés aujourd'hui de cette Ifle, en faifoient partie il n'y a pas long-temps.

Le côté de l'Ifle du Gofe au couchant, eft une belle roche compacte, non pas par-tout homogène, mais qui a de la confiftance & de la folidité.

La partie du nord de l'Ifle du Cuming eft très-curieufe pour un naturalifte. Il y a beaucoup d'endroits qui reffemblent à des faifceaux de menus rofeaux, ou de tuyaux de pipes de couleur rougeâtre, unis enfemble, & entaffés en grandes maffes, les unes perpendiculaires, & les autres inclinées.

J'ai obfervé que la roche de l'Ifle du Gofe eft une efpèce de minéralifation ou lapidification d'un genre fingulier & très-curieux, du moins à plufieurs égards. Premièrement en ce que les parties fupérieures de cette roche, les montagnes qui s'élèvent dans toute l'étendue de cette Ifle (voyez la Carte), fe dégradent facilement : elles ont toutes la forme, fur le plan, d'un cercle, ou de plufieurs cercles confondus enfemble. Elles ont en maffe l'afpect d'un cône tronqué, parce que leur fommité eft plane, du moins pour la plupart. Secondement, en ce que la roche qui forme ces monticules eft tellement fpongieufe, qu'elles ont toutes des fontaines à différens degrés d'élévation ; quelques-unes en ont tout près de leur fommet.

Celle de ces montagnes ou collines fur laquelle eft le cafal, ou bourg de Zebuccio, n'a pas en largeur deux cents toifes de fuperficie à la fommité. Elle en a peut-être fept à huit cents de long du midi au nord. Là j'ai vu trois fontaines placées de manière qu'il n'y avoit pas plus de trente, de quarante ou de cinquante pieds entre elles & la partie la plus élevée du rocher qui les furmontoit; je fuis même entré dans une grotte très-haute, dont le plafond dégouttoit perpétuellement. On étoit au dix-huit d'octobre, & il n'avoit pas encore plu de l'automne. La roche qui forme ce plafond eft à huit ou neuf pieds de l'extrémité fupérieure de la montagne.

L'examen de cette montagne, & celui de plufieurs autres, qui ont auffi plufieurs fontaines à différens degrés d'élévation, & tout près de leur cime, ont achevé de me perfuader que la difpofition des pores de cette roche, & celle de fes parties conftituantes, lui donnoient la propriété d'afpirer les vapeurs de l'atmofphère, de les réfoudre en eau, & de laiffer enfuite échapper cette eau par différentes iffues qui forment des fontaines plus ou moins abondantes. Je crois fur-tout en avoir trouvé une preuve dans un quartier de rocher près du port Miggiaro, appelé *Saffo de S. Paul.*

J'ai déja obfervé que la roche de ce côté de l'Ifle fe détruit facilement par la dégradation que lui caufe l'action des eaux de la mer. Or, ce rocher de S. Paul eft tombé des parties fupérieures; il eft refté dans fa chute fufpendu par fes pointes, qui fe font pofées fur des pierres de la même efpèce que lui, & qui le retiennent en l'air, élevé de fept ou huit pieds feulement au-deffus des vagues or-dinaires, ce qui paroît un miracle continuel aux habitans de ces Ifles. Il eft gros environ comme les deux tiers d'une toife cube. On m'a conduit à ce foi-difant prodige, qui, par un autre miracle non moins continuel, laiffe échapper fans ceffe des gouttes d'eau par fon extrémité pointue & in-férieure. Il eft évident que cette pierre poreufe attire de l'humidité de l'atmofphère, qui dans cet endroit eft très-chargée de vapeurs, par les pertes que l'évaporation occafionne en ce lieu à la mer. Ces vapeurs afpirées par ces rochers, fe réfolvent en eau; ces eaux fe réuniffent par leur poids à la partie la plus baffe du rocher, & tombent goutte à goutte. Voilà ce que le peuple admire comme un miracle produit par la bienveillance de S. Paul. Ces eaux fuivent la même loi que celles des montagnes dont je viens de parler.

Le lieu qu'on appelle le Château, eft fitué fur un rocher ifolé qui n'a pas plus de cent cinquante toifes de diamètre : il abonde tellement en eaux, que dans une des faces verticales de ce rocher on a creufé un canal depuis le haut jufqu'en bas, où l'on a pratiqué une efpèce de baffin dans lequel ces eaux fe raffemblent. Ce canal & ce baffin fervent de puits pour les gens qui occupent le château, & pour ceux des environs.

Cette Ifle du Gofe a une collégiale dans ce lieu élevé, appellé le Château : elle eft defservie par des chanoines. Il y a auffi une prifon dans ce même lieu, & un palais où habite le gouverneur. On n'y compte guère que deux cents habitans. On trouve trois couvens dans cette Ifle, un d'Au-guftins, un de Cordeliers, & un de Capucins.

Chaque cafal ou village a fa paroiffe, & dans quelques-uns il y a des hermites qui fervent à élever les enfans. Ces cafals s'appellent Garbo, Zebuccio, Scicara ou Caccia, Nadur, Zeuchia & Sannat. Voyez le plan, pour juger de leur fituation & de celle des ports, &c.

Il y a en tout trois tribunaux, un laïque & un eccléfiaftique, & un troifième pour l'inquifition. Le laïque juge de toutes les caufes civiles & criminelles; l'eccléfiaftique, de tout ce qui regarde l'églife : celui de l'inquifition n'eft compofé que d'un chanoine qui renvoie à Malte, toutes les caufes qui ne peuvent pas s'y juger fur le champ.

Les productions de cette Ifle, dont le terrain eft très-fertile, & fournit abondamment tout ce qui eft néceffaire à la vie, confiftent principalement en coton, en blé & en orge. On recueille une très-grande quantité de coton, montant environ à cinq cents quintaux de rotoli : chaque rotoli pèfe trente onces. Dans cet état, le coton eft nettoyé de fa graine.

Le blé & l'orge fe fement enfemble & feparément; on n'en recueille que de quoi nourrir pendant trois mois les habitans de cette Ifle : il y faut importer fept à huit mille falmes de blé & d'orge pour compléter la provifion annuelle qui leur eft néceffaire. La culture du coton, du blé, &c. leur rap-porte 16 à 18 pour un, jamais moins, fouvent plus.

Les habitans du Gofe font fi jaloux de leur culture en coton, qu'ils ne veulent pas admettre un arbre fur leurs chemins ni grandes routes, crainte qu'ils ne portent préjudice à ce qu'ils fement, en attirant les qualités nutritives de la terre par l'extenfion des racines : ils s'en croient bien dédommagés par l'abondance de leur récolte.

Ce font les bœufs & les ânes qui labourent la terre : il y a des cas où ils la piochent à un pied de profondeur, pour la renouveler davantage.

Leur charrue eft la charrue antique, ainfi qu'en Sicile. Elle s'eft perpétuée jufqu'à nos jours, parce qu'on n'a pas ceffé d'en faire ufage. Je l'ai repréfentée dans la Vue de la tour des Géans.

On nourrit dans cette Ifle une grande quantité de beftiaux pour l'approvifionnement de Malte. La chaffe y eft, comme à Malte, très-abondante en oifeaux de paffage; on y tue auffi quelques lapins. Le pays eft totalement découvert.

Pl. CCXLVIII

Figure antique incrustée dans la Roche.

entre les deux Portes qui precedent l'entrée du Chateau au Goze.

Les brebis y font d'une fécondité incroyable. J'ai vu telle brebis avoir quatre agneaux d'une seule portée ; & communément cette espèce d'animaux y fait jusqu'à trois portées par année.

Chaque jour six à sept barques portent à Malte des denrées & des marchandises que produit cette Isle. D'ailleurs les lois & les usages sont absolument les mêmes qu'à Malte, dont cette Isle est une dépendance.

Cependant il est remarquable que les hommes & les femmes de l'Isle du Gose sont sensiblement plus grands que les habitans de Malte.

PLANCHE CCXLVIII.

Figure antique incrustée dans la roche qui est au-dessous du Château, entre les deux portes par lesquelles on y arrive.

On parvient à ce château par un chemin incliné qui tourne en partie autour de ce rocher, & on passe par des portes fortes où sont des ponts-levis, & entre lesquelles est aussi un pont de pierres : l'extrémité de ce pont est en face de cette figure antique, lorsqu'on y arrive en montant.

Je l'ai dessiné fidèlement d'après nature, ainsi que tous les accessoires de ce tableau : ils sont tels que je les offre ici.

Après les dernières révolutions de cette Isle, on trouva cette figure de marbre, avec des fragmens d'architecture : on eut soin de les recueillir ; & pour conserver ce précieux reste de l'art des Grecs, on le plaça dans une cavité faite exprès à ce rocher, & telle qu'on la peut voir dans cette estampe.

Les historiens de cette Isle, qui parlent de cette figure, la regardent comme une statue de *Junon*. Je n'ai pu savoir sur quoi ils se sont fondés pour avoir une telle opinion. Je n'ai rien découvert dans cette statue qui puisse rappeler l'idée de cette déesse, ni celle d'aucun de ses attributs. Tout ce que je puis dire, c'est qu'elle est fort belle, & d'une excellente exécution : il ne lui manque que la tête, les pieds & les deux mains.

On m'a montré une tête de femme en marbre, coiffée de lauriers, ou de feuilles à-peu-près semblables, qui forment une espèce de couronne : elle est d'une proportion qui pourroit faire croire qu'elle est celle de cette figure. Mais cette tête est toute mutilée ; toutes les parties saillantes en ont été abattues, ainsi que le bas du nez, la bouche & le menton : cependant, malgré cet état, elle mérite d'être conservée. Lorsque je l'ai vue, elle étoit chez un tailleur du Rabbato, & toute tachée d'encre.

En arrivant dans le lieu que représente le devant de cette estampe, on avance & l'on tourne à droite, vers l'endroit où l'on voit dans cette gravure, la figure d'une femme couverte d'une mante ; & cette route conduit à la seconde porte, qui précède le lieu où est le château. Là, en différens endroits, on voit des tronçons de colonnes en marbre, des chapiteaux, des bases, & d'autres fragmens de différens ordres d'architecture ; ce qui, joint à tous les débris semblables qu'on trouve dans le Rabbato, & à ce que dit l'histoire de ce pays, prouve que cette Isle a eu autrefois un grand nombre d'édifices magnifiques.

Dans le voisinage du Rabbato, dans le jardin de Biafi, il y a une grotte antique qui contient une grande quantité de tombeaux, tous taillés dans la roche. On en compte encore environ soixante ; ils sont fort larges, & n'ont pas moins de six pieds de long. Ils ont été fort maltraités par le temps,

& font prefque détruits : d'ailleurs ils font d'un travail très-médiocre , & reffemblent à la plupart de ceux que j'ai vus en Sicile.

Cette grotte à tombeaux , & les beaux débris que j'ai vus au château , tant en architecture qu'en fculpture, confirment encore ce que dit l'histoire des différentes nations qui ont habité cette Ifle. On reconnoît toujours dans ces débris les travaux des tems où les arts ont été en honneur , & ceux des tems où ils font tombés en décadence, & tout y prouve que ces lieux ont eu de la célébrité.

PLANCHE CCXLIX.

Vue d'un Edifice antique de forme circulaire.

J'allai enfuite du château au cafal de Caccia, pour y voir différens reftes de monumens antiques. On me conduifit d'abord vers une grande enceinte près de la tour des Géans. La grandeur , la forme, la conftruction de cette enceinte, tout en eft intéreffant, & fur-tout impofant par le caractère coloffal qui affecte d'abord le fpectateur. Cet édifice eft conftruit avec de très-grandes pierres, qui font pofées alternativement, une dans la longueur du mur, & l'autre dans fa largeur : la première fert à former l'épaiffeur de ce mur circulaire, & la feconde excède cette épaiffeur, en s'avançant à l'extérieur de ce mur. Voyez le plan A dans la planche CCLI.

Deux grandes pierres de dix-huit pieds de haut , forment les deux côtés de la porte ; elles font de fix pieds d'épaiffeur, & fervent à marquer auffi l'épaiffeur de ce mur. Elles ont environ quatre pieds de largeur , & font diftantes l'une de l'autre de fept à huit pieds. Ces pierres paroiffent avoir été fi peu taillées, & elles font fi peu droites, que toutes ces mefures ne font que des *à-peu-près*. Il y a des efpèces de marches formées par la roche fur laquelle cet édifice eft fondé, tel qu'on le voit en E. au plan.

Le plan achèvera de faire connoître cet édifice, fingulier par fa grandeur , par fa forme & par les matériaux qui le compofent. On trouve encore du côté du nord de cette Ifle, des portions de murs dans le même goût.

A 150 toifes vers le levant, il exifte un beau refte d'édifice de ce même genre de conftruction.

PLANCHE CCL.

Vue d'un Edifice antique, appelé vulgairement la Tour des Géans.

Cette tour des Géans n'eft que le refte d'un édifice que je crois de la plus haute antiquité ; je le crois tel, à caufe de la grandeur des pierres qu'on a employées dans fa conftruction. Il eft certainement antérieur aux édifices que les Grecs conftruifirent dans cette Ifle ; ainfi je ne balance pas à remonter à l'époque des Phéniciens, pour trouver la date du tems où on l'a élevé. Il eft de la même conftruction que les monumens dont j'ai parlé dans le trente-quatrième chapitre, & qui eft particulière à ce peuple.

C'eft la groffeur de fes pierres qui lui a fait donner par le peuple le nom de la tour des Géans. Le deffin que j'en donne ici fera connoître fuffifamment la fingularité de ce genre d'édifice.

D'abord on commençoit à pofer de champ, immédiatement fur la roche, des pierres de huit, neuf ou dix pieds de long, dont la partie la plus étendue faifoit la face extérieure du bâtiment ; & fouvent une pareille auffi mince, appliquée contre celle-ci, en faifoit la face intérieure, telle que l'on en voit en AA. Enfuite on pofoit à côté une pareille pierre, mais en fens oppofé : de forte que fa plus grande étendue étoit en travers le mur, & fortoit en dehors de tout l'excédant de fa longueur fur la lar-

Pl. CXXLI

Vue d'un Édifice antique

situé près la Tour des Géants, dans l'Isle du Giœe.

Pl. 62.

Reste d'un Édifice antique apellé vulgairement la Tour des Géants.

Pl. CCLI.

Coeffures et Costumes de quelques hommes et Femmes de l'Isle du Goze.

Plan de deux Edifices antiques *a* et *b*.

geur de cette première affife, ce qui formoit un pilier buttant, tel qu'on le voit en B., & donnoit de la folidité à cet édifice ; car on élevoit ainfi toute la première affife de ce mur, en pofant alternativement tantôt deux pierres & tantôt une feule, en fens contraires, pour former toute l'épaiffeur de ce mur.

Ces pierres de la première affife, telles qu'on les voit aujourd'hui, ne préfentent aucune face qui paroiffe avoir été taillée, ni rien qui faffe voir qu'elles aient été liées par du mortier ou du ciment. Les affifes qui font au-deffus font pofées avec une forte de régularité, fans qu'elles foient fort fcrupuleufement taillées ; elles ne font ni pofées, ni allignées foigneufement. Elles font telles que je les repréfente.

Ces murs avoient cinq à fix pieds d'épaiffeur. Il eft à préfumer que les maçons de ces tems antiques avoient quelque mortier ou ftuc avec lequel ils rempliffoient les vides des joints & des lits de ces pierres pour terminer les murs & pour fixer la fituation de ces pierres d'une manière folide, qui les a confervées depuis tant de fiècles dans l'état où elles font encore. Cependant je n'en ai pu trouver le moindre indice, ou bien l'irrégularité apparente de ces pierres feroit l'ouvrage du tems qui les auroit ainfi disjointes, & elles n'auroient été taillées que comme celles de l'édifice de Chefalu, que j'ai fait connoître dans le huitième chapitre.

La forme de cet édifice fe verra dans la planche fuivante.

PLANCHE CCLI.

Plan des deux Edifices repréfentés dans les deux Planches précédentes. Coiffures et Coftumes.

Les deux plans repréfentés au bas de cette eftampe, font effentiels, pour avoir une idée jufte de la forme, de l'étendue & des détails, dont j'ai donné ci-deffus les vues extérieures.

Le premier, A, eft celui du bâtiment gravé dans la planche CCXLIX. Il eft parfaitement rond, & a vingt-deux toifes de diamètre. J'ai eu foin de marquer les difpofitions des pierres énormes qui forment cette enceinte. Elles font, comme je l'ai déjà dit, placées de manière qu'il y en a toujours alternativement une droite & une en travers, qui excède le mur à l'extérieur, & qui fait un pilier buttant ; enfuite deux autres affez fouvent forment l'épaiffeur du mur, & ainfi de fuite, comme on peut le voir dans le deffin, aux lettres C, D. J'ai découvert par mes obfervations, que cette enceinte de vingt-deux toifes avoit été divifée autrefois par des murs dont on trouve encore des indices en plufieurs endroits ; voyez II. L'entrée en étoit en E ; elle étoit fermée par deux grandes pierres, comme je l'ai dit. Il paroît que cette enceinte n'étoit qu'un affez grand enclos qui renfermoit quelques maifons.

Le plan B, eft celui de l'édifice repréfenté dans la planche CCL. Il nous repréfente un édifice d'un genre particulier, dont la forme & les détails n'appartiennent à aucun des édifices qui nous font connus. La grande niche feroit-elle un fanctuaire, & le lieu B la nef d'un temple dont la porte auroit été placée en face de cette niche, & expofée à l'Orient ? Les angles arrondis donnent à cet édifice un caractère & un air de recherche qui, d'abord, m'ont donné l'idée qu'il pourroit avoir été un temple. Dans cette hypothèfe, l'endroit indiqué par la lettre G auroit été pour ce temple ce que nous appelons dans nos églifes la facriftie, lieu où l'on dépofe les chofes néceffaires au culte de la Divinité qu'on y adore. Il indique une falle voifine H, dont la forme étoit circulaire ; à quoi fervoit-elle ? Je n'ofe hafarder de conjecture. Rien n'annonce ce qu'a pu être cet édifice. Les deux pieces B G ont treize toifes de grandeur, fur vingt dans œuvres en totalité. Tout l'enfemble de ces murs eft grand, & devoit être important. L'époque de la fondation doit être renvoyée à un tems &

à une nation qui ne faifoit pas de petites chofes. Les ouvrages des Grecs n'ont pas cet air coloffal.

Aujourd'hui ce lieu n'offre qu'un monceau de pierres informes, où il a fallu l'œil de l'artifte pour y reconnoître des murs & des directions régulières.

Ce genre de conftruction appartenoit à une nation qui a demeuré en Sicile; nation qui, quoique groffière, avoit, dans l'art d'employer les pierres, des talens mécaniques, auffi bien que pour les tranf- porter. Mais quelle étoit cette nation? Je la crois, comme la précédente, fort antérieure aux Grecs. Je crois que le goût d'employer de fi grandes maffes, ne peut être attribué qu'aux Phéniciens qui les ont précédés. Les Grecs avoient dans leurs édifices une exécution & un goût plus parfait. Ils avoient une précifion & une exactitude fi excellente dans l'art de tailler & de pofer les pierres, que les Romains mêmes ne les ont pas égalés à cet égard.

Je citerai de plus grands ouvrages encore, en décrivant l'ifle de Malte. Ces Ifles ont été, je crois, remplies d'édifices de ce genre. J'en ai vu des reftes, & même en très-grandes parties, par-tout où j'ai été. Je crois qu'il y en a eu dans bien des endroits où l'on n'en voit plus, parce qu'on les a détruits pour en former de nouveaux.

Ce lieu & fes environs préfentent de tous côtés des reftes d'édifices du même genre.

Le peuple de ce pays admire une grande pierre détachée de la roche fur laquelle elle eft encore, & foulevée par une de fes extrémités, quand on la frappe elle rend des fons, & le peuple croit qu'elle eft le refte d'une merveille qui fut autrefois dans ce pays. Cette pierre n'a rien d'extraordinaire; elle fut deftinée à être employée dans la conftruction de quelque édifice du genre de ceux que je viens de décrire; car c'eft la nature de cette roche qui a fuggéré le moyen de faire ces énormes conftructions. Cette roche, qui eft affez compacte, fe délite par couches horizontales de trois à quatre ou cinq pieds d'é- paiffeur dans une grande étendue, & fe fend perpendiculairement en tous fens. Ce font ces morceaux irréguliers qu'on a pris & employés à-peu-près tels que la nature les offroit, ou du moins il femble que ces conftructions ont été faites ainfi.

Il croît fur ces vieux édifices beaucoup d'orfeille qui a jufqu'a trois pouces de hauteur. Les gens du pays en font un grand ufage pour la teinture.

J'ai mis des figures dans cette même planche où j'ai gravé les plans de ces deux édifices. L'une a pour objet de faire voir la coiffure de quelques habitans de ces Ifles, où j'ai cru appercevoir l'origine du turban Africain; ce font des bonnets de laine tout fimples: quelques hommes, fur-tout ceux qui font âgés, lient ces bonnets avec une petite écharpe autour de la tête, pour y ajouter un ornement, ce qui leur donne une légère apparence de turban, & ce qui fait la tranfition de notre coiffure à celle des Africains, comme cette Ifle fait le paffage d'un continent à l'autre.

L'autre figure n'eft pas moins fingulière; j'ai l'ai fait à l'inftar des femmes que j'ai vues ainfi coiffées dans la campagne, à caufe de la pouffière qu'on y refpire, & dont il s'agit de fe défendre. Elles s'en garantiffent en fe couvrant la bouche avec le même mouchoir dont elles fe coiffent, & qu'elles nouent par derrière le col. Cet ufage fe pratique auffi en Turquie.

Je profiterai de cette figure pour faire connoître de quelle manière font corfées certaines femmes de cette Ifle que j'ai vues; elles ont des corfets qui ne montent que jufqu'au deffous de la gorge, & qu'elles ferrent de manière que la gorge en fort en totalité; mais elles la recouvrent par un ample & fimple tour de gorge, bien tranfparent, qui ne la cache pas entièrement. Il s'attache de chaque côté en fai- fant deux ou trois petits plis. L'effet n'en eft pas défagréable. Les coquettes, fans bleffer la pudeur, y trouvent un grand profit pour leur amour-propre; j'ai vu de jeunes Grecques habillées avec ce cor- fet, & une fimple gaze pour tour de gorge; ce qui avoit infiniment de grace: elles étoient ainfi dans la maifon.

J'obferverai, à propos de cet ajuftement, qu'en général la population de cette ifle eft fort belle. Je

Vue de la Gerbe

qu'a produit le Puits de la Saline de l'Horloger dans l'Isle du Goze.

vifitai quelquefois la fontaine pubique de l'Anonciata près du Rabbato, & quelques autres qui font dans le voifinage. On y a conftruit de fort beaux lavoirs. Toutes les femmes & les filles des environs y viennent, ou pour laver leur linge, ou pour puifer de l'eau. J'ai remarqué une très-grande quantité de filles & femmes fort jolies, qui m'ont confirmé dans l'idée, que j'avois déja conçue, de la beauté des habitans de cette Ifle.

Ce qui m'avoit donné cette idée, c'eft le fpectacle dont je jouiffois tous les foirs en revenant de faire mes tournées d'antiquaire ou de naturalifte, monté fur ma Jeannette. En traverfant les champs, en dirigeant mes pas vers le logis, je rencontrois des compagnies de payfans & de payfannes, qui portoient fur leurs têtes des facs de coton qu'elles venoient de recueillir. Toutes ces troupes paroif-foient bien portantes, bien faines, & fembloient gaies & fatisfaites de leur journée. Les femmes fur-tout avoient l'air de jouir du triomphe qu'elles avoient remporté par leur travail fur l'ingratitude du fol. Leur demarche annonçoit la joie, & elles ne prenoient aucun foin pour emprifonner & pour dérober fcrupuleufement aux yeux les charmes un peu faillans que la nature a donnés à leur fexe. Là, comme ailleurs, les plus belles étoient les moins fcrupuleufes. Leur bras étoit élevé en l'air pour tenir en équilibre le fardeau qu'elles portoient; cette attitude developpoit leur taille naturellement élégante, & augmentoit les graces dont les a douées la nature. Elles étoient fuivies la plupart de quelques troupeaux de moutons ou de chèvres : mais ces troupeaux étoient peu confidérables.

Pendant que j'étois dans cette Ifle, je fus vifiter la faline de l'Horloger; elle eft fituée entre le nord & le couchant à l'occident de la montagne de Zebuccio, ou continue la vallée qui conduit au bord de la mer. On arrive là fur une longue étendue de rochers planes, doucement inclinés vers le rivage, jufqu'à environ quarante pieds au-deffus du niveau de l'eau, & alors cette roche devient tout-à-coup taillée à pic.

PLANCHE CCLII.

Plan et vue de la Saline de l'Horloger.

Il y a aujourd'hui, en 1788, environ treize à quatorze ans, qu'un horloger de Malte étoit proprié-raire de cette étendue de rochers : il imagina d'y former une faline en y creufant des cafes & en y introduifant l'eau de la mer. Il fe flattoit que la chaleur du foleil feroit évaporer cette eau, & qu'elle y dépoferoit un fel, qui ne lui coûteroit prefque rien, & lui procureroit un affez grand bénéfice.

Ces cafes qu'il creufa au lieu marqué D, vers la partie méridionale de la roche, font voifines d'un endroit où la nature a pratiqué un efpèce de vallon B entre les rochers, & où la mer s'avance à tel point qu'il crut, qu'à l'aide d'un moulin & de godets attachés à une chaîne, il pourroit tirer l'eau comme d'un puits, l'élever à cinquante ou foixante pieds de hauteur & la conduire par un canal dans fes cafes D.

Il voulut exécuter fon projet, & il trouva plufieurs obftacles : il fongeoit à les furmonter, lorf-qu'en examinant les environs, il s'apperçut qu'il y avoit une grotte fous ce rocher, grotte dont la profondeur s'étendoit très-loin, & au-delà de l'endroit où il avoit creufé fes cafes. Il réfolut de percer le rocher perpendiculairement & de faire près des cafes D un puits E, par lequel il puife-roit l'eau avec de fimples fceaux, mus par une roue qu'une âne feroit tourner. Ce projet bien conçu, parut fenfé & fut exécuté promptement, par un nombre fuffifant d'ouvriers qu'il employa pour aller plus vîte. Il put bientôt puifer l'eau de la mer, il en remplit fes cafes, & de temps en temps il venoit voir l'effet de l'évaporation : d'abord qu'il s'apperçut que l'eau de fes cafes diminuoit, il fe hâtoit de les remplir, & il croyoit multiplier la quantité de fel qu'il devoit recueillir. Mais quelle fut fa furprife quand enfin il découvrit que cette eau fe perdoit, non parce qu'elle s'évaporoit, mais parce qu'elle étoit abforbée par la roche fpongieufe, qui la rendoit enfuite, par l'infiltration , à la mer d'où elle avoit été tirée. Il fut long-temps à s'en appercevoir : ce ne fut même qu'en voulant ramaffer le fel, qu'il connut ce qui étoit arrivé. Au fond des cafes la roche s'étoit diffoute, par l'acide du fel, & il ne recueillit qu'une bourbe épaiffe. Le chagrin, non-feulement d'avoir été trompé dans fes efpérances, mais encore celui d'avoir confommé en frais, par cette entreprife, tout le bien qu'il avoit, le firent tomber dans une maladie de langueur.

Cependant la faifon avançoit : le ciel ferein , la mer tranquille, les doux zéphyrs dont on jouit dans les beaux jours , fe changèrent à la fin en un ciel orageux, en une mer agitée, en tourbillons impétueux ; les vagues chaffées par les vents s'accumulèrent dans cette grotte , & les vents & les flots engouffrés dans cet endroit, à-peu-près circulaire , furent forcés de prendre un mouvement de rotation qui forma une trombe, & qui ne trouvant plus d'iffue que par le puits nouvellement creufé, s'élança avec force & forma en l'air une gerbe d'eau fuperbe, dont la groffeur égaloit toute la largeur du puits, & qui s'élevoit à plus de foixante pieds de hauteur, en prenant la forme d'une aigrette magni- fique. La rapidité avec laquelle elle jailliffoit, ne permit pas aux vents de la courber avant qu'elle fût parvenue à-peu-près à toute la hauteur où la portoit l'impétuofité que le mouvement lui avoit imprimée. Mais quand elle y fut parvenue, alors les vents s'en emparèrent, la brifèrent, la divifèrent & emportèrent au loin les parties aqueufes qui la compofoient ; ils allèrent inonder les terres de tous côtés, à plus d'un mille de diftance, d'une pluie abondante & falée, qui détruifit la végétation , & qui ravagea des campagnes cultivées avec foin ; il fembloit que le feu y avoit paffé.

Avant l'ouverture de ce puits, un tel effet ne pouvoit arriver ; la réfiftance de l'air, enfermé dans cette grotte, empêchoit les vagues de s'y accumuler & les vents d'y entrer, l'air & les flots y de- meuroient en équilibre. L'ouverture de ce puits, en donnant un paffage à l'air , avoit rompu cet équilibre & permis aux flots de s'affembler dans la grotte, en leur procurant un iffue funefte aux habitans de cette Ifle. Ils intentèrent un procès à ce malheureux horloger ; ils lui demandèrent des dé- dommagemens énormes, qu'il n'auroit jamais pu payer : ces demandes accrurent tellement fon cha- grin & fa maladie qu'il en mourut. Il fut tiré d'affaire, mais les cultivateurs ne le furent pas. Ils effayè- rent de boucher ce puits avec des pierres, & ils y parvinrent facilement : mais on eut alors un autre phénomène ; les flots raffemblent une grande quantité d'air, qu'ils compriment avec force au fond de la grotte ; cet air fe dilate & les repouffe à fon tour avec des explofions terribles, qui font trembler tout le rocher & toutes les terres qui l'environnent. Le bruit épouvantable que fait chacune de fes explofions, retentit tant en dehors que dans l'intérieur de cette grotte, & dans les grottes voifines, & reffemble à des décharges de canon de différens calibres, qui fe fuccèdent rapidement ; les échos d'a- lentour qui les répètent produifent un effet femblable à celui du tonnere, ou même de plufieurs ton- nerres qui fe heurtent enfemble. On en eft épouvanté, & l'on craint à tout moment le bouleverfe- ment total des rochers fous lefquels on entend gronder cet orage continuel lorfque les vents font violens.

Ce bruit effroyable eft continuel tant que le puits eft comblé. Mais lorfque le mouvement impé- tueux des vagues comprimées dans cette grotte a un peu ébranlé les pierres qui font au fond du puits, elles agiffent alors plus fortement fur elles, elles les fecouent, les brifent , les réduifent en poudre, & les précipitent au fond des flots ; l'abfence de ces premières pierres, occafionne la chute de toutes les autres ; le puits devient libre entièrement, la gerbe d'eau fe reforme, s'élève, fort de nouveau, & fe répand dans les campagnes défolées. Lorfque j'étois dans cette Ifle, en 1777 , le puits venoit d'être comblé pour la troifième fois, & on craignoit qu'il ne fe rouvrit bientôt.

Pl. CCLIII.

Vue de l'Écueil aux Champignons.

CHAPITRE QUARANTE-TROIS.

L'Ecueil aux Champignons; Voyage autour de l'Isle du Gose ; Carrière d'albâtre & curiosités naturelles de cette Isle, &c. Retour à l'Isle de Malte; Description & représentation d'une partie du Port de Malte, qu'on appelle la Barrière & le Bureau de la Santé, relativement à la quarantaine. Restes d'un Temple Grec consacré à Hercule ; Port de Marsasirocco & ses environs; Tour de la Giauard; Débris d'Architecture; Vase de la Bibliothèque publique ; Vase étrusque & Bas-reliefs de la Galerie du Grand-Maître ; Costume des Femmes de Malte.

PLANCHE CCLIII.

Vue de la Roche isolée, appelée l'Ecueil aux Champignons.

A L'OCCIDENT de l'Isle du Gose, on voit, non loin du rivage, une portion de rocher isolée : elle paroît exactement telle que je l'ai représentée dans cette estampe. Elle est éloignée du rivage d'environ quarante ou cinquante toises : dans l'endroit où ce rivage se rapproche le plus de cet écueil, il s'abaisse jusqu'à peu de distance de la mer. A la sommité d'une petite portion de rocher sont attachés deux cables très-forts, qui, par leur autre extrémité, viennent toucher l'écueil, où ils sont aussi arrêtés ; de ces cables pend une grosse caisse A, semblable à celles dans lesquelles on plante les orangers. Ces cables sont passés dans des poulies attachées aux quatre angles supérieurs de cette caisse, qui peut contenir un ou deux hommes : en tirant un troisième cable, moins tendu, ces hommes font rouler les poulies sur les deux autres cables & avancer la caisse ; ainsi ils passent facilement de la rive à cet écueil, ou de cet écueil au rivage, comme on peut le voir par la représentation que j'en ai faite dans cette estampe, où j'ai placé plusieurs figures qui paroissent regarder attentivement cette manière de passer l'eau.

Les gens qui font ordinairement ce trajet, ne passent que pour aller chercher sur cet écueil des champignons d'une espèce particulière.

La récolte n'en est plus libre; le Grand-Maître s'en est réservé la distribution : il fait même fermer à clef le passage; il charge une personne de confiance d'en faire la récolte, & de les conserver avec précaution.

Description du Champignon de Malte.

On prétend que cette efpèce de champignon ne fut découverte, pour la première fois, qu'en 1674; qu'aucune tradition n'en rappelle une date plus éloignée.

On le voit paroître dans les mois de décembre & de janvier. Quelquefois il vient feul : quelquefois plufieurs font groupés enfemble, & même en très-grand nombre, mais ils tiennent toujours à la roche par de fortes racines. Ce champignon croît jufqu'en avril ; c'eft l'époque de fa maturité : alors, il a fix ou fept pouces de haut. Il eft tout écailleux, de forme conique, blanc & mêlé de différentes couleurs. Sa fubftance eft charnue, & plus dure que celle des champignons ordinaires. Elle eft un peu mucilagineufe, d'une faveur ftyptique & amère. Il prend, en fe féchant, la couleur du grenat. Il laiffe dans fa maturité, fur la place où on le cueille, quelque germe qui produit dans le mois de feptembre une grande quantité de nouveaux champignons. C'eft ainfi qu'il fe reproduit deux fois l'année, fans aucune efpèce de culture. La nature feule, en le produifant, lui a donné, comme à tous les autres êtres, le moyen de fe régénérer fans fecours étranger.

Ce champignon eft fort eftimé pour fes qualités médicinales. C'eft un remède aftringent & corroboratif. On l'emploie avec fuccès dans les pertes, dans les crachemens de fang, dans les hémorrhagies, les dyfenteries, les flux hémorrhoïdaux, & autres accidens du fang.

Les propriétés importantes & rares de ce champignon le font foigneufement rechercher. Le grand-Maître de Malte fe réfervant le foin de la récolte, en fait diftribuer aux Chevaliers, aux hôpitaux de Malte, & aux perfonnes de l'île qui font incommodées : & il en envoie en pays étrangers aux malades qui peuvent lui en faire demander.

Pour faire mes obfervations dans cette île du Gofe, j'étois monté fur un âne, dont l'allure fort lefte étoit pour moi bien plus commode que n'eût été celle d'un cheval, ou que toute autre voiture. J'en defcendois & je remontois deffus avec une égale facilité; fa marche fûre & prompte ne me laiffoit rien à défirer : elle étoit dirigée par un bon guide. Ces fortes d'animaux font d'un fort grand ufage dans cette île auffi bien qu'à Malte ; & en raifon de l'excellence de leur efpèce, on les emploie très-utilement dans un très-grand nombre d'occafions. On les appelle communément *Jeannettes*.

A ce fujet, je dirai que, monté fur ma Jeannette, je paffai au Cazal-Zebuccio, pour y vifiter une efpèce de carrière d'albâtre qu'on y trouve. Elle eft fituée à l'occident de ce cafal, dans le fein de la montagne.

A très-peu de toifes au-deffous du fommet de cette montagne, on n'apperçoit autre chofe que de groffes pierres détachées les unes des autres, qui font enfoncées en pleine terre. Le propriétaire de ce lieu fait enlever cette terre, il en dégage des portions de ce rocher d'albâtre, & les fait fcier fur la place même où elles font. En faifant cette opération, on examine la couleur des veines qui s'y rencontrent, on les fcie de manière que ces veines produifent aux furfaces le plus bel effet poffible. On en fait des tables, on les tranfporte en cette forme, à dos de mulet, dans les ateliers. Là, on les polit, on les contourne comme l'on veut.

Il y a deux carrières de cette efpèce tout près l'une de l'autre. Cet albâtre eft gris, jaunâtre, & il a quelquefois de beaux accidens bruns & de belles veines d'un beau blanc, femblables à du lait caillé ; il eft très-dur. On y trouve auffi de très-gros blocs qui reffemblent à de l'écaille de tortue, & dont les veines font d'une couleur brune pareille à celle des châtaignes. Il eft transparent, prend un beau poli.

Je fuis perfuadé que fi on fouilloit ce terrain, on y trouveroit de fort beaux morceaux à une très-grande profondeur.

J'ai obfervé l'extérieur de quelques morceaux de cet albâtre. Il y en a qui femblent être des portions de fûts de colonnes groupés ensemble, avec ces espèces d'articulations guillochées qu'on remarque dans les stalactites, & qui indiquent leur degré d'accroissement. D'un autre côté, on voit adhérer à ces masses d'albâtre, des morceaux de roches qui sont d'une nature différente de celle de la montagne qui les contient.

Il y a aussi des morceaux de roches qui sont simplement vernis ou glacés de la matière qui a produit l'albâtre, & qui même est cristallisée par aiguilles formant des étoiles très-agréables.

Ces particularités me déterminèrent à faire ici quelques réflexions sur la manière dont se forment ces pierres, & sur les causes qui les ont placées en ce lieu élevé, à la sommité d'une montagne. C'est encore une circonstance qui confirme ce que j'ai déja dit de la formation de la Sicile, & qui peut s'appliquer à la formation de l'île de Malte. Les albâtres sont, comme on le sait, des corps secondaires, produits par l'assemblage & l'accumulation des sucs qui ont filtré à travers des masses de roches élevées au-dessus des cavités où ces sucs se rassemblent en quantité plus ou moins considérable. Ces sucs distillés lentement, arrivent encore liquides dans les grottes ou dans les filons où ils pénètrent, & là ils se coagulent, & forment des amas de matières de diverses grosseurs, soit au plafond, aux parois ou sur le sol de ces grottes: ils s'y configurent de toutes les manières qui sont propres aux stalagmites, aux stalactites, & quelquefois elles produisent un simple glacis sur certaines parties du rocher. Dans cet état, ces sucs se durcissent en perdant toutes leurs parties aqueuses, & ils adhèrent aux corps qui les reçoivent; ils s'y attachent fortement, & en font leur base & leurs points d'appui.

Les albâtres varient beaucoup, & ont des qualités fort différentes. Il y en a qui ne font que peu d'effervescence avec les acides: ce sont ceux qui participent des qualités du gypse. Les autres qui abondent en parties calcaires, font, avec les acides, des effervescences plus promptes. Ceux de Malte sont dans ce cas; leur cristallisation & leur rupture sont aussi différentes des autres.

L'abondance plus ou moins grande des fluides différens qui composent ces albâtres, détermine leurs formes: les variétés de couleur & les intermittences qu'on y observe, proviennent de la nature des corps que ces fluides ont mis en dissolution. C'est ce qui cause les veines & les nuances différentes qu'on remarque dans ces pierres.

Tout démontre que ces albâtres ne peuvent se former que par infiltration au sein d'une roche, dans une cavité quelconque, qui préalablement y avoit été creusée, n'importe de quelle manière, mais nécessairement à une grande profondeur. Comment se fait-il donc, que ces albâtres soient aujourd'hui au sommet d'une montagne, & à découvert?

Leur rupture, l'éloignement où sont l'un de l'autre des morceaux semblables, leur manière d'être renversés & en désordre, nageant pour ainsi dire au milieu du sable, au sein d'une roche différente de celle où ils ont pris naissance, & dont on voit encore des portions qui adhèrent à ces albâtres, tout ce bouleversement explique assez aux yeux d'un naturaliste exercé, la marche de la nature, & l'effort qu'il a fallu qu'elle fit pour transporter ces masses d'albâtre d'une si étonnante profondeur, à la grande hauteur où on les voit aujourd'hui. C'est une preuve physique qu'il s'est fait en ce lieu, mais à une époque inconnue & fort éloignée de nos jours, un tremblement de terre & une très-violente explosion qui renversa la masse énorme de la roche au sein de laquelle étoit la grotte qui contenoit ces albâtres. Ces bouleversemens sont un jeu pour les volcans dans le voisinage desquels se trouvent des cavités, de quelque espèce & profondeur qu'elles soient.

Tivoli près de Rome présente des masses énormes de stalactites, formées aussi nécessairement au sein de la terre, à des profondeurs considérables, & qui sont aujourd'hui la partie extérieure de la roche, dans des endroits très-élevés.

Avant de m'éloigner de ce lieu, je dois parler du couvent où je logeai: une lettre de M. Poussielgue

un des capitaines du port de Malte, m'y fit obtenir l'hospitalité. C'est un couvent de Capucins : le
gardien me reçut avec honnêteté. La belle disposition & l'ordonnance de l'architecture me frappèrent
en arrivant. C'est sûrement l'unique monastère de cet ordre où l'on trouve une si belle entrée : la propreté qui règne dans cette maison ne peut se comparer qu'à celle du couvent de Girgenti. Il y règne
un bon goût, une recherche & une élégance qui produit autant de surprise que de plaisir. Les arcades
du cloître sont ornées de guirlandes & de vases remplis de fleurs. On les entretient avec soin : si l'on
ne voyoit pas les habitans de ce séjour, on se croiroit dans une retraite de sages voluptueux.

Le lendemain du jour où je visitai la carrière d'albâtre, j'allai voir une grotte dont on ne cessoit
de me raconter des merveilles. Elle est située à un demi-mille dans les terres, au milieu d'un vallon
qui conduit du couvent des Capucins au port S. Paul.

L'entrée de cette grotte est au nord : elle suffit à peine pour y laisser passer un homme. Ce passage étoit
a vingt-cinq pieds de longueur. Ensuite on arrive dans une espèce de salle de trente pieds de diamètre ;
au milieu est un pilier qui soutient le plafond de cette salle creusée dans la roche.

On trouve au fond deux espèces de corridors qui paroissent s'avancer dans les terres ; mais ils sont
bouchés : il me fut impossible d'y pénétrer. Je sortis de cette grotte après m'être bien assuré qu'elle
n'avoit aucune particularité qui méritât que j'en fisse le dessin.

Tandis que j'étois dans ce canton, j'allai voir quelques habitations antiques, qui sont dans le
voisinage du port S. Paul. Ces habitations ont été creusées dans la roche ; je les trouvai presque détruites par le laps du temps, par l'effet du vent du nord, & par l'acide marin qui abonde en ce lieu.
Il ne reste plus rien de remarquable, qu'un cabinet au milieu duquel est une table où pourroient se
placer commodément huit personnes : il règne un banc tout au tour. Les autres antiquités de ce
genre qui étoient dans les environs, sont maintenant presque entièrement détruites.

J'ai observé près de cet endroit un phénomène curieux. La roche y est configurée de manière qu'à
différens dégrés d'élévation, elle présente au-dessus de l'eau de très-vastes parties horizontales, où les
vagues arrivent quand la mer est agitée, & il reste de l'eau dans les endroits qui offrent quelque cavité.
Ces eaux séjournent, & ne diminuent dans les temps calmes que par l'effet de l'évaporation. En diminuant elles deviennent plus corrosives, par le sel qui est plus rapproché. Dans cet état, l'eau mange la pierre.
Mais ce qu'il y a de curieux, c'est que cette eau creuse la roche en rond, en cercles de deux à trois pieds
de diamètre, & de quatre à cinq pouces de profondeur. Elle ne produit pas un seul creux circulaire, mais
plusieurs, comme seroit sur de la cire l'empreinte de plusieurs pièces de monnoies, qui se couvriroient
en partie les unes les autres, plus ou moins, mais de manière à laisser paroître la forme de chacune d'elles. Ce qui fait des parties de cercle comme de petites cuvettes de quatre à cinq pouces
de profondeur.

Ce qui m'a paru plus merveilleux encore, & ce qui m'a fait plus de plaisir, c'est de voir le
vœu de la nature plus accompli au fond de ces cuvettes, qu'il ne l'était par la formation de ces
cuvettes mêmes. Elle y creuse d'autres cavités circulaires plus petites & plus régulières, telles que
si trois, quatre, cinq ou six pièces de monnoie se rassembloient, & formoient, en se couvrant un peu
les unes les autres, l'image d'une rose, dont elles représenteroient les feuilles. J'en ai vu où l'on
reconnoissoit deux roses confondues, chacune de cinq à six feuilles. Ces roses avoient trois, quatre à
cinq pouces de diamètre, & un de profondeur. Elles étoient pleines de sel : l'eau en étoit évaporée, ce
qui manifestoit bien le mystère de leur configuration.

Il est évident que le sel agissant toujours avec plus d'énergie, en proportion de la perte qu'il fait de
l'eau où il est délayé, ou de son eau de cristallisation, avoit produit de nouveaux foyers multipliés,
dont les résultats étoient plus réguliers. On voyoit de ces roses en différens endroits dans ces grandes
cuvettes. Ces divisions, produites par les mêmes principes, avoient toujours dû avoir des effets semblables.

Qu'on

Qu'on ne me demande pas ce que font devenues les parties de la pierre que le sel a diſſoute. L'eau étant évaporée, & la pierre se trouvant dans un état de diſſolution, les vents enlevèrent ces parties atténuées. Ces vents ſont là d'une telle violence, que la roche même cède à leur action.

Le port S. Paul eſt près de ce lieu comme je l'ai dit : il y a un autre port un peu plus loin : tous deux ſont en état de recevoir de petits vaiſſeaux ; mais ils ne ſont pas occupés aujourd'hui ; & de peur que ces ports ne ſoient ſurpris la nuit par un débarquement imprévu, on tend une forte chaîne ſuſpendue à fleur d'eau, attachée d'un côté à l'autre de ces ports : elle empêche abſolument d'y entrer.

J'allai voir un monument qu'on appelle les *Evêques antiques* : il eſt dans le cimetière des Auguſtins au Rabbato. Il ne mérite guère d'être cité, quoiqu'on le vante dans cette Iſle comme une choſe curieuſe. Ce ſont des eſpèces de trophées d'égliſe, compoſés de mitres, de croix, d'étoles, &c., ſculptés en bas-relief ; ils m'ont paru allégoriques & être des attributs de quelque évêque enterré dans ce lieu. Ces bas-reliefs ſont incruſtés dans le mur, ils ne m'ont rien offert d'intéreſſant.

J'ai deſſiné un petit monument gothique, aſſez curieux, qu'on verra plus bas avec des débris de l'iſle de Malte. Planche CCLXI.

Voyage autour de l'Isle du Gose.

Je partis du port *del Miggiaro*, bien muni de bons mariniers pour conduire la barque dans laquelle je faiſois mes obſervations. J'invite mon lecteur à prendre la carte pour me ſuivre.

En partant du port, je dirigeai ma courſe ſur la droite, vers le midi & le couchant. Je trouvai à deux milles un petit port où ſont les Cataractes dont j'ai parlé. En voguant, peu éloigné de l'Iſle, on voit la roche & ſes différentes élévations : on traverſe de petits golfes ; on voit des antres, des cavernes de toutes les formes & de toutes les grandeurs. Nous arrivâmes à l'écueil des Champignons, dont la roche voiſine eſt taillée à pique ; elle eſt d'une hauteur conſidérable. Nous paſſâmes enſuite tous les caps & tous les golfes grands & petits : & nous vîmes la ſaline de l'Horloger dont j'ai parlé, près de cette grotte où les vagues ſe réuniſſent & ſemblent ſe diſputer l'avantage d'y faire le plus de bruit. Le temps étoit à-peu-près calme : cependant, le bruit étoit affreux : il faut être bien familier avec cette ſorte de ſpectacle pour en ſoutenir l'horreur en le voyant de près, & ſur-tout en pénétrant au-dedans de ces grottes. Il faut même une ame forte pour jouir de ce tableau effrayant, & s'y accoutumer pendant quelque temps les yeux & les oreilles.

Plus loin, je vis de très-grandes grottes creuſées auſſi dans la roche : mais elles avoient un aſpect bien différent : car la mer y étoit dans le calme le plus parfait. Cependant cette tranquillité inattendue, m'effraya d'abord autant que le tumulte qui m'avoit affecté dans les cavernes voiſines : il fallut que la raiſon vînt au ſecours des ſens & de l'imagination encore toute étonnée par la ſingularité de ce lieu.

Pendant plus de deux milles au moins, à cette partie de l'iſle du Goſe, on ne voit que des antres & des roches taillées verticalement, de cent-trente pieds d'élévation au-deſſus de l'eau. Ces roches s'enfoncent en mer dans la même direction, à une profondeur immenſe. La blancheur dont elles ſont, les fait diſcerner facilement dans l'eau de la mer, qui ſemble très-noire parce qu'elle eſt profonde, & parce qu'étant expoſée au nord, elle eſt ombragée par le rocher : & comme elle eſt abſolument tranſparente, elle offre ſous la barque qui vous porte, près du roc, un vide, un abyme d'une profondeur horrible, au milieu duquel la barque ſemble ſuſpendue auprès d'un mur liſſe & vertical qui ne préſente aucuns ſecours. On ſe croit dans un iſolement parfait, & ſoutenu en l'air, comme par enchantement : l'on s'imagine que ſi la barque manquoit, on feroit une chute épouvantable : l'idée d'être noyé ne ſe préſente pas d'abord, elle ne vient que par réflexion. On n'a pas cette même crainte en pleine mer, parce que le défaut d'objets qui font apercevoir la tranſparence de l'eau, ne permet pas à l'imagination de s'égarer, comme en ce lieu , où elle cherche au fond de la mer le pied des rochers, qui se confond avec l'eau dans le fort de son obscurité. Dans ces cavernes où l'eau est d'une tranquillité parfaite , l'effet en est encore plus effrayant.

Cependant il y a dans cette Isle une classe d'hommes qui, eux & leurs familles , ne subsistent qu'en s'exposant tous les jours, lorsque le tems est serein, à venir pêcher du poisson autour de ce rocher : ils descendent de sa cime à la faveur de quelques petites aspérités qu'offre le flanc du roc taillé à pic ; & quoiqu'ils puissent à peine y mettre le pied , ils se hasardent par ces dangereux escaliers, & arrivent, à vingt pieds près de la surface de la mer. Là , ils passent quelquefois la journée entière , jusqu'à ce qu'ils aient leur charge de poisson : puis ils remontent comme ils sont venus, au risque de se précipiter mille fois dans la mer. La plupart ne prennent pas de corde pour diminuer le danger, ils ne s'en servent que dans les endroits où il seroit impossible d'y parvenir sans leur secours. On m'a dit que le poisson étoit très-abondant & de très-belle espèce en ce lieu.

Je frémis encore , quand je pense que si le pied glissoit à quelques-uns de ces malheureux, ils seroient infailliblement noyés. Le rocher uni , lisse, ne leur offriroit aucun secours, aucun lieu où ils pussent s'arrêter , & ils ne pourroient atteindre à la nage un port, ou une rive pour se reposer : il n'y en a qu'à une trop grande distance.

De ces rochers , nous nous avançâmes vers le port S. Paul , dont j'ai déja parlé : & nous le passâmes en continuant notre route. La roche n'a pas, auprès de ce port, cette grande élévation. C'est là que commence la roche concassée dont j'ai fait mention. Nous l'avons vue depuis ce lieu jusqu'au port du Miggiaro d'où j'étois parti, & où je revins après avoir fait le tour de cette isle du Gose.

Je partis ensuite de ce même port pour me rendre à Malte. J'étois dans une simple barque, il étoit tard , la mer étoit grosse , nous avions le vent contraire. Nous voulions arriver avant la nuit. Ce trajet étoit facile à faire en si peu de tems par un beau jour. Mais dans cette circonstance il fallut ramer avec violence : & les mariniers qui me conduisoient, me donnèrent dans ce passage des preuves de courage & de force qui m'étonnèrent plus d'une fois.

Je ne puis passer sous silence ce que j'ai vu de la vigueur & de l'intrépidité des matelots Maltois. Car j'ai eu plusieurs occasions, de leur voir faire des prodiges de force & de hardiesse, dans les petits voyages que j'ai faits autour de Malte & de l'isle du Gose : ce fut sur-tout dans cette traversée de l'une à l'autre de ces Isles que je les vis agir pendant trois heures consécutives, avec la plus grande intelligence & la plus étonnante fatigue , sans jamais un moment de relâche : car il falloit vaincre la violence & la hauteur des vagues. Je les observois, & je les voyois agir avec des efforts pénibles, mais constans ; l'activité & la force de l'action musculaire qu'ils opposoient à l'impétuosité des vagues & du vent, me paroissoient toujours près de succomber. Ils surpassoient par leur travail tout ce que j'avois vu jusqu'alors dans d'autres circonstances. J'étois plus affecté de leurs peines, que du danger ; je ne pouvois soutenir le spectacle de leurs efforts sans éprouver un tourment secret qui m'étoit tellement insupportable , qu'il m'obligea plus d'une fois d'en détourner les yeux, & même de me boucher les oreilles pour ne pas entendre le bruit de leurs rames. Je me disois : Tout à un terme ; & je redoutois celui de leurs moyens. Heureusement celui de leurs travaux arriva auparavant. Je n'ai jamais vu les matelots de la Sicile agir avec autant de persévérance, & montrer autant de vigueur, quoique je me sois trouvé avec eux dans des positions bien critiques , & dans des dangers très-imminens.

Arrivée à Malte.

Je saisis cette occasion de mon arrivée dans cette Isle , pour dire ce qui est d'usage à l'égard de tout vaisseau qui se présente dans son port.

Lorsqu'on arrive à Malte, on est visité & interrogé plus exactement & plus sévèrement encore que dans les autres ports de la Méditerranée , sur-tout lorsqu'on est monté sur un vaisseau qui vient du

Levant, de la Turquie, des côtes de Barbarie, ou de quelque pays d'où l'on pourroit apporter la peſte & autres maladies contagieuſes.

Quand j'y arrivai, non pas de l'iſle du Goſe, mais de la Sicile, il étoit environ minuit : le port étoit fermé, nous reſtâmes en rade. Ce ne fut que le lendemain matin ſur les ſept heures, que nous fûmes viſités par les Députés de la Santé. Le garde du port de cette ſemaine (car il y en a deux qui ſe relèvent alternativement tous les huit jours) s'informa du pays d'où nous venions, de l'époque de notre départ, ſi nous n'avions pas communiqué avec un vaiſſeau quelconque ; il demande auſſi quel entretien on a eu avec ce vaiſſeau, combien de tems on eſt reſté avec lui, en quel endroit on l'a rencontré. Si ce vaiſſeau eſt Levantin ou Barbareſque, il faut, ſi l'on en a reçu quelque choſe, faire une quarantaine qui eſt plus ou moins longue ſelon que cela paroit ſuſceptible de malignité. Il faut abſolument tout dire, tout déclarer, parce que l'examen éclaircit tout, & que ſi l'on cachoit quelque choſe de quelque importance, le procès eſt tout fait, & l'on riſque d'être pendu.

Le Capitaine du navire communique au capitaine du port la patente qui confirme la déclaration qu'on a faite ; il examine ſi l'état du vaiſſeau, le nombre des paſſagers, des matelots, des marchandiſes, eſt conforme à la patente. Si l'on n'eſt pas aſſujetti à faire quarantaine, on débarque, pour être conduit chez le Gouverneur, qui vous queſtionne à ſon tour ſur les motifs qui vous amènent dans le pays ; quand on a ſatisfait à toutes ſes demandes, & qu'on a, du Médecin & du Député de la Santé, qui vous examinent auſſi, un rapport favorable, atteſtant qu'il n'y a aucun danger, on obtient enfin la liberté d'aller où l'on veut, & cette liberté s'appelle *la Pratique*, c'eſt-à-dire, la liberté de *pratiquer* le pays.

Mais ſi le vaiſſeau eſt ſoumis à la quarantaine, un garde de la Santé monte deſſus, le conduit au Lazaret, qui eſt ſitué dans une petite Iſle à l'accident de Malte ; voyez la Carte : & ce garde ne quitte plus les gens du navire qu'à la fin du temps preſcrit pour cette *purification*. Il fait une recherche exacte de tous les effets contenus dans le vaiſſeau, vêtemens, habits, linges, chauſſure & autre choſe d'uſage pour le corps ; on fait une double quarantaine ſi le chargement n'eſt pas neuf. Il n'y a que les bois, les pierres & les métaux qui en ſoient affranchis, parce qu'on ne les croit pas ſuſceptibles de tranſmettre la peſte. On a peut-être tort à l'égard du bois. Mais toute autre marchandiſe eſt dépoſée au Lazaret.

On eſt parfumé deux fois pendant ce tems-là. On met tout l'équipage & tous les paſſagers dans une chambre du navire ou ſous l'entre-pont bien fermé ; on brûle dans un grand baſſin beaucoup de paille : & lorſque la flamme eſt éteinte on jette ſur cette eſpèce de charbon, un demi *rotolo*, c'eſt-à-dire environ quinze onces poids de France, d'un parfum qui conſiſte en une quantité de fortes d'herbes & de drogues aromatiques qui, toutes enſemble, ont la vertu de détruire les miaſmes par leſquels la peſte pourroit ſe communiquer.

La première fumigation ſe fait à la moitié de la quarantaine, la ſeconde à la fin. Enſuite le premier médecin de la Santé viſite toutes les perſonnes du navire : puis on fait prêter ſerment à toutes ces perſonnes & déclarer dans quel état elles ſe ſont trouvées pendant le voyage & pendant la quarantaine : on fait jurer auſſi aux gardes de la ſanté qu'ils ont bien rempli leur devoir. Déguiſer quelque choſe ou manquer à quelques-unes des règles preſcrites par la loi, c'eſt un crime digne de mort, & puni ſans rémiſſion. Pour cet effet il y a dans le Lazaret une potence toute dreſſée, & le délinquant y eſt auſſitôt attaché que convaincu.

Je n'avois pas été condamné à cette purification, mais je déſirai voir ce Lazaret. Quelques jours après je m'y fis conduire dans une petite barque avec le Commiſſaire de la Santé. Dès que j'approchai de cette petite Iſle, je fus frappé par le ſpectacle le plus nouveau & le plus intéreſſant pour un peintre d'hiſtoire.

Il y avoit alors dans ce Lazaret environ deux cents perſonnes de tout âge & de tout ſexe, tant

Corfaires que Négocians, de différentes nations. Il y avoit des Pélerins de Maroc qui alloient à la Mecque, dont le vaiffeau avoit été jeté fur l'ifle de Malte par des vents contraires, & qu'on avoit reçus pour les fecourir. Soixante perfonnes étoient fur le rivage, en dehors des murs du Lazaret. Ils formoient divers groupes : les uns affis à la Turque fur la berge, les autres debout, s'amufant à nous regarder venir, comme nous nous amufions à les voir. Ce qui me rendoit ce fpectacle fi curieux, c'eft que ces gens étoient tous enveloppés dans leurs vêtemens de laine blanche, qui ne laiffe diftinguer aucune forme connue. Ils préfentoient des maffes bizarres, qui quelquefois ne conservoient aucune apparence de la figure humaine. On les eût pris pour différens paquets de draperies, fur lefquels on voyoit çà & là, une partie de main ou de vifage, furmontée d'un tas de chiffons blancs ou colorés dont ils s'entor- rilloient la tête. Sur quelques-uns on ne voyoit qu'une barbe & le bout du nez. Ailleurs, les femmes plus cachées ne laiffoient prefque rien voir de leur figure. Les enfans, moins myftérieux, fe montroient plus volontiers. Parmi ces figures étranges il y avoit de bien belles têtes d'hommes.

Débarqués dans cette Ifle, nous eûmes la plus grande attention à ne pas approcher & à ne nous pas laiffer approcher d'aucune des perfonnes qui y faifoient leur réfidence, ni de celles qui les gar- doient. Il faut au moins cinq à fix pieds de diftance. On ne pourroit pas même tenir par un bout un bâton que tiendroit une de ces perfonnes. Cependant on peut leur donner du tabac, ou en prendre d'elles, parce qu'on regarde le tabac comme un antidote ; mais on ne doit pas s'y expofer, parce que fi leur habit touche le vôtre, il faut achever avec eux le tems de cette retraite : & que fur cet objet il n'y a ni protection, ni raifonnement, ni rufes, qui puiffent vous en faire difpenser.

Le vaiffeau qui porta la pefte à Meffine, il y a trente-fix ans, avoit touché à Malte & ne l'y avoit pas laiffée, parce qu'on y eft bien plus févère qu'en Sicile, où avec de l'argent on fait bien fouvent ce qu'on veut.

Nous entrâmes dans les cours où nous vîmes des magafins, des hangars immenfes, de longues & larges galeries voûtées & ouvertes par de grandes arcades, & faifant le tour des cours : elles forment différens corps de magafins. Il y avoit de larges tables de deux pieds d'élévation dans toute la longueur de ces galeries. On étale les marchandifes fur ces tables, on les développe & on les change de place chaque jour pour les aérer. Il y a des gens prépofés pour ces travaux dangereux. Il faut bien fe garder de toucher à ces marchandifes, car on feroit quarantaine. Lorfqu'il y a de la volaille dans un navire on ne lui fait faire qu'une demi-retraite. Les autres animaux ont des lieux particuliers où ils de- meurent auffi le temps prefcrit : parce que la pefte eft une maladie qui n'eft commune aux hommes & aux animaux que par la mal-propreté qui réfide dans le poil ou dans les plumes de ces derniers.

Après avoir parcouru ces magafins, nous allâmes voir le fort Manuel, qui en eft voifin. Dans la cour de ce fort, on a placé la ftatue de fon fondateur en bronze. Il eft repréfenté avec l'habit que porte le Grand-Maître dans les jours de cérémonie.

De là on nous conduifit à un petit arfenal & aux fortifications extérieures de cette Ifle. Je fut enchanté du bel état dans lequel on a foin de les entretenir. Il y avoit un prêtre détenu dans les prifons de cette Ifle par ordre du gouvernement, comme coupable ou complice des dernières révoltes qu'il y avoit eu à Malte, peu de temps auparavant.

De retour à Malte & toujours occupé des fombres idées de cette quarantaine, je confidérai & je deffinai le lieu qu'on appelle la Barrière de la Santé.

PLANCHE CCLIV.

Plan de la Barrière et du Bureau de la Santé, situés au bord de la mer.

Le corps de ce bâtiment eft à l'extrémité du port de Malte, vers le nord. C'eft-là que fe tiennent

Pl. CCLIV.

Plan de la Barriere

et du Bureau de la Santé, à Malte.

les perfonnes chargées par le Gouvernement, de veiller à l'exécution des lois faites pour garantir les habitans de l'Ifle des maladies contagieufes, que lui pourroient apporter les vaiffeaux étrangers.

Quelquefois on fe contente d'exiger des vaiffeaux un fimple retard, en les tenant à l'ancre dans le port même de Malte. On permet de débarquer fur la grève les marchandifes qui ne s'imprègnent point de la contagion. On accorde aux hommes que l'on n'en croit point attaqués, de mettre pied à terre, & d'entrer dans des avenues marquées par des bornes alignées, qui conduifent au bureau de la fanté. Ces bornes font jointes l'une à l'autre par des monceaux de bois qui en font des allées ; chacune de ces allées a fa deftination, foit pour les étrangers, foit pour les habitans du pays. AA : c'eft l'endroit du port où l'on dépofe les marchandifes; enfuite on les porte dans les intervales BB. & CC. Dans ces intervales, on y range féparément ces diverfes marchandifes. Les marchands étrangers fe placent dans la barrière DD, d'où ils peuvent traiter avec les marchands du pays, qui font arrêtés par les barrières EE. Ces barrières, qui ont environ cent-cinquante pieds de long, peuvent tenir deux mille perfonnes. Les marchands du pays font ainfi éloignés des autres par un intervalle de neuf pieds, entre l'avenue D & celle marquée E : efpace qu'on a reconnu fuffifant pour que la contagion ne fe communique point quand elle n'eft pas bien forte, & cet efpace n'eft pas affez grand pour empêcher qu'on ne puiffe voir les marchandifes dont on traite.

Quand le temps eft doux & ferein, les marchés fe font ainfi en plein air : mais s'il pleut, ou qu'il faffe trop chaud, ces conférences fe font dans un bureau voifin, & dans les cabinets I. L. Les étrangers paffent par les magafins H. Je n'en ai pas donné la diftribution, parce qu'elle eft inutile à mon objet. Dans ces cabinets I. L., les marchands étrangers fe placent en II, & conférent par-deffus l'efpace GG qui les fépare d'avec les Maltois placés en L. Leurs affaires finies, ils fe retirent par les magafins H, & la porte M.

Le refte de l'efpace, au bas de cette eftampe, eft la continuité du port : la partie qui n'eft pas repréfentée dans cette eftampe, font des magafins, & les demeures de quelques Négocians de différentes nations.

Les papiers, comme les lettres, & autres chofes qui ne font pas d'un gros volume, & qui ont befoin d'être expédiées promptement, peuvent l'être fans courir de rifque. On les paffe au feu pour les purifier, & voici comment : d'abord on les faifit avec des pinces, & on les perce de deux coups de cifeau, qui les traverfent de part en part. On les met enfuite dans une petite armoire O, d'environ dix-huit pouces en carré, & d'à-peu-près quatre pieds de haut. Là, font des grilles de bois qui tiennent lieu de tablettes. Sur ces grilles ont met les lettres, les papiers & autres objets qu'on veut purifier.

On brûle au-deffous de la paille dans une grande jatte. Quand elle eft en charbon, l'on jette deffus des aromates, compofées d'un grand nombre de fimples bien mêlés enfemble & parfaitement fecs. Ces herbes s'enflamment & brûlent dans l'armoire qu'on ferme auffitôt avec une porte à couliffe. Cette fumigation purifie les papiers dans l'efpace d'une demi-heure. Alors ils ne peuvent plus communiquer la pefte. Q, eft l'efpèce de cheminée dans laquelle on brûle la paille.

Mais quand les papiers viennent d'un endroit connu, qui demande une double quarantaine, on commence par tremper les lettres dans le vinaigre, & on leur donne deux parfums. L'argent & l'or font jetés dans un grand baffin plein de vinaigre, cela fuffit pour les purifier. Si le vaiffeau arrive d'un pays où eft la pefte, ou voifin d'un pays où elle eft, la quarataine eft complette pour les gens de l'équipage, & du double pour le navire & les marchandifes.

Toutes les précautions ordonnées par les lois du bureau de la fanté, font féverement obfervées, parce que l'on eft bien perfuadé, que fi la pefte fe répandoit dans l'ifle de Malte, ce feroit un peuple perdu. Il n'y viendroit pas de fecours : & s'il en venoit, ils ne feroient peut-être pas reçus. Cette réflexion feule fait trembler.

Cette crainte eft fi vive, qu'on n'a pas confié au Grand-Maître la nomination des Miniftres de la fanté. Ils font nommés par le Confeil de la Religion; le Grand-Maître fait ferment à fa réception, au moment où on le couronne, non-feulement de ne s'oppofer en aucune manière aux lois preferites pour la quarantaine, mais même de les protéger & de les défendre dans toutes les circonf-tances.

J'ai placé dans cette eftampe des chaloupes que l'on fuppofe aller chercher des marchandifes à bord de quelques vaiffeaux qui font à l'ancre, au milieu du port, & elles viennent les dépofer à terre, en AA.

Tout vaiffeau de Barbarie, de Maroc, ou de la côte d'Afrique, foit Alger, Tunis & Tripoli, tout navire qui vient de l'Egypte, de la Syrie, des États du Turc, jufques au golfe Adriatique, même à Zara en Dalmatie, où commence l'État de Venife, fait toujours, même quand il n'y a pas de pefte dans ce pays, une quarantaine; elle eft de vingt jours pour les perfonnes & du double pour les marchandifes: quand le pays d'où il arrive eft fufpect, la quarantaine eft de trente jours pour les hommes & toujours du double pour la charge du bâtiment. On fe règle fur le rapport des Confuls chrétiens qui, au moment du départ des navires, font un procès-verbal de l'état de l'atmofphère, & de la fanté des habitans du pays, & le donnent au Capitaine qui eft obligé de le remettre au bureau de la fanté: il règle la quarantaine fur ce procès-verbal. Il règne à cet égard une bonne-foi de part & d'autre, dont on n'a jamais eu à fe plaindre. Si la quarantaine ennuie, elle n'eft pas difpendieufe, car tout vaiffeau qui la fait à Malte, ne dépenfe pas, tout compris pour ce retard, plus de trois louis argent de France.

Le Grand-Maître ne peut difpofer d'aucune chofe concernant la quarantaine, fi ce n'eft de l'abréger de vingt-quatre heures en faveur de quelques perfonnes qu'il confidère. Le Confeil de la Religion, en lui donnant l'invefliture de la principauté de l'Ifle, fe réferve d'approuver les juges civils & criminels, les Officiers de la monnoie & de la quarantaine.

Après toutes les cérémonies ufitées en abordant, je montai du port à la ville, appelée la Valette, parce qu'elle fut fondée par le Grand-Maître de ce nom.

Je me logeai dans une affez bonne auberge françoife. J'obfervai que les ufages de Malte, tant pour l'intérieur des maifons, que pour toutes les chofes de la vie, font faits pour plaire à tous les étrangers de quelque nation qu'ils foient. La propreté, fur-tout, y règne jufque chez le peuple le plus pauvre. J'ai vu à cet égard bien des chofes qui m'ont étonné.

Je me préfentai avec les lettres de recommandation que j'avois du miniftre de ma nation, à M. le Commandeur Defpenc, chargé des affaires de France, qui me préfenta à fon Excellence Émi-nentiffime le Grand-Maître, & lui demanda pour moi la permiffion de deffiner les antiquités que je trouverois dans fes états. Cette permiffion me fut facilement accordée: il donna même des ordres pour que l'on favorifât mes recherches, & qu'on me fournît toutes les chofes dont j'aurois befoin. Notre Conful, M. Abela, me combla d'attention, & me rendit des fervices effentiels.

Pour première courfe dans l'ifle de Malte, j'allai vifiter le port de Marzafirocco, afin d'y peindre un refte d'édifice antique.

P L A N C H E   C C L V.

Refte d'un Temple d'Hercule.

Il eft à l'orient de Marzafirocco, à trois cents pas de ce port, fur une petite colline, au bord du chemin, près d'une maifon ifolée, dans un champ appartenant à des moines Auguftins. Il confifte en un beau refte de mur de quatre affifes de pierres, de deux pieds de hauteur chacune; & ces pierres ont cinq à fix pieds de long; elles font bien jointes, & pofées fans mortier. Ce mur a environ quatre-vingt-dix pieds de long.

Reste du Temple d'hercule
situé près de Marsa sirocco

Ces pierres ne font pas fort dures, on les voit même rongées en nombre d'endroits : cependant il y en a quelques-unes qui ont très-bien réfifté à la corrofion du tems, depuis nombre de fiècles.

La tradition nous apprend qu'il y eut autrefois en ce lieu un temple d'Hercule ; cependant je ne puis prononcer fur la partie de l'édifice auquel ce mur a appartenu. J'ai penfé d'abord que c'étoit le mur du fanctuaire de ce Temple, dont toutes les colonnes & les autres reftes étoient enlevés ; mais fa grande longueur m'a fait douter de cette idée.

Près de là eft une petite chapelle, nommée la chapelle de Notre-Dame des Neiges. Son ordonnance & fa décoration m'ont fait le plus grand plaifir, par le bon goût des formes, par la fimplicité des maffes & des profils. J'ai eu plufieurs occafions d'admirer l'architecture Maltoise pour fes deux qualités, un goût exquis dans les formes des maffes, & une noble fimplicité dans les détails. Certainement les architectes de Malte ne vont pas étudier en Sicile pour s'y former fur les ouvrages modernes.

Le port de Marzafirocco, comme on peut le voir dans le plan, eft fort vafte, & fort peu défendu en raifon de fa grande étendue.

Derrière la petite chapelle de S. Georges, à deux cents pas au nord, on trouve fur une hauteur les débris d'un très-ancien édifice. Sa conftruction eft du genre de celle du temple des Géans. Il préfente deux portions circulaires de douze à quatorze toifes de diamètre, éloignées l'une de l'autre d'un de leur diamètre, & unies enfemble par un mur en retour d'équerre, dont un des côtés fait tangente & s'alonge de huit à dix toifes fur l'un des deux cercles, & l'autre côté fait rayon à l'autre portion du cercle. A la première vue on n'aperçoit qu'un amas de pierres, parmi lefquelles il y en a qui font d'une grandeur confidérable.

C'eft là que j'ai vu la manière dont les Maltois défrichent leur roche ftérile. Ils cherchent les endroits creux, les fentes, les fillons, les cavités où la nature a mis un peu de terre : ils enlèvent cette terre ; ils rempliffent de pierres, le creux du rocher qu'ils ont vidé ; ils étendent fur ce fond les débris de la roche qu'ils ont caffée pour l'aplanir, à côté du creux, & ils replacent la terre fur ces débris, ils lui donnent huit à dix pouces d'épaiffeur & y fèment du coton qui vient très-bien.

On voit dans les environs du port de Marzafirocco, une très-grande & fuperbe écurie moderne, taillée dans la roche. Il y a auffi d'autres grottes creufées régulièrement & curieufes à voir.

De ce port je paffai au cafal Gucia, où l'on trouve les reftes d'une tour : la conftruction en eft très-vilaine & très-irrégulière. Elle eft formée de groffes pierres. Cette conftruction eft peut être un chef-d'œuvre de ce temps-là, & elle eft moins irrégulière que les autres édifices de ce genre, dont j'ai parlé. Le nom qu'elle porte ne viendroit-il pas de ce qu'elle étoit mieux faite que les autres? On l'appelle la *Giauard*, c'eft-à-dire la perle, le bijou, le joyau, en langue Arabe ou Phénicienne. Toutes les affifes ne font pas égales pour la hauteur. Il y en a de trente-trois pouces de haut. Les murs ont trois pieds fix pouces d'épaiffeur.

On a trouvé dans cet endroit un vafe de terre cuite, plein de médailles romaines en cuivre. M. le marquis D. C. Barbaro en eft le propriétaire. Mais ce vafe n'étant accompagné d'aucune infcription locale, cette découverte n'a pu faire conjecturer aucune chofe fur ce lieu.

A trois cents pas de-là, vers le couchant, près des ruines d'une petite chapelle gothique, dédiée à Saint-Antoine, on trouve le foubaffement d'un petit édifice antique, & qui paroît être de conftruction grecque. Il a environ neuf toifes de longueur, fur à-peu-près trente pieds de large. Il eft fait de très-grandes pierres pofées à fec. Près de ce foubaffement il y a une citerne d'environ vingt-trois pieds de profondeur fur neuf de large : elle eft creufée dans la roche ; elle a fur fa longueur trois arcs en plate-bande, qui confiftent en fept clavaux, & qui font fupérieurement bien appareillés. Ils portent des dalles de pierres qui couvrent ce réfervoir.

Il y a une autre citerne plus petite dans fon voifinage, au milieu d'un autre enclos. Le refte des édifices qu'on trouve çà & là, vers le fud-eft, prouvent qu'il y a eu autrefois des habitations importantes en cet endroit.

Revenu de ce lieu à la ville, je m'occupai de deſſiner les fragmens antiques que l'on conſerve dans la bibliothéque du Grand-Maître. Cette bibliothéque eſt publique.

PLANCHE CCLVI.

Fragmens d'Architecture, Figures, Bas-reliefs, et Vaſes de différentes eſpèces, que l'on conſerve dans la Bibliothéque publique de Malte.

Le morceau le plus curieux de tous ceux que j'ai vus dans cette bibliothéque, morceau que j'aurois cru ne devoir trouver qu'en Sicile, eſt le piédeſtal AA, orné de bas-reliefs, ſeulement ſur deux de ſes faces. Le principal repréſente une groſſe tête d'homme, de laquelle émanent, comme des rayons, trois cuiſſes & trois jambes. Cette figure, qu'on retrouve ſur nombre des médailles, eſt un emblême de la Sicile. Ces trois jambes font alluſion aux trois promontoires de Lilybée, de Pelore, & de Pachino, la tête au Mont-Etna.

Abela nous dit dans ſon hiſtoire de Malte, que ce monument étoit le piédeſtal d'une ſtatue de Proſerpine adorée dans ce pays; & que ſelon l'uſage des anciens, on avoit indiqué, par ces bas-reliefs, que ſon culte venoit de Sicile. Quand une nouvelle divinité étoit admiſe chez un peuple, on avoit ſoin de marquer d'où ſon culte étoit originaire. Ainſi, dans Agrigente, le nom de Jupiter-Olympien, enſeignoit que ce Temple étoit érigé en l'honneur du Jupiter d'Olympie; celui de Jupiter Atabirius venoit d'Atabir, montagne de Crète, & avoit été apporté par les fondateurs d'Agrigente. Je ne doute pas que celui d'Eſculape ne lui vînt directement d'Epidaure.

De chaque côté de ce piédeſtal on voit, ainſi que je l'ai repréſenté ſur la gauche de cette eſtampe, un homme habillé, B, qui retient avec effort un gros poiſſon ſur ſes genoux. Ces deux piédeſtaux n'en font qu'un, dont le ſecond eſt pour faire voir la face latérale du premier, A.

On m'a montré deux petits piédeſtaux qui portent chacun un obéliſque rond, s'élevant du milieu de quelques feuilles d'acanthe, qui ſemblent naître à ſes pieds & l'enveloppent comme un chaton, ainſi que je l'ai repréſenté, CC. Ces obéliſques ſont en marbre blanc & ont trois pieds de haut.

On m'a fait voir auſſi un beau vaſe cinéraire de verre D: il a été trouvé, bien conſervé, dans un tombeau au fond des Catacombes. Il a dix-huit pouces de hauteur. Les autres vaſes E, F, G, H, I, K, L, M, N, ſont tous en terre cuite. O, eſt un véritable chandelier antique: or, on ſait que les anciens brûloient des eſpèces de bougies de cire & du *Papyrus* ſec. Le vaſe L eſt en forme de coquille, il eſt de terre cuite. Tous ces morceaux ont été choiſis parmi ceux qui ſont conſervés dans la bibliothéque publique. Je les ai raſſemblés ainſi par groupes, afin que l'enſemble en fût plus pittoreſque. Je les ai repréſentés réunis ſur un terrain en plein air, afin d'offrir un contraſte au tableau qui eſt deſſous.

Figure ſeconde.

Les vaſes repréſentés dans la ſeconde partie de cette eſtampe, ſont des vaſes étruſques, ils ſont au nombre de trois, & ſe reſſemblent pour la forme. Afin de les varier, je les ai groupés avec d'autres plus petits, d'une figure différente, mais de même nature.

Pour faire connoître que ces vaſes ont des couvercles, j'en ai repréſenté un mis de côté dans le vaſe du milieu, dont on diſtingue aiſément la forme & les ornemens.

Pl. CCLVI.

Fragments d'Architecture et de Figures antiques
qui se conservent dans la Bibliothèque publique à Malte.

Fig. 2.

Vases antiques en Terre cuite
qui sont dans la Galerie du Palais du Grand Maître de la Religion à Malte.

Pl. CCLVI.

CLAUDIA METELLI.

PENTHESILEA

PLANCHE CCLVII.

Bas-reliefs en marbre représentant quatre Têtes de femmes.

Ces bas-reliefs font incruftés dans le mur de la galerie du palais du Grand-Maître de Malte, en face des croifées ; ils font au nombre de trois. L'un, que j'ai placé le premier dans cette gravure, contient deux têtes, entourées d'une efpèce de bordure. Les deux autres font des morceaux féparés & tels que je les repréfente ici.

On a infcrit des noms au-deffus de ces têtes, précifément à la place où je les ai gravés : il eft donc très-poffible que ces bas-reliefs repréfentent les traits des perfonnes dont on lit les noms.

La première, A, eft Tullie, fille de Cicéron & de Térentia ; fon père l'éleva avec beaucoup de foin ; elle fut mariée trois fois ; à Caïus-Pifon, à Furius-Craffipes, & enfin à P. Cornelius-Dolabella, pendant que fon père étoit gouverneur de Sicile. Sa coiffure eft très-fimple, mais on n'a pas omis d'y fculpter la mitre, ornement que les femmes de diftinction portoient chez les Romains, & qu'elles mettoient au-deffus de leur front, telle qu'on la voit dans les médailles de Spanheim. *Cæfars de Julien.*

La feconde tête, eft celle de Claudia-Metell ; elle eft coiffée avec plus de magnificence que Tullie. Sa mitre paroît ornée de pierres précieufes, auffi bien que le col de fa tunique.

La troifième eft fuppofée celle de Penthefilée, reine des Amazones, qui, dit-on, fuccéda à Orithye, & qui donna tant de preuves de fon courage au fiége de Troie, où elle fut tuée. On lit dans Pline, livre VIII, chap. 56°, qu'elle inventa la hallebarde. Mais fi les Amazones ne font pas des perfonnages fabuleux, comment croire Pline ; comment penfer qu'avant le fiége de Troie on n'eût pas inventé l'art de fe battre avec des bâtons ferrés ?

La quatrième tête eft celle de Zénobie, cette reine de Palmyre, femme d'Odenat, fi fameufe par fon courage, par fes vertus, par fon goût pour les arts & pour les fciences. Elle fe difoit du fang des Prolémées & defcendue de Cléopâtre : elle combattit avec gloire les Perfes & les Romains. Elle ofa livrer bataille à l'Empereur Aurélien : elle la perdit ; &, réfugiée dans Palmyre, elle y foutint long-temps un fiége contre lui. Voyant qu'elle ne pouvoit plus défendre cette ville, elle effaya d'en fortir & de fe dérober à la captivité par la fuite : elle fut prife. Elle avoit fouvent dit, pendant le fiége, que Cléopâtre avoit mieux aimé mourir que d'être prifonnière : heureufement elle ne fuivit pas fon exemple. Aurélien valoit mieux qu'Augufte : il la conduifit en triomphe au Capitole, où tant de rois avoient été traînés avec humiliation. Il eut pour elle les égards qu'on devoit à fon fexe & à fon courage ; il lui donna une terre magnifique près de Rome ; elle y vécut auffi heureufe qu'on peut l'être quand on a été reine, & fes filles furent mariées dans les plus nobles familles.

Sans doute ces bas-reliefs ont fait originairement partie d'une collection de femmes célèbres, & ont orné le Palais de quelque homme confidérable. Je ne fais même s'ils ne font pas du tems d'Aurélien & de Zénobie. On n'avoit alors que peu de délicateffe dans le goût, les arts dégénéroient de jour en jour. La médiocrité du ftyle de ces bas-reliefs, & les reftes d'un grand nombre de monumens que j'ai trouvés épars de tous côtés dans cette Ifle & dans celle du Gofe, font une preuve de cette décadence des arts. Je la ferai remarquer lorfque je m'occuperai de ces monumens, dans lefquels on reconnoît fenfiblement les différens âges qui les ont produits, depuis l'époque de leur perfection jufqu'à celle qui eft la plus voifine de l'entière barbarie.

En jetant les yeux fur cette eftampe, les connoiffeurs verront, au premier coup-d'œil, le ton gothique qui y règne, foit dans l'objet principal, foit dans les acceffoires de ces différens morceaux de fculpture.

PLANCHE CCLVIII.

Costumes des Femmes de Malte.

Les femmes de cette Isle se servent de deux sortes d'habits pour paroître en public. Celles d'un rang distingué ont une espèce de mante de soie noire, à-peu-près comme les femmes de Sicile. Les femmes du peuple se couvrent la tête & les épaules d'un jupon A & B, tel qu'on peut le voir dans cette estampe.

Les Maltoises ont, en général, pour tout vêtement dans leur maison, des jupons très-courts, un corset ou un corps de baleine, orné de petites basques à la ceinture, & pour coiffure un voile fin, plus ou moins transparent, selon la modestie, la fortune ou la coquetterie de celle qui le porte. Ce voile, chez les femmes du peuple, est de mousseline claire, & s'attache au-dessus du toupet.

Chez les simples bourgeoises, il se met plus en arrière; les jeunes filles qui pensent que leur beauté doit en être plus piquante, le reculent encore davantage, & le placent aussi bas qu'elles peuvent, tel que je l'ai fait voir en H. Il porte sur la masse du chignon, & est assez saillant. Ce voile est un demi-fichu, dont la forme est en triangle rectangle: il est très-orné. Chez les femmes élégantes, il ne pend pas très-bas, afin que les épaules n'en soient pas trop couvertes. Elles ne doivent point avoir la tête engagée dans les ornemens qui leur couvrent les épaules.

De quelque état que puisse être une femme dans cette Isle, elle s'enveloppe la tête & les bras dans un jupon quand elle sort. Voyez figures A & B. La première est de la classe du peuple. Celle qui est marquée B, a dessus & dessous un jupon de soie noir, tandis que l'autre en a un de toile de couleur pour se couvrir; mais celui de dessous est de toile bleue à petites raies, alternativement claires & obscures, avec deux larges raies blanches à une certaine hauteur au-dessus du bas de ce jupon. Cette couleur & ces raies sont d'étiquette. Toutes les femmes à Malte en portent de semblables, soit en jupon de dessous ou de dessus comme en a. Je n'en ai vu aucune qui n'en eût pas. On m'assura que ce n'étoit pas une mode, mais un usage. Ce jupon s'appelle *Ghefuire*, il se fabrique dans l'Isle.

Les femmes des riches négocians portent la mante de soie noire C, comme les femmes nobles; leurs cheveux sont peignés de même manière, mais ordinairement elles sont plus modestement lacées. Celle que j'ai peinte ne portoit pas de corps. Elle étoit nourrice, & copieusement pourvue de ce qu'il lui falloit pour nourrir son enfant, ce qui n'est pas rare à Malte. Les femmes croiroient leur enfant perdu si elles le confioient à des mains mercenaires; il courroit au moins plus de danger. C'est un des bons usages que j'aie vus dans cette Isle.

Les femmes des riches négocians s'assimilent ici, comme ailleurs, aux femmes de qualité, & ont souvent plus de moyens pour étaler du faste. Ici, elles les imitent particulièrement en se faisant suivre par une négresse, qui est domestique ou esclave. La négresse D a précisément le même costume que sa maîtresse. Mais son habit est en laine, celui de la maîtresse est en soie.

Les femmes de qualité E, sont habillées de la même manière que les riches bourgeoises; mais elles ont ordinairement sous leur mante un corps busqué, de belle étoffe, avec une pièce d'estomac de brocard ou d'étoffe d'or, surmontée d'un bouquet, & qui en marque le milieu. Au-dessus flotte le beau voile qui cède aux mouvemens de la tête, qu'elles portent haute, avec un maintien qui, dans leur marche, annonce de loin la supériorité du rang. Leur principale attitude est d'avoir les mains sur les hanches; attitude qui, avec leur habit ouvert, leur donne un air de noblesse, par lequel elles affectent de l'emporter sur les autres femmes. Quand une femme marche ainsi ajustée, elle a un éclat d'autant plus frappant, qu'il contraste avec la négresse esclave qui marche humblement à sa suite, & ce contraste lui donne un air de souveraine.

Pl. CCLVIII

Costumes des Femmes de Melo.

Fig. 1.

Fig. 2.

Vue d'un reste de Maison de construction grecque
situé au Casal Zurico.

Fig. 3.

Roche representée à vue d'oiseau

Avec rapport sur la Grotte et les Appartements qu'on croit avoir été habités par la Nymphe Calypso.

CHAPITRE QUARANTE-QUATRE.

Reste d'une maison de construction Grecque, au Casal Zurico, & autres antiquités éparses dans les environs. La Maclubba. Édifices antiques Phéniciens. Ornières antiques, creusées dans la roche. Description du lieu appelé le Bosquet. Débris de figures & d'architecture, tant de la Cité vieille, que dans le Rabato & autres endroits de l'Isle. Catacombes. Grotte de Saint-P lieu appelé Il Pellegrino, sa description. Jard* Grand-Maître de la Religion, appelé Saint-* Vue de la montagne qu'on nomme la P* Grottes sépulcrales qu'elle contient. Habita* antique formée dans la roche, au nord-ouest de Malte, considérée comme étant celle qu'a dû habiter Calypso.*

PLANCHE CCLIX.

Vue intérieure, en perspective, d'un reste d'édifice de construction Grecque.

Au Casal Zurico, dans le jardin du Curé ou Chapelain de ce pays, j'ai vu un beau reste d'édifice grec. D'après les observations que j'ai faites sur toutes les masses visibles de cette belle partie d'édifice, je le crois un reste de maison de particulier, une simple habitation. Dans cette supposition, cet objet m'est devenu précieux, parce que c'est le seul de ce genre que j'aie rencontré dans tous mes voyages.

Des édifices publics sont ordinairement considérables ; la solidité de leur construction résiste plus que les autres, & au tems, & à la main destructive des hommes qui veulent renverser tout, tandis qu'on se fait un jeu d'anéantir les ouvrages de peu d'étendue, sur-tout quand leur position contraire de nouveaux projets, & quand leurs matériaux, comme dans celui-ci, offrent beaucoup d'intérêt, par la facilité de les enlever & de les employer à une nouvelle conſtruction , ſans qu'on ſoit obligé de les retravailler.

Celui-ci , A , plus heureux que tant d'autres du même genre , a bravé un grand nombre de ſiècles, ſans être anéanti. Il m'a auſſi intéreſſé par les profils des corniches qui décoroient l'intérieur des appartemens formés par les murs reſtans, que j'ai ſuppoſés, dans mon deſſin, débarraſſés des conſtructions modernes dont on les a chargés pour faire des logemens. Pendant mon ſéjour à Malte , ils étaient occuppés par le Curé ou Chapelain du caſal Zurico , où ce monument eſt ſitué.

.Le plan que je préſente , figure 1 , ſert à faire connoître l'étendue de cet édifice en tous ſens. ·Il s'étend conſidérablement en B , ce qui fait croire qu'il avoit de l'importance. Les mêmes lettres du plan déſignent les mêmes parties de l'édifice dans l'élévation en perſpective, fig. 2.

La tour carrée C , attenante à tous ces murs , eſt un corps de neuf pieds de large à chaque face , ſur dix-ſept ou environ d'élévation , compris la corniche, qui , comme on le voit, eſt fort ſimple.

A cette tour eſt une croiſée D , une porte E , où j'ai placé dans la vue perſpective une figure de femme. Cette porte a une feuillure d'un genre particulier (voyez le plan.) Cette feuillure a la forme d'une rainure : la porte à deux battans , placée dans la cavité de cette rainure , devoit avoir beaucoup de ſolidité. Elle n'étoit pas ferrée avec des pentures , mais avec des pivots en haut & en bas , & des crapaudines dont on voit les traces.

J'ai obſervé aux murs F , une petite corniche qui les décoroit. Cette corniche eſt bien du ſtyle grec , et d'une fine exécution. J'en ai pris le profil, pour la faire connoître aux architectes de nos jours. Voyez L.

Les murs de cet édifice ſont faits en pierre parfaitement taillée & appareillée. C'eſt à cette perfection que je reconnois le caractère de la nation qui l'a élevé : je n'ai pas beſoin de nommer les Grecs. La partie I. de cette eſtampe repréſente le jardin de cette eſpèce de presbytère. Le lieu marqué K fait partie de la rue, qui conduit à une petite place par laquelle j'ai paſſé, pour aller du caſal Zurico au caſal Krindi. Sortant de ce pays, j'ai remarqué dans les terres labourées qu'on voit d'abord à droite, une belle citerne, ayant des arcs bien faits, qui ſervoient à porter de grandes pierres de neuf à dix pieds de long. Ces pierres couvroient l'eau qu'elle contenoit. Dans cette citerne, il y a une porte qui communiquoit à une autre citerne, qui eſt à ſix toiſes de diſtance, dans laquelle ſont des piliers qui portoient auſſi les pierres dont elle étoit couverte.

Dans le même chemin qui conduit au caſal prochain, j'ai vu un beau mur de ſoixante pieds de long, formé de grandes & belles pierres, dont il reſtoit encore trois aſſiſes : c'eſt auſſi un ouvrage grec. Tous ces objets contenus enſemble dans un petit eſpace, & joints à d'autres dont on m'a parlé, mais que les circonſtances ne m'ont pas permis de voir, prouvent qu'il y a eu dans ce lieu au moins un Caſal antique, & qu'il a dû avoir de l'importance. J'en juge ainſi par la beauté des reſtes de ces édifices.

De là je paſſai au lieu appelé la Maclubba, près la chapelle de Saint-Matthieu, lieu curieux & remarquable par le vide conſidérable que l'on voit formé dans le rocher qui en fait le ſol. Ce vide eſt de vingt toiſes ou environ de profondeur, & de vingt-cinq à trente de diamètre. Sa forme eſt circulaire. J'ignore la cauſe qui a pu donner lieu à une cavité de telle grandeur & de telle forme dans cette roche, qui eſt de belle matière, aſſez compacte dans toute ſon étendue. S'il eſt permis d'avoir une opinion, je m'imagine que la denſité n'en étant pas, en ce lieu, également dure qu'aux environs, cette partie, la moins réſiſtante de la roche, aura abſorbé l'eau qui, paſſant à cet endroit, s'y fixoit & la pénétroit d'abord peu-à-peu. Cette eau aura enfin trouvé un iſſue à certaine profondeur, en s'échappant vers le midi, où cette roche eſt eſcarpée. A peu de diſtance de ce lieu, l'eau trouvant ce paſſage, l'aura agrandi avec le temps, vu la quantité qui s'en raſſemble de très-loin : car c'eſt là que ſe réuniſſent les eaux de pluſieurs petites vallées dans le temps des grandes pluies.

Vue d'un reste d'Edifice antique
dont le plan est de forme circulaire
qu'on appelle en langue du Pais Tadurnadm environ.

L'année dernière, un orage confidérable remplit à-peu-près toute la capacité de cette vafte foffe, qui fut dix jours à fe vider.

La mer eft à plus de cent pieds plus bas que le fond de ce gouffre. On y voit de ce côté, où finit l'ifle de Malte, la roche toute fracaffée, percée de grottes, de finuofités qui, certainement, communiquent avec ce vide.

A un mille de là, vers le levant, qui va droit à la mer, à l'extrémité du rocher, qui eft taillé à pic, on voit la roche former au bord du rivage un arc fuperbe, qui eft d'un bel effet à voir pour fa grandeur & pour fa forme.

Près delà, en mer, eft une petite Ifle d'environ un arpent; elle n'eft pas habitée, mais on m'a affuré qu'elle l'a été : on l'appelle la *Pierre noire*. De ce côté, la roche offre par-tout à un Naturalifte des particularités fort curieufes.

J'ai remarqué ici, comme à l'Ifle du Gofe, que la roche fe délite horizontalement à trois ou quatre pieds d'épaiffeur. Les immenfes tables que ce réfultat préfente, fe fendent perpendiculairement en tout fens, fans affecter un retrait régulier, mais en formant de très-grands traits dont il réfulte des morceaux de pierre de vingt-cinq à trente pieds de long, que l'on peut employer à bâtir. Cet effet fe remarque pendant plufieurs milles. Cette obfervation, jointe à celle du Gofe, m'a encore plus confirmé dans l'idée que ces trois Ifles font de même formation, & qu'elles ont été une feule & même maffe de rocher.

De ce lieu on revient à la Maclubba, en fuivant le chemin vers le couchant, jufqu'à l'endroit appelé en Arabe par les gens du pays, *Agiardkim*.

On voit en ce lieu un amas confidérable de murs droits & ronds, dont l'élévation n'eft que d'une affife de pierres pofées fur la roche; la conftruction coloffale en eft fort étendue du midi au nord. Cet amas préfente l'idée d'une habitation qui a été confidérable. A tel autre endroit, à côté, on voit des portions de murs qui font auffi d'une feule affife, dont les pierres font pofées debout. Elles ont douze à quatorze pieds de haut & plus, fur trois à quatre pieds d'épaiffeur. Au nord de ces mêmes murs eft une pierre de dix-huit pieds de haut.

Au bas de la côte, vers le couchant, eft un autre édifice de ce genre. Ce dernier eft carré; fes faces préfentent le même appareil de pierre que la Tour des Géants du Gofe; ces faces ont environ fept toifes de large & quinze pieds de haut. Cet édifice fe joint à un autre de forme circulaire, diftant de ce premier de huit à neuf toifes; on y remarque des portes.

Pour ne pas charger davantage l'imagination de mes lecteurs, je vais mettre ci-après l'image fidèle du plus grand de tous les édifices de ce genre.

PLANCHE CCLX.

Vue de l'édifice antique appelé en langue Maltoife Tadarnadur Isrira.

Ce dernier édifice eft le plus grand de tous ceux de ce genre dont j'ai parlé dans cet ouvrage. Son plan a la forme d'un cercle parfait, de près de cent pieds de diamètre; du grand nombre de pierres énormes qui formoient cet édifice, il n'en refte que cinq debout, qui nous font connoître quelle devoit être fon élévation extrême. Les quatre pierres qui fe voient enfemble, pofées verticalement, & qui font marqués A, ont chacune dix-huit pieds de haut : elles font fi bien jointes que cette perfection me fait connoître que ces ouvrages n'ont pas été traités avec négligence, & que fi les pierres des édifices de l'Ifle du Gofe, dont j'ai parlé, font actuellement mal unies enfemble, c'eft que l'effet du tems aura fait agir entre elles les vents avec violence, & y aura produit les intervalles considérables que j'y ai remarqués.

Toutes les autres pierres qui formoient cette enceinte devoient être de cette même grandeur au moins, parce qu'il est probable qu'elles diminuent à leur sommité. Je crois qu'elles devoient avoir toutes vingt pieds d'élévation. J'en juge ainsi par la pierre marquée B, qui est couchée par terre, & que de ce point de vue on aperçoit en raccourci : elle a vingt pieds de long ; dans sa situation verticale, elle ne devoit pas être plus haute que les autres. La pierre marquée C est aussi fort grande ; mais on voit qu'elles sont toutes dévorées par l'air qui les environne de toutes parts depuis tant de siècles. Les autres sont tombées & rompues.

C'est, comme je l'ai dit, la facilité d'avoir, à la surface de la roche de ces lieux circonvoisins, des pierres d'une grandeur extrême, qui a donné occasion de bâtir de cette manière gigantesque : lorsque les Architectes ont ce génie, il y a de grands avantages pour construire : il en résulte une grande solidité pour la durée, & bien plus de difficulté à abattre lorsqu'on veut détruire.

A différens endroits de l'intérieur ou grand emplacement que fait cette circonvallation en pierres, on voit encore les traces des fondations des murs qui divisoient son étendue, & qui ont dû servir à former en partie des maisons, comme je l'ai remarqué dans un pareil édifice de l'Isle du Gose.

Faut-il que les objets qui ont bravé la main du tems, soient toujours, pour avoir droit de nous intéresser, des colosses ou d'immenses monumens en architecture, de longues inscriptions qui présentent l'histoire entière d'un homme ou d'une nation, ou les grandes révolutions de la nature ? N'a-t-on pas vu, & ne voit-on pas encore, une médaille à moitié effacée, un fragment de vase, d'inscription, de figure, d'armure, un morceau de verre même, résoudre une difficulté en levant un doute, porter la lumière la plus éclatante, sur des usages & des choses dont à peine on savoit le nom, conduire l'observateur en méditation dans une région lumineuse où il découvroit un monde nouveau ?

Le goût pour les découvertes, m'a fait contracter l'habitude de l'observation sur tout objet qui a un peu de caractère, c'est-à-dire, qui, à tous égards, n'est pas dans l'ordre ordinaire. C'est en me livrant à cet instinct, que j'ai découvert ce qu'il y a de nouveau dans mon Ouvrage. Je ne sais ce qui résultera des regards que j'ai fixés, des réflexions que j'ai faites, sur une particularité qui s'est rencontrée sous mes yeux, dans la campagne, lorsque je cherchois à m'attacher à quelque chose, semblable à un chasseur qui fait payer les frais de ses courses au premier gibier qu'il rencontre dans la plaine qu'il parcourt.

Ornières antiques.

Je passai de ce lieu, Tadernadur-Ifrira, à un mille ou environ de l'endroit appelé *Il Bosquetto*, sur la hauteur, à la partie méridionale de cette élévation, & j'y vis une des choses qui m'ont le plus étonné : ce sont des Ornières antiques, creusées dans le rocher qui fait la superficie de toute cette campagne.

Qu'on se figure un vaste champ, dont la roche qui en fait le sol est à découvert. La partie de cette roche dont je veux parler, présente l'image d'une large route, qui a été anciennement fréquentée, & qui est abandonnée aujourd'hui depuis long-tems. Ce qui fait connoître son ancienne fréquentation comme route de charroi, c'est qu'on y voit une quantité de cavités, de quatre à six pouces de large, de dix à douze ou quinze & plus de profondeur, dont la longueur est indéterminable. Ces cavités s'appellent ordinairement en France *Ornières* : elles résultent du fréquent passage des roues, qui ont creusé plus ou moins, selon la dureté du terrain. C'est ce que l'on remarque ici.

Ces vastes chemins étoient sans doute, ce que nous appelons *des grandes routes*, parce qu'elles

conduisoient

conduifoient d'une ville à un lieu de quelque importance au bord de la mer.

Cette route étoit très-fréquentée. On y voit plufieurs traces de voitures, c'eft-à-dire qu'en plufieurs endroits, fur la largeur de cette route, j'ai remarqué deux Ornières qui fuivent parallèlement & conftamment la.même direction.

J'y ai remarqué auffi des Ornières parallèles, qui traverfent ces routes en circulant d'un côté à l'autre diagonalement.

Ces Ornières femblent l'ouvrage d'une voiture très-chargée, à deux roues, qui, en paffant dans un terrain attendri par l'humidité, auroient enfoncé confidérablement, laiffant ce terrain comme s'il avoit été gelé auffi-tôt. Voilà l'image de ce lieu, & le merveilleux que j'y admire: je me fuis demandé comment ces voitures ont fait dans ce tems-là ces Ornières dans la roche, & fi profondes & fi étroites; car on voit encore aujourd'hui, le long de la route qui conduit de la Vallette à la Cité-Vieille, quantité d'Ornières très-profondes & très-larges, creufées dans la roche par le paffage des Calèches, qui journellement, vont d'une de ces villes à l'autre: mais ces Ornières font très-larges. J'ai remarqué aux parties latérales du vide de ces Ornières antiques, des traces qu'a faites le fer de ces roues, lorfque leur partie poftérieure s'élève pour fortir de ces profondeurs. Elles font femblables à celles qu'on obferve dans un terrain mou. Mais comment ces traces fe font-elles encore bien confervées? Si on m'explique cela, je demanderai que l'on m'explique auffi comment ces voitures étoient traînées ou pouffées, & par qui; car il n'y a entre ces Ornières aucunes traces de l'agent qui faifoit cheminer les voitures. Qu'un cheval ou autre quadrupède ou bipède traîne une charrette, il imprime, à la longue, la marque de fes pas en réitérant fa marche fur le fol par où il paffe, comme les roues creufent le terrain fur lequel elles roulent. A la place que doit creufer ordinairement le cheval, il ne fe voit pas la plus légère apparence de trace d'aucun être qui ait contribué à la marche de la voiture dont les roues ont creufé les Ornières que j'ai admirées tant de fois & fi long-tems, en ce lieu & ailleurs.

On ne peut non plus fuppofer que ces voitures fuffent tirées par deux chevaux qui auroient marché fur les traces des roues en s'écartant l'un de l'autre; la difficulté de la marche du cheval ne permet pas de s'arrêter à cette idée, vu la dureté & la profondeur des Ornières. Ces voitures ne marchoient pas d'elles-mêmes: comment ce qui les faifoit marcher n'a-t-il pas laiffé de traces?

Ces Ornières reffemblent parfaitement à celles que j'ai remarquées près du temple de Cérès, & près du temple de Junon à Agrigente, & dont j'ai parlé. J'ai fait les mêmes obfervations fur-tout à l'égard des traces néceffaires des pas du cheval ou de fon équivalent.

Il y a fur cette même côte un autre endroit où l'on voit des Ornières du même genre, mais elles font accompagnées d'une circonftance qui les rend bien plus inexplicables que celles dont je viens de parler; ces Ornières fe continuant felon la direction du chemin incliné vers la mer, elles font mêmes dirigées jufque fous les eaux, où on les voit fe perdre à la plus grande diftance & profondeur à laquelle les yeux puiffent voir un objet à travers les vagues: dans l'état le plus tranquille, on n'en aperçoit pas la fin.

Je demanderai donc ici, comment ces Ornières fe prolongent-elles dans la mer; enfuite pourquoi y ont-elles été pratiquées fi loin, fans perdre leur forme & leur parallèlifme? Seroit-ce le terrain qui, en ce lieu, fe feroit abaiffé ou la mer élevée? je manque de moyens pour expliquer ce phénomène: mais quelles qu'en foient les raifons, voilà le fait; qu'on l'examine, & qu'on l'explique fi on peut: c'eft ce que j'ai obfervé.

Continuant ma route, je paffai au lieu appelé le Bofquet du Grand-Maître. Ce lieu s'annonce de loin par une efpèce de château. On voit aux quatre coins des tours carrées qui le dominent, & certaine diftance, donnent au château un air fingulier. Vers le midi, & plus bas, eft un chemin incliné : il eft en partie taillé dans le roc , & donne entrée à ce jardin.

Ce bofquet eft fitué dans un endroit profond & vafte; c'eft le feul canton de toute l'Ifle où l'on conferve des arbres un peu grands de différentes efpèces : ils ne donnent pas de fruit. On les a difpofés de manière à former d'une part un joli parc, & à embellir un jardin, concurremment avec des eaux de fources qui naiffent en ce lieu, & beaucoup d'arbres fruitiers , tels que des orangers, des citronniers, des cédras , des bergamottes, &c. De la manière dont ils font arrangés, ils offrent fymétri-quement des avenues , des allées , des bofquets , des cabinets de verdure. En face & aux côtés d'un pavillon élevé fur un rocher où l'on a pratiqué une grande arcade décorée , & au fond de laquelle eft une grande niche ornée de rocaille affez belle, on voit fortir du fond de cette niche , avec abondance, les eaux qu'on y a raffemblées. Ces eaux fe préfentent fous différentes formes, jailliffantes , tombantes en nappes, puis faifant différentes cafcades dans des baffins qui les reçoivent, & d'où elles s'échappent pour former plus loin des pièces d'eau , où cet élément, devenu tranquille, réfléchit fidèlement le ciel, les nuages & tous les objets qui les environnent , de quelque point de vue qu'on les confidère , même à une certaine diftance. C'eft avec intérêt qu'on voit , en les re-gardant de près, que ces belles eaux fervent d'afyle à un grand nombre de poiffons, dont les courfes & les jeux amufent à tous les inftans , lorfqu'on parcourt cet agréable féjour.

En détournant les yeux de ces objets , les différens fites , les afpects variés de ce charmant bocage offrent des tableaux raviffans, où l'on modère à fon gré la chaleur que l'on veut recevoir , par la fraîcheur des eaux dont les vapeurs s'uniffent à celles des ombrages, & donnent , en s'enfonçant dans leur obfcurité , à plufieurs fens à-la-fois, des jouiffances délicieufes, auffi rares que néceffaires dans un pays dont le climat eft brûlant.

Les objets de ce genre devroient être plus multipliés, puifqu'on en a la facilité , vu le grand nombre des fources & des fontaines de belles eaux que l'on voit dans cette Ifle. Il faudroit pour cela que le fyftême de l'agriculture n'occupât point autant tous les efprits. On a dans ce pays le bons fens de préférer les objets de première néceffité : ceux de fafte ou même de fimple agrément , font jugés ne convenir prefque qu'au Souverain de l'Ifle.

Aux côtés & derrière le pavillon de ce jardin , font des bâtimens où l'on arrive par des efcaliers de chaque côté de ce pavillon. Ces bâtimens forment des cours où font des animaux. Dans une de ces cours, eft un ciel en grillage de fil de laiton , ce qui forme une vafte volière où l'on entretient différens oifeaux & des faifans.

On a réuni dans le parc qui accompagne ce pavillon, des cerfs, des daims , des gazelles ; ces char-mans animaux donnent à ce lieu un agrément, un intérêt & une diftinction qui convient bien à l'ha-bitation d'un Prince.

Le jour de Saint-Jean, qui eft la fête de l'Ordre de Malte, une partie de la jeuneffe du peuple Maltois célèbre, cette fête en danfant & fe promenant dans ce jardin, qu'elle anime par fes jeux & fa gaieté.

Je me fuis tranfporté du Bofquet à la Ville-Vieille : chemin faifant, je m'arrêtai au Couvent de Saint-Dominique , pour en remarquer l'architecture ; & j'en ai été fatisfait. Elle eft d'un beau caractère : il y a de la grandeur & de la fimplicité. Le cloître préfente le bel afpect de la cour des Invalides de Paris. L'intérieur de l'églife n'eft pas d'un auffi bon ftyle.

Arrivée à la Ville-Vieille.

Cette ville eft l'antique *Melita*, qui étoit la capitale de l'Ifle de Malte, du Cumin & du Gofe.

Elle étoit beaucoup plus confidérable qu'elle n'eft aujourd'hui. Les Sarrafins, après s'être rendus maîtres de cette ville, l'an 828, l'ont confidérablement diminuée, afin qu'elle fût plus facile à défendre en la fortifiant. Elle eft fituée fur un terrain élevé ; vue de loin, elle fe préfente avantageufement par l'afpeét des fortifications dont elle eft environnée ; fon nom lui vient de celui de l'Ifle au milieu de laquelle elle eft fituée.

Elle étoit fort riche en monumens de toute efpèce ; mais du grand nombre & de la variété defquels il ne refte plus rien. L'hiftorien Abela nous dit qu'il y avoit encore de fon tems des étuves & des bains : il n'en exifte plus rien. Les conftruétions des Eglifes, des Chapelles de Monaftères & Couvens, ont été les plus grandes & les plus promptes caufes de la deftruétion des monuments de l'antiquité. On fe fit un plaifir fecret & un devoir même d'immoler au Chriftianifme tout ce qui portoit le caraétère du paganifme.

Noms différens de l'Isle de Malte.

Malte s'appela Yperie, felon Cluvier, puis Ogygia, nom ufité chez les Grecs dans le même tems que les Phéniciens l'appeloient Melita : ce nom-ci indique le refuge que fa pofition offre aux navigateurs, étant fituée au milieu de la mer Méditerranée. Les Phéniciens allant vers l'océan, relâchoient à Malte dans les gros tems : c'étoit donc leur retraite.

Quelques auteurs croient que c'eft la même Ifle qu'Homère a appelée ifle de Calypfo.

Bochart dit que Malta ou Maltha, fignifie ftuc blanc ; & Diodore, liv. V, dit que les Maltois avoient de très-belles maifons recouvertes en ftuc blanc.

L'hiftoire nous apprend que Malte a eu le même fort que la Sicile, & qu'elle a été comme elle fujette à nombre de révolutions. Les premières nations qui l'ont habitée, et dont on ait quelques connoiffances affez certaines, font les Phéniciens. Ils en firent un entrepôt pour leur commerce, vu fa pofition ; ils vinrent s'y établir, environ vers l'an 448 avant la guerre de Troie. Carthage n'exiftoit pas encore. A la première époque de Carthage, il régnoit à Malte un Souverain nommé Battrus, qui reçut Didon dans fes Etats, dit Abela.

Je fupprime ici toutes les puérilités improbables dont Abela remplit fon hiftoire de Malte, relativement aux géans, &c., qu'il prétend avoir habité cette Ifle.

Les habitans de Malte étant d'origine Phénicienne, devoient avoir les mêmes dieux & le même culte que les Siciliens aux mêmes époques. Tous les Auteurs conviennent qu'il y avoit dans cette Ifle un temple confacré à Hercule, & un autre confacré à Junon. J'ai dit que le premier étoit près de Marza-firocco : voyez planche CCLV. Le fecond étoit fitué fur la troifième portion de rocher, au promontoire qui avance dans la mer qui forme le port, en face de la Vallette, à gauche en arrivant dans ce port. Ce Temple étoit fur la partie élevée vers le Sud-Eft, où eft aujourd'hui le fort de Sainte-Marguerite.

Selon Abela, ce Temple étoit d'ordre Ionique, ainfi refait par les Grecs, lorfqu'ils arrivèrent dans cette Ifle vers la onzième Olympiade, c'eft-à-dire, 735 ans avant l'Ère chrétienne.

L'hiftoire nous dit que l'on confervoit dans le temple de Junon des dents d'éléphans d'une grandeur furprenante, & d'un travail admirable : une infcription punique apprenoit que ces dents ayant été volées dans ce Temple par un Capitaine de Maffiniffa, Roi de Numidie, & ayant été apportées à ce Prince, il les fit remettre dans le Temple, ne voulant pas participer au larcin, puifque les Pirates même les plus avides, avoient toujous refpeété les dieux. Verrès l'avoit auffi pillé étant gouverneur de Sicile, mais les Maltois vinrent l'accufer à Rome.

Cicéron, dans fa quatrième Verrine, rappelle le Temple de Junon ; & dans fa cinquième il en parle

en ces termes : « Toi Reine Junon, qui as dans deux Isles de nos alliés, deux Temples très-saints
» & très-anciens , savoir à Malte & à Samos, &c. »

Avant que les Romains s'emparassent de cette Isle , elle avoit alternativement appartenu aux
Phéniciens & aux Grecs. Phalaris , dit dans sa lettre 46 , qu'il avoit affranchi les Maltois de la servitude.
Il les appelle Grecs dans ses lettres 82 & 116 ; cependant Malte, Gaulus & Lampas , étoient re-
tombées sous la domination de Carthage du tems de Scylax, qui étoit postérieur à Phalaris.

Les Grecs de cette Isle venoient particulièrement de Sicile , & restèrent toujours étroitement liés
avec les Siciliens, comme on le voit par deux lettres de Phalaris, à qui ces Grecs demandoient
des secours d'argent ; & de qui ils en obtinrent. S'ils avaient été Carthaginois ou Phéniciens, en au-
roient-ils seulement demandé ?

Ces Grecs possédèrent aussi les Isles du *Cumin* & du *Gose* qui en étaient dépendantes , & qu'ils
remplirent de monumens dont nous avons vu les foibles restes.

Cluvier dit , conformément à cette assertion , que vers la première guerre punique, la garnison
se rendit , avec Amilcar , à la discrétion de Simpronius , & lui remit en même-tems toute l'Isle. Cette
garnison étoit en grande partie composée de Grecs.

On voit, par une inscription en bronze, l'intimité qu'il y eut toujours, comme je viens de le dire ,
entre Malte & la Sicile. Elle apprend aussi que Malte avoit un gouvernement démocratique , des
Archontes & un souverain Pontife, qui étoit alors en fonction. Cette inscription contient un décret
par lequel le Sénat accorde au nommé Démétrius , Syracusain , fils de Diodote , le droit d'hospitalité.
Voici le sens du grec :

» Touchant le droit d'hospitalité publique & la bienfaisance ,
Faveur accordée à Démétrius , fils de Diodote , Syracusain , & à ses descendans ,
Sous le Pontificat . . . . . fils. . . . . & sous les Archontes Océros & Cotès.

Il a plu au Sénat & au Peuple des Maltois , vu que Démétrius , Syracusain , fils de Diodote , a
toujours été bien disposé , & a souvent été auteur de bien à nos affaires publiques & à chacun de nos
citoyens (que bien avienne), il a été arrêté que Démétrius , fils de Diodote, Syracusain, ait droit d'hospitalité comme bienfaiteur du Peuple de Malte, lui & ses descendans, vu sa probité & la bienveillance
qu'il a toujours montrée envers notre peuple : & que ce privilège d'hospitalité publique , soit gravé sur
l'airain, pour en être donné copie, pareillement gravée , à Démétrius-Syracusain , fils de Diodote.

Les Romains devinrent maîtres de Malte lorsque Marcellus eût conquis la Sicile. Leur domination
y fit reparoître , comme en Sicile , les arts, la magnificence & la paix jusque vers l'an 828 , que les
Sarrasins s'en emparèrent. Les Français normands en chassèrent les Africains , s'en rendirent maîtres,
& y rétablirent la religion chrétienne l'an 1197. En 1265 , Charles, Duc d'Anjou , frere de S. Louis ,
fut couronné Roi de Sicile , & régna aussi à Malte.

Sous le Pontificat de Clément VII, lui-même Chevalier - Profès de l'ordre de Saint-Jean de Jérusalem , Charles V , Roi de Sicile , donna cette Isle aux Chevaliers de cet Ordre , en 1530 , avec
le Gose & Tripoli de Barbarie , lorsque la religion avoit pour Grand-Maître, frere Philippe Villiers de
l'Isle-Adam , de nation françoise.

La religion avoit perdu l'Isle de Rhode , son ancienne résidence , qui lui fut enlevée par Soliman II,
l'an 1522. Le Grand-Maître , après cette perte, étoit passé à Rome , & la religion résidoit en Italie ,
errante en plusieurs endroits. Le Pape Adrien VI avoit sollicité l'Empereur a faire cette donation , qui
fut accordée, comme je l'ai dit , en 1530 , au mois d'octobre. Mais les titres ne furent expédiés que le
14 mars suivant , à Castel-Franco , dans le comtat de Bologne , & présentés, le 25 avril suivant, dans
le Chapitre-Général tenu à Syracuse , à la plus grande satisfaction du Grand-Maître & des Chevaliers,
avec mille actions de graces.

Le 15 juin de la même année, les Jurés de Malte agréèrent l'entrée & la domination du Grand-Maître & de la Religion dans l'Isle. Le Conseil & toute la ville ratifièrent cette décision, en comblant d'honnêtetés les Commissaires & Procureurs, qui, à l'instant, confirmèrent les privilèges, les usages & les titres du peuple de Malte, & firent serment solemnel d'en observer les conventions.

Le 18 du même mois, les Jurés firent serment de fidélité & hommage au Grand-Maître, Prince de Malte, & à sa Religion, ès mains des Commissaires & Procureurs, dans la Sacristie de la Cathédrale. Le Chanoine-Vicaire-général pendant le siège vacant, l'Archidiacre & le Procureur du Clergé en firent autant.

Le 20 de ce mois, ces mêmes Commissaires allèrent au Gose, prendre aussi possession de la même manière & avec les mêmes formalités qu'à Malte.

L'Université de l'une & de l'autre Isle, envoyèrent des Députés au Grand-Maître, qui alors siégeoit à Syracuse, pour lui rendre prompte obéissance, & se féliciter & congratuler de l'heureux Souverain qu'ils avaient. Ensuite le Grand-Maître & les Religieux, ratifièrent le serment qu'avoient fait les Commissaires au nom de la Religion, de maintenir tous les privilèges de l'Isle.

Le 25, le Grand-Maître Villiers partit avec tout le Couvent qui étoit à Syracuse, & le matin, 26 juin, à deux heures de soleil levé, ils arrivèrent heureusement à Malte.

Le 13 Novembre, le Grand-Maître, comme nouveau Prince, accompagné de tous les Seigneurs Grands-Croix, & de la majeure partie des Chevaliers, fut reçu dans la ville par les Notables, les Ecclésiastiques, les Magistrats, les Nobles & tout le reste du Peuple, en la manière la plus solemnelle, sous un dais porté par le Capitaine de la Verge, des Jurés & du Secret, avec les plus grandes démonstrations de joie. Ce nombreux concours se rendit à la porte de la ville, qui s'étoit trouvée fermée exprès par cérémonie, ou formalité. Alors il répéta le serment de maintenir tous les droits & privilèges de l'Isle. Ensuite on lui présenta deux clefs d'argent. La porte s'ouvrit, & il fut salué par toute l'artillerie, & avec tous les signes de joie & de la plus grande satisfaction. On le conduisit à la Cathédrale pour entendre la messe. Delà il fut mené à la maison du Vice-Amiral de l'Isle, où un dîné splendide l'attendait.

Depuis ce tems la nation Maltoise n'a pas eu d'autre Souverain que les Grands-Maîtres, successeurs de celui qu'elle a reçu. Le Grand-Maître Rohan, qui règne aujourd'hui dans cette Isle, est le soixante-dixième chef de cet Ordre de Saint-Jean de Jérusalem dit de Malte.

Cet Ordre est composé de trois états, Baillis, Prieurs & Chevaliers ; ces derniers sont de trois classes : les Chevaliers de justice, les Prêtres conventuels & les Servans-d'Armes. L'Ordre de Malte a en outre des Religieux Prêtres, appelés Prêtres d'Obédience. Il y a aussi différentes maisons de Religieuses, dont une est à Malte, une en Italie, deux en Espagne & trois en France.

Le Grand-Maître de l'Ordre est électif, & n'est que le Supérieur de l'Ordre. La souveraineté réside dans le conseil, composé de cinquante-quatre Grands-Croix, qui remet au Grand-Maître, quelques jours après son élection, la souveraineté de l'isle sur ses habitans, mais se réserve celle sur les religieux qui composent l'Ordre.

L'Ordre est composé de quatre Nations, la France, l'Italie, l'Espagne & le Portugal, l'Allemagne & l'Angleterre. Ces quatre nations sont partagées en huit divisions, qu'on appèle Langues, ou Auberges ; la France en a trois, Provence, Auvergne & France : l'Italie en a une, l'Espagne & le Portugal, considérés comme ne faisant qu'une nation, en ont deux ; l'Allemagne & l'Angleterre ont aussi deux langues : ces langues sont divisées en Prieurés, &c.

Les Chevaliers vivent à Malte en société, dans des maisons particulières, qui portent aussi le nom d'auberge, avec celui de la division qui l'occupe. Le nom d'*Auberge* vient de l'usage

où l'on était de fe réunir , aux premiers tems de la formation de l'Ordre , lors du voyage de Jérufalem , dans des auberges pour loger & vivre fous les yeux d'un chef de département.

Le trélor de l'Ordre, qui fait les frais de cette table , eft adminiftré par ce même chef, qu'on appèle
Pilier : chaque langue a le fien ; & lorfqu'un Chevalier ne mange pas au réfeétoire de fon auberge , il
peut prendre fes repas en argent.

Ces auberges font décorées de tableaux des Grands-Maîtres , en habits de cérémonies de l'Ordre,
& quelquefois avec les attributs des aétions mémorables de leur vie. Dans le nombre de ces tableaux
j'en ai vu de très-bons.

A l'auberge de Provence, la première langue de la nation Françaife , j'ai remarqué , entre autres
tableaux , le portrait du Grand-Maître la Vallette , & celui du Grand-Maître Rohan : ces tableaux
font de M. Favrey ; le premier repréfente la prife de poffeffion de l'ifle de Malte. Ce tableau a valu
à fon auteur la diftinétion flatteufe d'être reçu au rang des Servans-d'armes , fans payer de paffage.
Le héros du tableau & le peintre fe font également diftingués dans cette circonftance.

Dans la falle de l'auberge de France, eft une grande quantité de tableaux , entre lefquels il y en
a beaucoup qui font devenus noirs; mais ceux de M. Favrey , de M. Boifot & Michel-Ange de Cara-
vage , méritent le plus d'eftime.

En fuivant mes obfervations fur les tableaux de la Vallette , je vis dans l'Eglife de Saint Dominique ,
dans la quatrième Chapelle à gauche, le tableau de Sainte Rofe , par Mathias Calabrois ; dans l'Eglife
des ci-devant Jéfuites, à la deuxième chapelle à gauche , font trois tableaux des principaux événemens
de S. Pierre : l'Ange qui le fait fortir de prifon, fes adieux à S. Paul & fon crucifiement, font les meilleures
produétions de cet auteur. Ils font d'un bel effe: & d'une belle couleur.

De ce même Calabrois, dans l'Eglife des Carmes , à la feconde chapelle à gauche , eft le tableau
de Saint Roch & la Vierge, dont la tête n'eft pas belle. Dans l'Eglife de S. Jean, patron de l'Ordre,
fous le titre de Saint Jean de Jérufalem , j'ai vu un très-grand nombre de tableaux peints par Mathias
Calabrois , qui ornent la voûte de cette Eglife, divifée en compartimens ; ces tableaux repréfentent
les principaux traits de la vie de ce Saint : la plupart font d'une grande beauté. Le pavé de cette Eglife
eft en marbre très-varié ; j'y ai remarqué un très-grand nombre de tombes, où l'on a employé
un luxe étonnant de marbres différens , dont les couleurs variées forment les deffins allégoriques
de toutes fortes d'objets analogues à la vie du dignitaire de l'Ordre , dont les cendres repofent en ce lieu.

Cette Eglife eft une des plus riches en ornemens de tous genres , adaptés à l'architeéture qui décore
fon intérieur.

J'ai vu à Malte des Artiftes nationaux , en qui j'ai reconnu beaucoup de mérite , mais dont les
ouvrages fortent rarement de l'Ifle. •

L'hôpital de Malte confifte en plus de cinq cents lits. Il y a des chambres féparées pour les maladies
différentes; dans la grande Salle il y a vingt-quatre lits réfervés pour les Chevaliers. Cet Hôpital, qui
fut , je crois, le premier de l'Europe, eft ouvert à tout Étranger ; il y a des chambres féparées pour les
nations qui ne font pas Catholiques ; les principaux Officiers font tous Chevaliers-Prêtres , Conventuels
Servans-d'armes.

L'Hofpitalier, chef de la langue de France, en eft le Direéteur. Il y a dix Prêtres pour deffervir ledit
Hôpital & affifter les malades. Ces malades font fervis en vaiffelle d'argent , affiettes, écuelles &
couverts.

Il y a un grand nombre de Médecins , Chirurgiens & Elèves attachés à cet Hôpital.

Il exifte auffi un Hôpital pour les femmes, qui n'a pas de rapport avec celui des hommes. Il eft fous
l'infpeétion du Grand-Maître , qui nomme les Chevaliers qui en ont le commandement. Cet Hôpital
peut contenir deux à trois cents lits.

Pl. CCLXI.

Statue de Junon et débris d'Architecture et de Figure de la Cité Vieille.

Débris d'Architecture et de Figures antiques,
trouvés en différents endroits de Malte et du Gozo.

J'ai passé par le Casal Attard, allant à la Ville-Vieille, où j'ai dessiné dans le jardin de M. le Marquis D. Carlo-Barbaro, un beau reste de figure en marbre, représentant une femme drapée, que j'ai gravée planche CCLVIII, marquée M. Je la crois un ouvrage romain. Je continuai ma route vers l'ancienne Mélita. La partie méridionale de cette Ville est entourée de fossés. Les restes de ses murs sont tellement élevés & escarpés, qu'ils en défendent suffisamment l'accès.

La seule entrée qu'ait cette Ville, est au midi ; elle est accompagnée de tours, & précédée d'un pont-levis.

L'étendue à laquelle cette Ville a été réduite par les Sarrasins, & son peu de population, ne permettent pas qu'on y compte plus de deux cents habitans. Elle consiste en un Palais Sénatorial, une Cathédrale & trois Couvens, tant d'hommes que de femmes : leurs dépendances en font presque la moitié. Quant au Peuple, il y en a si peu, qu'on pourroit tout compter en un quart-d'heure. Le village voisin qui est un faubourg de cette ville, s'appèle *Rabbato* : ses habitans sont au nombre de deux mille ou environ.

J'y ai remarqué les mêmes usages que dans le reste de l'Isle à l'égard des personnes qui ne sont pas du pays, c'est-à-dire, beaucoup de politesses ; mais ils ne reçoivent pas chez eux d'étrangers. Ils sont confians, parce qu'ils ont peu d'occasions de voir d'autres personnes que des patriotes.

Lorsque je les observais, il me semblait voir les hommes aux premiers âges du monde : aussi n'y arrive-t-il de forfaits que très-rarement ; chacun vit de sa propriété sans méfiance & sans trouble. Il y a plus de changemens dans l'air que dans l'intérieur de la société, où l'on ne voit guère de révolution, si ce n'est de celles qu'on appèle politiques, & qui ne sont sensibles que dans la grande ville.

Dans le tems que je me suis trouvé à la Ville-Vieille, j'ai eu occasion de voir le mariage de plusieurs pauvres filles dotées, demeurant au Rabbatto, lesquelles, dans l'instant de cette cérémonie, sont couvertes d'un voile de gaze très-transparent, tel que je l'ai représenté à la figure I, Planche CCLVIII : quoique ce voile fût d'une légèreté extrême, il leur causoit en peu de tems une sueur très-abondante. La figure marquée K, fait voir la manière dont ces filles sont coiffées sous le voile qu'elles portent. La figure L montre la coiffure des petites filles de ce pays.

PLANCHE CCLXI.

Débris de figures et d'architecture antique, que j'ai vus dans la Cité vieille, fig. 1. et différens vestiges d'antiquités, qui sont, tant au Rabbato qu'en différens endroits de l'Isle.

La figure de femme A, est imitée de celle que j'ai vue incrustée dans le mur latéral, à gauche de l'entrée de la Ville-Vieille : cette figure est en pierre, & d'une assez belle proportion ; mais son exécution est au-dessous du médiocre : elle a été restaurée. On a substitué à sa tête propre une mauvaise tête, adaptée comme on a pu sur ce corps défectueux.

Cette figure est bien une Junon, caractérisée par les deux Paons qu'elle porte, un de chaque côté, sur la poitrine.

Que cette figure soit un original ou une copie, elle a un caractère gothique qui la place à une des époques de la décadence des arts : elle est du même tems, à-peu-près, que les figures de femmes en médaillons de bas-relief, dont j'ai parlé dans le chapitre précédent. Cette figure a probablement appartenu à quelque Temple de cette ville, dont on voit les débris des colonnes de tous côtés dans les rues ; la plupart fervent pour garantir les maifons des dommages que les roues des voitures peuvent leur faire éprouver. Les chapiteaux de ces colonnes ont bien auffi le caractère des ouvrages du bas-empire, & la plupart font employés aux mêmes ufages.

L'entablement, à-peu-près d'ordre compofite, marqué B, qui précède cette figure, eft en marbre : il a en tout trois pieds d'élévation. Ses ornemens & fes profils émanent du goût grec ; mais ils n'en font qu'une miférable copie. Il eft fort riche en fculpture, dont l'exécution ne vaut pas mieux que celle de la Junon : ce font des productions du même tems, ainfi que la colonne cannelée, torse, marquée C, qui a dû faire partie du même édifice.

A juger par cet entablement, il eft aifé de conclure que ce Temple n'était pas d'une grande élévation, ni par conféquent d'une longueur confidérable.

Je penfe que les idées fuivent l'étendue des connoiffances ; & fouvent, comme les fortunes, tout s'accroît ou diminue par les mêmes raifons, & a les mêmes réfultats.

J'ai préfenté ici la corniche D, qui a été trouvée en faifant des fouilles, près du Palais du Sénat de cette Ville. Elle a fervi de couronnement à une croifée de quelque palais ; elle ne m'a pas paru de mauvais goût. J'ai aimé fes denticules étroites.

L'efpèce de piédeftal E qui eft au-deffous, eft de très-mauvais ftyle ; il eft caffé de haut en bas : il étoit chargé d'une infcription Phénicienne ou Arabe, mais fi effacée, qu'on n'y pouvoit déchiffrer que peu de chofe. L'autre moitié qui eft perdue, m'a-t-on dit, donneroit l'intelligence de la partie qui eft confervée, fi on pouvoit les lire enfemble (1). Ce morceau fut trouvé devant ce même palais du Sénat, (où il eft confervé) lorfqu'on fit des fouilles pour le pavé de la rue.

Le fol de cette ville actuelle eft confidérablement élevé au-deffus de ce qu'il étoit anciennement, par la quantité de décombres qu'on y a laiffés, après les fièges & les bouleverfemens qu'elle a effuyés ; ces décombres ont été applanis pour bâtir la nouvelle Ville.

La tête F eft en marbre, c'eft vraifemblablement un ouvrage romain ; elle eft de très-bon goût & de bonne exécution : elle attefte le fiècle éclairé des beaux arts dans cette Ifle, ainfi que la bafe & le chapiteau G, H, fig. 2, qui me paroiffent du même tems, & ont dû appartenir au même édifice. Ce chapiteau renverfé H, a une particularité que je n'ai vue nulle part ; elle eft dûe à quelques circonftances locales qui tenaient à la compofition de l'édifice ; c'eft d'avoir de chaque côté, au milieu de fes faces latérales, fes feuilles du milieu recouvertes, ou cachées, ou occupées par un maffif K, d'environ quatre pouces de large fur toute la hauteur du chapiteau, faillant d'environ deux pouces par le bas, & de cinq à fix par le haut : ces débris, ainfi que le fût de la colonne cannelée I, avoient été nouvellement déterrés dans un jardin voifin, & mis dans la rue où je les ai deffinés au Rabbato. Ils furent trouvés en 1772. Ce lieu a fait partie de l'ancienne ville.

La colonne M dans fon chapiteau, porte bien le caractère gothique. C'eft un corinthien falfifié qui peut aller avec la Junon. J'ai reconnu par les différents diamètres de colonnes, tant liffes que cannelées, qu'il y a dû avoir cinq ou fix édifices ornés de colonnes dans cette ville, mais qui n'étaient pas d'une étendue confidérable.

Le monument N eft de l'Ifle du Gofe ; je l'ai deffiné au Rabbato, près le château. L'on me dit qu'il avoit été trouvé dans un tombeau ou chambre fépulcrale : il m'intéreffa, quoique très-gothique, par les attributs que l'on a fculptés au bas du médaillon, qui renferme un bufte de femme : il femble qu'on a voulu lui donner un caractère de fervitude, ou que cette femme ait vécu dans les fers, ou

---

(1) Le Chanoine Agio, un des hommes des plus érudits de Malte, et Bibliothécaire du Grand-Maître, en a donné l'explication autant qu'il a été possible.

qu'elle

qu'elle pouvoit mettre à d'autres des fers semblables à ceux que l'on pose aux jambes des criminels ou des esclaves : on verra la preuve de mon idée dans Pignorius, *de Servis.*

Le tombeau dans lequel j'ai placé ce monument singulier, est un Sarcophage en pierre, que j'ai vu à la Vieille-Ville, dans la cour de la sœur du Recteur du collége D. Piétro-Greco ; & la base G est dans la cour de M. le Baron D. Francesco d'Amico Inguanes.

Le morceau N est en marbre. C'est un ouvrage romain, de bonne exécution. Ce morceau est de fantaisie. Il fut appliqué à un tombeau pour le décorer. Il existe au port de Malte, du côté opposé au bureau de la Santé, dans un jardin.

Je me suis rendu dans la maison de M. Piétro-Greco, Recteur du collége, chez qui est une entrée des Catacombes.

Ce que j'ai lu relativement à ces sortes de souterrains de ce pays-ci, & sur-tout dans Abela, m'a appris qu'il y a au moins six endroits de ce genre, reconnus pour antiques, & qui portent le nom de Catacombes. Elles sont fort étendues, & ont des rues dirigées en tous sens, souvent avec une sorte de régularité : ce qui leur a mérité l'épithète de *ville souterraine.*

Ce que j'ai dit & représenté à l'occasion des Catacombes de Syracuse, peut donner une idée de celles-ci. J'ai remarqué dans le plan que rapporte Abela, une grande ressemblance avec celui que j'ai gravé dans le chapitre 32, pag. 93.

Celles de ce pays-ci ont la réputation d'être d'une très-grande étendue. Une histoire particulière moderne, porte qu'il s'y est égaré beaucoup de personnes : s'étant imprudemment exposées à aller fort loin, elles n'ont pas retrouvé le chemin qui les auroit ramenées à l'entrée, & ont péri faute de secours. Pour remédier à cet inconvénient, on a muré, à une certaine distance de l'entrée, ces demeures funèbres. On aperçoit, en parcourant à droite & à gauche, les chemins interceptés par des cloisons, de manière qu'on n'en peut voir qu'une partie, laquelle suffit pour les faire connoître sans exposer les curieux indiscrets à se perdre. En effet, ce qu'on en fait suffit pour connoître ce genre de travail. Prétendre en voir davantage, ne serviroit qu'à faire connoître son immensité, & un plus grand nombre des mêmes choses qui se répètent par-tout où l'on peut aller.

En arrivant, on descend environ huit à neuf pieds, par un escalier de trois pieds de large, qui conduit dans une espèce de galerie. Elle est très-étroite & de fréquens intervalles. On y remarque de chaque côté des sépulcres de toutes grandeurs. Il y en a d'aussi petits qu'un enfant puisse être. Ce corridor est fort irrégulier ; il se divise en conduits différens qui forment beaucoup de rameaux. On voit dans un grand nombre de ces routes, qui ressemblent à la première, des salles plus ou moins grandes, garnies de tombeaux. Il y a telle salle dont le plafond demandoit d'être soutenu avec des piliers ; ils ont été faits à l'imitation des colonnes groupées & cannelées sans base ni chapiteau, sans régularité ni goût. Il y a de ces espèces de salles à plusieurs endroits, qui n'ont pas été destinées aux sépultures. On assure qu'elles ont servi d'asyle dans des tems de guerres, soit aux premiers Chrétiens, soit à d'autres peuples qui vouloient se soustraire à la persécution.

Ces Catacombes sont à douze ou quinze pieds environ au-dessous de la superficie de la roche dans laquelle on les a creusées. Cette pierre est tendre & poreuse comme celle du Gose ; à quelques endroits, l'eau la pénètre facilement. Pour empêcher que les eaux qui remplissaient ces corridors, ne s'épanchassent en plusieurs endroits, on a pratiqué au pied des parties latérales des galeries, de petites rigoles couvertes, sur lesquelles on marche, & qui reçoivent ces eaux, & les conduisent à des endroits où elles se rassemblent & se perdent. Par ce moyen on a conservé à ces lieux la salubrité dont on avoit besoin pour les habiter sans danger, lorsque les circonstances obligeaient de s'y retirer, & d'éviter quelques poursuites.

J'ai obfervé en ce lieu une particularité qui m'a paru curieufe : c'eft que la roche étant d'une nature porreufe, elle eft tendre; & par une fuite de cette qualité, elle s'eft trouvée propre à nourir certains végétaux, comme des arbres, ou arbuftes; à fa fuperficie fupérieure, il y a plufieurs de ces arbuftes font les racines ont pu pénétrer cette roche fans la fendre, fans paroître mal à leur aife, & croître jufqu'à 12 à 15 pieds, fur deux à trois lignes & plus de diamètre au fein de la pierre. Mais ce qui m'a paru plus curieux, parce qu'on n'auroit jamais pu s'y attendre, c'eft que ces racines aient comprimé les parties de la pierre, pour fe faire la place qu'elles occupent en longueur & en groffeur. Pourroit-on préfumer que ce feroit la pierre qui fe feroit convertie en bois, ou que les parties conftituantes de la pierre fe feroient rapprochées pour établir le vide qu'occupent ces racines?

Il y a une autre particularité non moins curieufe, c'eft que ces racines que l'on voit fortir de la roche, après l'avoir traverfée pendant cinq à fix pieds d'épaiffeur & même davantage, fe trouvent dans les galeries de ces Catacombes, & ne font pas plus groffes à l'air libre qu'elles le font au fein de la pierre, où il eft naturel de croire qu'elles font gênées. Elles parcourent diamétralement ou diagonalement ces galeries, & elles rentrent d'elles-mêmes dans la pierre, & en reffortent fans être ni plus ni moins groffes dans un cas que dans l'autre; ce qui peut arriver dix fois fur la longueur d'une racine, tant que la roche lui préfente des pleins & des vides à traverfer, & cela fans qu'elles augmentent ni diminuent de groffeur. Elles n'ont donc pas plus de liberté dans le vide, que de contrainte au fein de la pierre. Je paffe à la grotte de S. Paul.

Grotte de Saint-Paul.

J'ai été conduit à la grotte de S. Paul par M. Favrey, peintre du Roi de France, & Chevalier Magiftral de l'Ordre de Malte. Elle n'a rien de remarquable. Pour voir cette grotte, on arrive dans une Chapelle fouterraine, au-deffous d'une petite églife dédiée à Saint-Paul : cette Chapelle a plufieurs divifions. Il y a au milieu une voûte percée, qui communique du jour d'en haut, & qui illumine une ftatue du Saint, que l'on vient révérer & invoquer en ce lieu. Cette figure eft du Cavalier Bernin, fculpteur romain. Elle eft compofée avec chaleur. Cet Artifte a fait peu de meilleurs ouvrages; c'eft le feul objet qui mérite d'être vu en ce lieu.

Dans un angle à droite, avant d'entrer dans la Chapelle, au bas de l'efcalier, eft un coin fermé avec une barrière de fer. La grande merveille eft à la roche qui fait la voûte de ce lieu. C'eft cette roche que l'on gratte : le peuple recueille les débris qui s'en échappent, & croit que cette poudre qu'il obtient, & qu'on ne lui laiffe qu'en très-petite quantité, a de très-grandes propriétés, & il en fait ufage avec confiance pour certaines maladies connues au pays.

Voilà ce qu'on m'a fait remarquer, en ajoutant que malgré la quantité qu'on enlève de cette roche, elle ne diminue pas : c'eft une merveille qui eft d'obfervation.

Sortant de ce lieu, j'allai avec mon confrère voir la petite chapelle de S. Catalde, pour laquelle cet Académicien a fait un beau tableau. Il eft d'une belle compofition; l'effet & la couleur en font vrais : c'eft un des bons tableaux de ce maître.

Près delà, à Sainte Marie de Jefu, eft, au fond du chœur, un tableau repréfentant Dieu le père tenant Jéfus-Chrift entre ces bras. C'eft encore un bon tableau.

Delà je paffai au lieu appelé S. Antoine; je l'avois vu en 1770, rempli d'orangers & de beaucoup d'autres arbres fruitiers de ce genre, qui formoient nombre de longues avenues. Dans ce moment-ci, le Prince de Rohan, Grand-Maître, ordonnoit beaucoup de changemens, que l'on exécutoit lorfque j'y paffai à la fin de 1777. Je fus très-furpris d'y voir des parterres confidérables tout à

Pl. CCLXX

Vue de la Colline appellée Bingemma

situee près de la Cité Vieille à Malte, dans laquelle est une très grande quantité de petites grottes sépulchrales.

découvert, dans un pays où le soleil est brûlant. Il le faisoit orner d'ailleurs avec assez de goût pour en faire ses délices de la campagne.

Le Pellégrimo.

Je me suis rendu au lieu appelé *Il Pellégrimo*, à côté du Gourghinti. Ce lieu est ainsi nommé à cause d'une chapelle où le peuple de cette Isle se rendoit à titre de pélerinage, par dévotion pour un Saint très-renommé. Il n'y a plus en ce lieu que les ruines de beaucoup de maisons, où l'on voit les premières assises de murs établis sur la roche à nud, & qui est plane en ce lieu. Il y a beaucoup de pierres disperfées çà & là. On voit des citernes creusées dans cette roche, quoiqu'à son extrémité, vers le port, il y ait de petites fontaines. Tout annonce, mais avec le plus grand défordre, qu'il y a eu en cet endroit un village autrefois renommé, fous le nom de Gourghinti ; ce village devoit s'étendre jusqu'au bas de la côte où est un port. Suivant les traditions, il étoit consacré spécialement aux habitans d'Agrigente, qui venaient y débarquer leurs marchandises au temps où Phalaris étoit lié avec les Maltois, & se rendoient des services réciproques de marchandises & d'argent. Ce lieu s'appèle encore le Gourghinti.

En suivant mes courses, j'allai voir les objets curieux de la Bingemma, près la chapelle de N. D. de la Lettre.

PLANCHE CCLXII.

Vue de la Montagne appelée la Bingemma.

Cette montagne est presque plane à sa cime A. Ce fut l'emplacement d'une ville qui a totalement disparu de la surface de cette Isle, & vraisemblablement aussi des recueils de l'histoire. J'ai fait des recherches & des informations ; mais je n'ai jamais pu en découvrir le nom, pas même dans Abela ; il n'en parle pas, non plus que de ses accessoires. Je ne sais si le nom Bingemma est celui de cette ville qui seroit resté à cette montagne.

Ce qui me fait parler de cette ville, dont rien ne me préfente le nom, ni les traces au lieu où elle a été bâtie, c'est tout ce qui n'est pas elle, & qui n'a pu être sans elle. Je la vois exister intellectuellement dans les objets que récèle cette montagne, parce que ces objets n'auroient jamais eu lieu sans une ville qui ait eu même de l'importance, soit par son étendue, soit par sa richesse & ses arts à un éminent degré de perfection.

En face de la chappelle de Notre-Dame de la Lettre, est l'aspect de la montagne que j'ai représentée dans cette estampe, où sont des grottes sépulcrales, au nombre de cent. Voyez B B ; elles s'annoncent à l'extérieur par de petits trous noirs, dont quelques-uns conservent, en les considérant de près, l'apparence d'une petite décoration de porte : les autres n'offrent au dehors que les aspérités de la roche, que le temps a brisée à sa manière, c'est-à-dire, très-irrégulièrement, & qui vraisemblablement étoient décorées comme les autres.

Je suis entré dans un certain nombre de ces petits asyles funéraires, sur-tout dans ceux dont l'accès étoit facile & l'entrée libre. J'y ai vu les plus beaux tombeaux, les plus recherchés qui se soient faits, je crois, dans cette grandeur & avec de pareils moyens. D'après cet examen, & considérant les environs, j'ai aperçu des fontaines, un rivage peu éloigné : on l'aperçoit dans le lointain du paysage, que présente la vue de cette montagne à gauche. Je n'ai pas balancé à croire qu'il avoit existé une ville de quelque considération en ce lieu, & qui n'a pu appartenir qu'à la nation Grecque. J'ai cette opinion, d'après la perfection que j'ai remarquée dans la composition & l'exécution de ces tombeaux.

Ce lieu, autrefois magnifique, sans doute, n'est plus qu'un pâturage où j'ai représenté quelques bestiaux & des pâtres.

P L A N C H E   C C L X I I I.

Intérieur, Coupe et Plan des Tombeaux de la Bingemma.

On sait que c'étoit l'usage chez les anciens, & nommément chez les Grecs, de déposer leurs morts en des lieux où ils ne portassent aucun préjudice aux vivans. Pour cet effet, on les déposoit, autant que les circonstances le permettoient, dans l'endroit le plus inculte ; & c'étoit en tirer un grand avantage. J'ai d'ailleurs observé que l'on a préféré en général les expositions au midi.

Ces tombeaux étoient très-enfoncés dans la roche. J'ai levé les plans de trois, & j'ai choisi ceux qui m'ont présenté le plus de variétés, afin que dans ces trois différences, on en connût le plus grand nombre possible. Je crois que le reste ressemble beaucoup à ceux que je présente ici, fig. 3, 4, 5. Celui marqué A, fig. 3, est le plus simple. Le lieu où est placée cette lettre indicative, étoit une espèce de petite antichambre qui communiquoit à ces trois tombeaux E, F, G. Celui de la figure 4, a son entrée en D, & va jusqu'au fond, ayant de chaque côté des espèces de petits cabinets comme je les ai marqués en E, qui étoient réellement autant de petits tombeaux où se mettoient deux & même trois corps dans chaque. B, étoit ce que j'appelle antichambre, & où je crois que pouvoit se faire quelque préparatif pour les funérailles. Ce lieu donnoit aussi entrée à un autre grand tombeau C.

Le troisième, fig. 5, marqué C, ne contenoit que deux tombeaux N. O. Le lieu P, étoit l'endroit dont je viens de parler, destiné à quelque cérémonie en faveur du mort. Je le crois, & je présume que, selon les usages de ce tems, il étoit indispensable, car j'en ai vu par-tout dans ceux où je suis entré.

Il est à observer que dans ces tombeaux il y avoit une extrémité destinée spécialement à mettre les pieds du mort, & le côté opposé à mettre la tête, marqué par une petite banquette de six à sept pouces, où étoient des creux ronds dans lesquels la tête du mort se plaçoit.

Intérieur des Tombeaux.

L'entrée du tombeau, fig. 1, représente en grand l'antichambre du plan fig. 3, où l'on voit le passage de chaque côté E F, par lequel on faisoit entrer les corps que l'on vouloit inhumer en ces lieux, tel que je pense que cela se faisoit, & que je l'ai représenté en E ; c'est un homme qui porte horisontalement, par les épaules, le corps mort, & qui est aidé d'un autre homme qu'on ne voit pas, mais qu'il faut supposer être dans le tombeau, & qui coopère à poser à sa place cet être qui n'a que du poids, & qui est privé de mouvement.

J'ai supposé aussi que les morts étoient embaumés, enveloppés de linceuls, & liés avec des bandelettes, comme je l'ai présenté fig. 2, placé au lieu où il doit rester. Cette idée de les habiller ainsi, m'a été suggérée d'après cette même espèce de tombeau : car il n'est pas naturel de croire que les morts fussent autrement déposés dans un pareil asyle : les Momies, que l'on voit dans les cabinets des

Curieux

Pl. CCLXIII.

Figure 1.

Coupes et Plans de Tombeaux

creusés dans la Roche de la Colline appellée Bingemma, près de la Cité Vieille.

curieux, nous en fourniffent les exemples. Pourquoi cette nation n'auroit-elle pas fuivi cet ufage ? car il n'eft pas croyable qu'elle ait fait creufer des tombeaux avec toutes ces commodités & ces convenances idéales, fi on avoit brûlé les morts, & qu'on n'eût voulu que placer en ce lieu, le vafe *cinéraire* qui les contenoit par extrait. Pourquoi auroit-on fait ces petites niches I, I, de chaque côté de la niche K, qui, vraifemblablement, étoit deftinée à placer quelque effigie d'un Dieu tutélaire, & les autres à mettre des lampes pendant les dernières cérémonies des funérailles ? Je le penfe ainfi, car je n'ofe pas croire que ces niches fuffent deftinées à des lampes perpétuelles, ne croyant pas à ce prodige de l'antiquité que quelques auteurs ont voulu accréditer.

La banquette G, ayant cette cavité circulaire, y auroit-elle été faite pour un autre ufage que celui que je lui ai fait remplir par la tête du mort, que j'ai placée dans celle qui eft à côté ?

La lettre M marque la moitié de la voufure, dont l'autre partie eft enlevée, & qui étoit formée par ce qui manque à l'endroit N, que j'ai fuppofé ôtée pour laiffer voir cette partie M.

Que conclure donc de ce raifonnement ? Que, d'après les données de l'intérieur de ces tombeaux, il n'eft pas naturel de croire que les morts y fuffent giffans d'une manière différente de celle que j'ai fait voir.

En outre, que conclure de la beauté de ces petits réduits, du bon goût de leur compofition, de la perfection & du fini précieux de leur exécution ? Qu'il n'eft rien de mieux imaginé ; que c'eft faire preuve d'un grand luxe, des belles formes en architecture ; que d'avoir employé au chevet de ces tombeaux, une niche dans la cavité de laquelle les morts avoient la tête placée, & que leur corps étoit fous une partie de plafond carré, au bout de laquelle eft une grande voufure qui couvroit les pieds de ces Momies. J'ai trouvé ce choix d'une recherche exquife, & dont je ne connois nulle part aucun exemple. Or, ceci fait voir que la nation qui avoit ce goût, & qui portoit les foins dont fon génie étoit fufceptible, jufque dans des tombeaux connus feulement de ceux qui les faifoient, & des perfonnes qui y plaçoient les corps, devoit être d'une grande opulence en beautés de formes, pour les prodiguer à ce point dans un lieu perdu pour la gloire des architectes, à moins que la piété pour les morts n'en fût la raifon ; mais on ne peut s'arrêter à une idée dont on ne conçoit pas qu'il réfultât un intérêt affez fatisfaifant ; ce feroit une idolâtrie qui me paroîtroit folle : j'aime mieux croire que ces beautés provenoient, chez cette nation, de l'habitude de bien faire tout ce qu'elle entreprenoit ; & que quand on en a le favoir, la volonté de l'exécution ne coûte plus rien.

Quoique je n'aie vu que ces reftes de la nation qui a habité fur la montagne de la Bingemma, dont la tradition ne dit rien, je fuis porté à croire, par ces petits chef-d'œuvres, que c'étoit un peuple très-inftruit en architecture, & qui poffédoit néceffairement tous les autres arts au même degré, intelligence, richeffes, grands moyens politiques & militaires, &c.... fciences dans tous les genres ; car un art très-avancé chez un peuple, ne va pas toujours fans beaucoup d'autres. Ainfi je me crois autorifé à conclure qu'il y a eu dans cette Ifle, finon des fiècles de lumières, au moins des époques fupérieures, des périodes où brilloient de grands talens. J'en juge ainfi, autant par les fragmens de belles figures en marbre, que par ceux de colonnes de bien bon goût, du meilleur ftyle grec, qu'on a trouvés, foit au Gofe, foit ici à Malte : car je ne puis pas attribuer à d'autre nation qu'aux Grecs, & à des artiftes Grecs du beau temps des Romains, les monumens dont j'ai vu les débris magnifiques dans ces Ifles.

Paffons près du lieu appelé la Melleha, fitué au nord de l'Ifle, près de la mer.

PLANCHE CCLXIV.

Vue d'un Rocher dans lequel a été pratiqué une habitation qui est considérée comme ayant été celle de Calypso.

La roche que présente cette Estampe, est exposée au nord. Sa position & sa qualité sont telles „ qu'on pouvoit en faire un asyle frais , & y jouir du charme de la vue d'une grande étendue de mer , au milieu de laquelle on a l'Isle du Gose , & plus près encore sous les yeux celle du Cumin , ce qui forme , avec le reste de Malte , un coup-d'œil fort intéressant , &. le plus agréable de toute l'Isle par sa richesse , & l'avantage de voir de tous côtés en mer, sans obstacle , le passage des vaisseaux qui cinglent dans ces parages.

Cette habitation consiste en deux étages de chambres l'un sur l'autre. Le premier de ces étages est en A, & le second en B. On parvenoit à ces demeures par le bas du rocher , où est une grotte qui saisoit le rez-de-chaussée de cette habitation.

Au pied de cette roche C, commence un chemin , où sont de petites figures qui s'élèvent peu-à-peu, & qui semblent suivre en DD , cette route, qui se continue par le moyen de petits escaliers EE, pratiqués dans la roche en plusieurs endroits , tels que je les ai représentés. Ils conduisent jusqu'au premier palier A, & jusqu'au second de la même manière , & même jusqu'au troisième, qui peut se voir en F : c'est ici que sont ces grottes à tombeaux , lesquelles portent bien le caractère de la plus haute antiquité, tant par leur forme que par leur extrême vétusté , & leur situation conforme aux lois très-sages de ces tems éloignés (1).

Ces escaliers se verront bien sensiblement au plan ci-devant, fig. 2 , Planche CCLIX, ainsi que la profondeur , & à-peu-près le nombre des chambres de chaque étage, autant que l'on peut faire connoître avec un même plan , deux distributions l'une sur l'autre. On voit plus sensiblement le vaste palier du premier étage A, où sont deux perrons FG, qui servoient à monter du premier au second de ces étages. La lettre K marque une grande chambre au bout de ce premier palier : L indique une grande citerne ou réservoir d'eau , creusée de forme circulaire dans la pierre: il passe sous l'escalier G , à côté duquel est une cuve M carrée, aussi formée avec le même rocher. A côté de la cuve, est un trou rond, par lequel entroient les eaux de pluies, qui y étoient amenées par des rigoles qui les recevoient de toutes les surfaces de ce rocher B. Les endroits NN , sont les chambres du second étage , dont les murs , qui faisoient partie de la face de ce rocher , sont tombés par vétusté. Ces appartemens sont très-logeables & très-secs. Les parties OO sont les plans des grottes funéraires.

La grotte C, qui est au pied de ce rocher, est en grande partie l'ouvrage de la nature. Au fond de cette grotte il sort une source abondante de belle & bonne eau, qui n'a pas peu contribué à fixer des habitans dans ce lieu intéressant, non-seulement par ce que j'ai dit des charmes de sa position élevée, mais encore par les terrains cultivables & bien arrosés dont il est environné , on en a fait depuis des vergers & des jardins, qui ont dû fournir abondamment aux besoins des habitans de cette roche, & qui ont probablement été en grand nombre. Ils ont varié suivant les tems. On m'a assuré que des Hermites ont occupé cette habitation au commencement de ce siècle. On peut voir, par la carte, qu'elle est voisine du rivage d'un des plus beaux ports de cette Isle. Aux premiers tems où elle étoit habitée , ce port pouvoit avoir de la réputation & de l'importance par son commerce.

Me seroit-il permis de faire un choix parmi les différentes opinions qui partagent les Historiens sur

---

(1) Les lettres indicatives pour la vue perspective , peuvent aussi servir pour le plan de cette habitation ; elles sont applicables aux mêmes objets dans l'une et dans l'autre estampe.

Pl. LXXXIII.

Vue d'une habitation antique
pratiquée dans le Rocher &c. Elle est considérée comme étant celle qu'a occupé Calypso,
située au Nord de l'Isle de Nabé.

le lieu où ils appliquent les noms d'Ifle d'Ogygie, où Homère dit qu'habitoit Calypfo ? Les idées diverfes des Géographes & des Hiftoriens répandent ici une obfcurité & une incertitude défagréables, fur-tout depuis que M. de Fénélon nous a rendu cette Ifle intéreffante, par l'héroïne & le héros de fon Poème de Télémaque.

Après l'avoir.lu plufieurs fois, me trouvant à Malte, où je le relus encore, lorfque je fus au lieu qui a, chez les favans de ce pays, la réputation d'être celui où fe font paffées les premières fcènes de ce roman, j'examinai avec la plus grande attention les rapports qu'il y a entre les détails particuliers du local, & ceux que préfente M. de Fénélon, & je ne pus m'empêcher de conclure que ce lieu avoit une très-exacte reffemblance, ainfi qu'avec le texte original de l'Odyffée, livre 5, vers. 57. = 73.

L'incertitude des Ecrivains, dûe au nombre d'Ifles de la Méditérannée qui portent le même nom, doit ceffer à l'afpect de la parfaite conformité de tous les détails du lieu, comparés avec les faits rapportés dans le roman, fi on les dégage des allégories & des élans poétiques que l'auteur s'eft permis pour l'embelliffement de fon fujet.

Bochart a adopté l'opinion de Cluvier, qui, dans fa defcription de l'Ifle de Malte, prétend que l'antre ou grotte qui eft en face de la mer, eft abfolument conforme à celle que décrit Homère, & conclut delà, avec Cluvier, que Malte eft l'ancienne Ifle de Calypfo ou *Ogygie*.

Ce feroit peu pour moi fi je n'avais que ces preuves ; mais lorfque je lis dans Télémaque, page 2, que Calypfo aperçut tout-à-coup les débris d'un vaiffeau qui venoit de faire naufrage, cela fuppofe qu'elle étoit à la partie élevée de fon habitation, d'où l'on voit très-loin : elle diftinguoit même jufqu'au caractère des phyfionomies ; donc Télémaque n'étoit pas éloigné. *Elle s'avance vers lui, & lui demande comment il a la témérité d'aborder en fon Ifle ?* Delà un court entretien, où il fe juftifie, &c., &c. Enfin, lui dit-elle, *Télémaque, il eft tems de vous délaffer de tous vos travaux ; venez dans ma demeure, je vous y recevrai comme mon fils ..... Télémaque fuivit la Déeffe environnée d'une foule de jeunes Nymphes. On arriva à la porte de la grotte de Calypfo, marquée E, au pié du rocher.* Voilà au plus deux cents pas de faits depuis leur premier entretien.

Il y a voit des fontaines dont l'eau coule avec un doux murmure fur des prés parfemés d'amaranthes & de violettes, &c.; la jeune vigne qui étendoit fes branches dans la grotte & de tous côtés, n'y eft plus ; mais de l'intérieur de cette grotte même & des environs, il fort encore maintenant des fontaines & des fources d'eau pure, qui arrofent des vergers & des prairies avant de fe perdre dans la mer. Il eft poffible qu'en ce même lieu il y ait eu des fleurs qui émailloient des tapis de verdure autour de la grotte & des environs, un bois & des arbres touffus, &c., où l'on entendoit le murmure des eaux s'unir aux chants des oifeaux, comme il eft dit page 4 : *la grotte ou logement de la Déeffe étoit fur le penchant d'une colline ; delà on découvroit la mer, &c. &c.*

Cette citation eft encore parfaitement conforme à mon eftampe & à ma defcription.

Les divers canaux que formoient ces Ifles, fembloient fe jouer dans la campagne, &c. Ces canaux étoient les intervalles de la mer, qu'il y a encore entre Malte, Cumin & le Gofe : à cette époque ils étoient plus étroits ; & les ifles, plus étendues, offroient plus de campagnes où ces canaux fembloient circuler. Voyez la carte, & jugez fi de l'habitation élevée de Calypfo, on ne devoit pas voir, comme fous fes yeux, fe fuccéder les parties vifibles de ces trois ifles.

On apercevoit de loin des collines & des montagnes qui fe perdoient dans les nuages.

Les lointains que forment, de ce point de vue, les montagnes ou collines éloignées du Gofe, devoient produire cet effet, & quelquefois offrir un intérêt plus vif encore, puifqu'on voit l'après-midi, lorfque le tems eft clair, non-feulement l'ifle de Sicile, à trente lieues au nord, mais même le mont Etna, qui eft à plus de vingt lieues au-delà du plus prochain rivage de cette Ifle : je l'ai remarqué plufieurs fois.

Calypso ayant montré à Télémaque toutes ces beautés naturelles, page 5, lui dit : Repofez-vous ;
vos habits font mouillés, il eft tems que vous en changiez, &c. Elle le fit entrer avec Mentor dans
le lieu le plus fecret & le plus reculé d'une grotte voifine de celle où elle demeuroit.

Ceci ne peut s'entendre que d'une habitation conforme à celle dont je donne ici le plan ; car le
lieu le plus fecret & le plus reculé d'une grotte, feroit précifément un lieu humide, froid & obfcur, &
non pas un lieu propofable comme afyle, à quelqu'un qu'on veut obliger, en le recevant chez foi, avec
des vues même éloignées de celles de Calypfo. Cet endroit devoit donc être vers le lieu marqué K.
Voyez le plan de cette habitation, qui eft bien le plus fecret & le plus reculé de cette demeure.

Il eft donc bien démontré que le lieu de cette fcène, quoique poétiquement décrite, eft facile à reconnoître ; les perfonnages ont exifté, je n'en doute pas ; mais les modifications qu'il doit y avoir entre
la poéfie du roman & la vérité que cette eftampe préfente, ne doivent pas faire naître de doutes. Il eft
arrivé fouvent quelques traits de bienfaifance analogues à celui de recevoir & de fecourir quelques
malheureux qui auront fait naufrage en ce lieu. Les hommes de ces tems éloignés étoient fimples, bien-
faifans ; l'hofpitalité étoit une de leurs principales vertus. Ils avoient même conçu des Dieux protecteurs
des afyles. Ces actes de bienfaifance étoient facrés, & les lieux où ils en remplifroient les *faints exer-*
cices l'étoient auffi.

Si les recits de l'Iliade, de l'Odyffée, de la Jérufalem délivrée, du Paradis perdu de Milton, de la
Henriade, &c., ne nous étoient parvenus qu'en ftyle de gazette, où l'on n'auroit jamais employé ni
figures, ni allégories, ni métaphores, ni hyperboles, et que ces recits euffent été littéralement vrais,
cela auroit reffemblé à tout ce qu'on fait par l'hiftoire. Jamais on auroit connu l'Olympe, ni les Dieux ;
jamais il n'y eût eu de prodiges. Vénus n'auroit été qu'une jolie femme fans Adonis ; Hercule n'auroit
été qu'un homme vigoureux ; Apollon n'auroit pas été le Dieu de la lumière, &c. Les eaux de l'océan,
les feux des volcans, auroient été fans Roi, ainfi que les armées fans un Dieu qui les dirige. Les rois
des oifeaux n'euffent point habité l'Empyrée, & la foudre n'eût pas été lancée par un Dieu qui,
la balance en main, pèfe la deftinée des hommes, &c. &c.

Le bienfait de Calypfo a eu de la célébrité, relativement à Télémaque, dont le père s'étoit fait un
nom au fiége de Troie. Par un concours de circonftances, Homère l'a fu, l'a chanté : les fiècles
s'accordèrent fur le tribut d'admiration qu'avoient payé à fon ouvrage les premiers hommes qui l'ont
vanté. Cet ouvrage étonnant, parvenu dans les mains d'un Fénélon, lui a préfenté le canevas du
corps de morale qu'il vouloit voiler fous le charme d'une agréable fiction accréditée par le tems.

Il a pris ce morceau, il l'a brodé fous les yeux de Minerve : l'ordre de fes idées en a fait un
Poëme nouveau, en changeant les circonftances. Il en réfulta une autre fuite de nouveaux tableaux
des plus élégans, dont les fujets avoient été forts fimples dans le principe, mais par cette raifon très-
fufceptibles d'avoir eu de la réalité.

Calypfo pouvoit être une jeune veuve, ou fimplement fille du Souverain de cette Ifle, ou reine elle-
même, & réfider en ce lieu avec fes fœurs, fes domeftiques ou fes efclaves, dans cette douce égalité des
tems anciens. Entr'autres actes de bienfaifance, celui qu'elle fit à l'égard de Télémaque, aura paffé à
la poftérité par la voie d'Homère, où M. de Fénélon a puifé fon ouvrage que j'ai lu. Enfin, par
une fuite d'événemens, j'ai vu ce lieu, je l'ai peint, je le préfente au public avec les autres objets
antiques que j'ai trouvés dans l'Ifle, & que je me fuis propofé de faire connoître d'une manière qui conci-
lie très-fenfiblement la vérité & la poéfie. Voilà encore d'une manière nouvelle Télémaque & Calypso
fur la fcène ; quelque autre après moi aura auffi des raifons pour en parler, fans que l'éloignement de l'époque du récit à celle de l'événement, foit un motif pour douter de ce qu'on pourra dire, fi l'auteur eft
fondé fur des vérités locales.

C'eft

C'est dans ce rapprochement de la vérité & de la fable, qu'on voit, d'un côté, en regardant mon estampe, la nature destituée des ornemens de la poésie, & dans le roman de Télémaque, combien la poésie est nécessaire pour ennoblir certaines vérités, & nous rendre aimable, dans le récit, une nature simple & quelquefois grossière, qui tient dans son origine à ce qu'il y a de plus bas ou de très-indifférent pour nous. On y voit en outre que l'homme de génie fait trouver dans les ressources d'une brillante imagination, les moyens d'élever l'homme ordinaire jusqu'à la dignité de l'Olympe & des Dieux mêmes, par le prestige de l'arrangement des mots, des idées & des choses qu'il fait adapter à celui dont il fait le héros de son poème.

L'imagination exaltée des Poètes, sentant vivement la force des convenances par l'étude de la nature considérée dans ses plus beaux instans, remplit le lecteur du même enthousiasme, qui l'entraîne malgré lui par le penchant qu'il a pour le merveilleux. Une douce illusion égare le lecteur au milieu d'une paix profonde; il s'oublie dans l'enchantement qui le ravit à la terre, & le rapproche de ce qu'il conçoit de plus sublime, quoiqu'il sente qu'il est encore de la classe des hommes, & que les Dieux dont on l'occupe, ne sont plus des hommes pour lui. Ces Dieux lui parlent, s'entretiennent avec lui, se réunissent autour de lui, le caressent, déguisant leur grandeur à ses yeux pour compatir en quelque sorte aux foiblesses humaines. C'est toujours au gré du génie du poète, que les Dieux quittent leur éblouissant séjour, nous frappent de leur lumière, font sous nos yeux cent prodiges, partagent avec nous leur grandeur, leur pouvoir, leurs jouissances, &, pour ainsi dire, nous divinisent comme eux. Voilà très en raccourci les charmes de la fiction.

Si ces tableaux ne sont pas la nature, ils charment au moins par le désir qu'ils font naître que la nature leur ressemble quelquefois. Avec ces agréables chimères, on se dissimule les peines, & l'on jouit de tous les siècles, sur quelque point du globe qu'on se trouve, à quelque époque que ces idées séduisantes nous transportent: tous les lieux, tous les tems, tous les êtres sont rapprochés en un point, & sous ce point de vue on jouit d'un bonheur idéal, d'un enchantement qui ne devroit jamais finir, & l'on aime à se croire heureux, malgré le vide où l'on se trouve après le charme de l'illusion.

FIN DU QUATRIÈME ET DERNIER VOLUME.

TABLE DES MATIÈRES

Contenues dans les quatre Volumes qui composent cet Ouvrage;

Consistant en quarante-quatre Chapitres, dont douze pour chacun des deux premiers Volumes vingt pour les deux derniers.

Grotte

Fin de la Table.

www.ingramcontent.com/pod-product-compliance
Lightning Source LLC
Chambersburg PA
CBHW072039080426
42733CB00010B/1938